TILL ZIMMERMANN

Scherz und Witz in der Jurisprudenz

Scherz und Witz in der Jurisprudenz

Ein Handbuch des Rechtshumors
als Festgabe für das juristische Publikum

Von

Till Zimmermann

Duncker & Humblot · Berlin

Bibliografische Information der Deutschen Nationalbibliothek

Die Deutsche Nationalbibliothek verzeichnet diese Publikation in
der Deutschen Nationalbibliografie; detaillierte bibliografische Daten
sind im Internet über http://dnb.d-nb.de abrufbar.

Umschlag: © rcx – stock.adobe.com

Alle Rechte vorbehalten
© 2022 Duncker & Humblot GmbH, Berlin
Fremddatenübernahme: L101 Mediengestaltung, Fürstenwalde
Druck: Druckteam Berlin
Printed in Germany

ISBN 978-3-428-18795-9 (Print)
ISBN 978-3-428-58795-7 (E-Book)

Gedruckt auf alterungsbeständigem (säurefreiem) Papier
entsprechend ISO 9706 ♾

Internet: http://www.duncker-humblot.de

„Humor diskreditiert"
(*K. Tucholsky*)

„Selten so gelacht"
(*F. G. Nagelmann*)

Vorwort

Wozu dieses Buch?

Fachleute wissen: „Jura ist leicht".[1] Gute Examensnoten sind trotzdem selten. Woran das liegt? Zum einen an den Prüfern, zum anderen an mangelnden Softskills. Beides belegt anschaulich der Sachverhalt in der Entscheidung BVerwGE 78, 55:

„Prüfer Dr. R. [hat] zu Beginn der mündlichen Prüfung im öffentlichen Recht [den] Kandidaten gefragt, wo der Staat Mali liegt, wie seine Hauptstadt heißt, welche legendäre Stadt am Hauptfluß des Landes liegt und wer in dem Land regiert."

Die Antwort war Schweigen (also falsch), der Kandidat fiel durch. Man mag jetzt streiten, wem es im Mali-Fragen-Fall an welchen Softskills gefehlt hat. Sicher ist: Das „Elend der Juristenausbildung"[2] und der „doch häufig ziemlich graue juristische Alltag" lassen sich mit Humor und „einem Gefühl für Komik im Recht" zumindest leichter ertragen.[3]

Manche meinen allerdings, in der Jurisprudenz gebe es von Natur aus nichts zu lachen. Der Bundesfinanzhof glaubt, es sei ausgeschlossen, dass der Rechtsanwaltsberuf auch Spaß machen könnte.[4] Das ist falsch! Man muss den juristischen Witz nur finden, seine Technik studieren, wissen, wo er zu suchen ist. Leider zählt auch dies zu den in der Juristenausbildung vernachlässigten Softskills.

---

[1] *Seifert*, „Jura ist leicht" – Interview mit Thomas Fischer, Zeit-Campus v. 29.10.2014; jedenfalls ist die Jägerprüfung weitaus schwieriger als das juristische Staatsexamen (so *Dürig*, zit. nach *Pöggeler*, Humor im Recht, JA 1997, 977, 981).

[2] *Großfeld*, Das Elend des Jurastudiums, JZ 1986, 357; s.a. *Breidenbach*, Eine neue Juristenausbildung, NJW 2020, 2862.

[3] *Weber*, Unfreiwillige Komik im Recht, Jura 2004, 672, 675.

[4] BFH, DStR 1998, 1299, 1300f.: „Eine Rechtsanwaltstätigkeit aus Gründen der Liebhaberei kann nicht angenommen werden."

Wer soll dieses Buch lesen?

Dieses Handbuch ist für einen ganz speziellen Adressat:innenkreis[5] konzipiert. Es richtet sich in erster Linie an Studierende und eignet sich für Anfangssemester genauso wie für Examenskandidatinnen; ebenso will es Referendaren eine Wiederholung des Stoffes ermöglichen. Gleichzeitig dient es der Vertiefung und soll zur wissenschaftlichen Diskussion beitragen, ferner einen raschen Überblick über die Materie erlauben. Darüber hinaus verfolgt es das Ziel, allen wissenschaftlich-praktisch mit dem Recht Befassten – insbesondere RichterInnen, Rechtsanwälten und Beamt_innen – ein Hilfsmittel zur Verfügung zu stellen, das trotz der Komplexität des Stoffes Präzision und Übersichtlichkeit bietet. Angesprochen sind selbstverständlich auch die Mitarbeiter*innen von Compliance-Abteilungen. Ebenfalls berücksichtigt sind die Bedürfnisse aller an der Materie interessierter Laien.

Dank?

Dieses Buch steht am Ende einer atypischen Kausalkette. Der Autor ist daher niemandem für „wertvolle Vorarbeiten" zu Dank verpflichtet, sehr wohl aber vielen humorvollen natürlichen und juristischen Personen für Anregungen, Hinweise und das Überlassen interessanten Materials. Dank gebührt insbesondere Jens Bruns, Heinrich Stader und Klaus Wasserburg, ferner verschiedenen Staatsanwaltschaften und Gerichten sowie Andrew McClurg, dessen Website lawhaha.com ich einige der in diesem Buch verwendeten Beispiele aus dem anglo-amerikanischen Rechtskreis verdanke.

Bonn, am Ende der Corona-Pandemie

Till Zimmermann

---

[5] Erklärung zur geschlechter(un)gerechten Sprache: Dieses Buch folgt keinem System.

Inhalt

Einleitung: Wo ist hier der Witz? ... 13

I. Grundproblem ... 13
II. Ironie-Problem ... 15
III. Rechthaberei ... 16
IV. Sprachbarriere ... 19
V. Ansatz zur Problem-Lösung ... 20

1. Kapitel
Juristische Situationskomik ... 22

I. Einleitung ... 22
  1. Urkundenfälschung ... 22
  2. Dienstunfall ... 23
  3. Kampfsport ... 23
  4. Pornoberichterstattung ... 23
  5. Scherzerklärung ... 24
  6. Beleidigung ... 25
II. Kläger ... 25
III. ... und Richter ... 26
IV. Billigkeit ... 27
V. Wunsch- und Anspruchsdenken: Abseitige Begehren ... 30
  1. Verwaltungsrecht ... 30
  2. Arbeitsrecht ... 31
  3. Reiserecht ... 33
  4. Spaghettimonster-Recht ... 37
  5. Wirres Zeug ... 39
  6. Reichsbürger-Klagen ... 40
  7. Namensrecht: Nomen est omen ... 45

VI.	Klingt komisch, war aber so		49
	1. Klo-Unfälle		50
	2. Tanz-Unfälle		51
	3. Tier-Unfälle		53
	4. Stella Awards		54
		a) Amerikanischer Kaffee	54
		b) Deutsche Suppe	55
		c) Bier	56
		d) Zucker	57
		e) Erfolgsrezepte	57
	5. Körperliche Reize		59
	6. Unglaubliches		62
		a) Fensterkletter-Sex	62
		b) Katzenkönig	66
VII.	Prozesssituationskomik		68
	1. Ungebühr		68
	2. Witz aus dem Nichts		71
		a) Wurm	71
		b) Lutscher	73

2. Kapitel
Jura-Comedy 76

I.	In der Wissenschaft		76
	1. In der Lehre		76
	2. In der Forschung		78
		a) Beispiel und Problem	78
		b) Scherz und Ernst	81
		c) Phantomscherz	83
		d) Restliches	86
II.	Witzige Gesetzgebung?		90
	1. Beispiele feinster Ironie		91
	2. Beispiele feinster Dichtkunst		92
III.	Humor bei Gericht		93
	1. Zulässigkeit		93
	2. Empirischer Befund		93
	3. Schriftliches Vorverfahren		94

Inhalt 11

4. Terminierung 97
5. In der Verhandlung 99
6. Im Urteil 100
   a) Stilfragen 100
      aa) Einsatzmöglichkeit 100
      bb) Epik 102
          (1) Krimi 102
          (2) Märchen 105
          (3) Parabel 107
      cc) Lyrik 109
          (1) Gerichtswürde 109
          (2) Menschenwürde 110
          (3) Akzeptanz gereimter Entscheidungen im
              Strafrecht 111
          (4) Beispiel aus dem Zivilrecht 113
          (5) Reim und Ernstlichkeit 116
          (6) Falsch gereimt 117
          (7) Die richtige Gedichtssprache 121
          (8) Exkurs: Richterliche Dichtkunst im Rechts-
              vergleich 124
   b) Tenorierungshumor 127
   c) Humoristische Feststellungen (sog. Lachverhalt) ... 128
      aa) Köln 129
      bb) Bayern 133
      cc) Kurpfalz 135
   d) Gründe zum Lachen 136
      aa) Stufe eins: Feinster Humor 138
      bb) Stufe zwei: Gröberer Humor 140
      cc) Stufe drei: Durchgeknallter Slapstick . 145
          (1) Rheinische Straßenverkehrs-Rechtsprechung 145
              (a) Sesterpääd 146
              (b) Spaßverbot? 152
                  (aa) Als Rechtsfrage 152
                  (bb) Als Geschmacksfrage 155
              (c) Sportreportage 157
          (2) Rheiner Straßenverkehrs-Rechtsprechung .. 159
              (a) Vorspiel 160
              (b) Erster Akt 161

   (c) Zweiter Akt...................... 165
   (d) Schlussakt....................... 166
  (3) Fake-Humor 166
 e) Abrechnung................................ 169
7. Rechtsmittel für Spaßverderber?................... 173

Einleitung: Wo ist hier der Witz?

I. Grundproblem

Humor im Recht ist ein ernstes Problem. Die Juristerei ist keine Witzveranstaltung, sondern die Antwort auf die Frage, wem durch Polizei, Gerichtsvollzieher, Gefängniswärter oder gar, zumindest in anderen Ländern, durch den Henker Gewalt angetan werden darf.[1] Ganz treffend heißt es in Staders wegweisender „Kleiner Einführung in den Juristenhumor": „Zum Lachen ist hier nichts."[2] Denn:

> „Sache der Justiz ist die technische Abwicklung der Sozialkatastrophen. Ihr Gegenstand ist damit [...] also: das Scheitern von Mittelmaß. Das Schicksal von Gestrauchelten, die geboren sind im Aszendenten des Kleinwagens, gebeutelt von Verhältnissen, verfangen in Abzahlungskäufen. Die schiefe Bahn. Das Ende der Fahnenstange. Das Dasein in Fettnäpfen."

Exemplarisch für das in die Sozialkatastrophe abgeglitschte Mittelmaß steht eine zivilrechtliche Entscheidung aus dem Jahr 1993. Der im Urteil mit wenigen Worten geschilderte Sachverhalt deutet die ganze Dimension des zugrundeliegenden Dramas an. Es handelt von einem Ehepaar, das häufig miteinander streitet und vor dem Oberlandesgericht Düsseldorf

> „unter anderem darüber, ob die Skatgewinne des Beklagten zu seinem unterhaltsrechtlich relevanten Einkommen gehören sowie ob die Klägerin ihren Unterhaltsanspruch wegen dreier Revolverschüsse, die sie am 11.5.1991 auf den Beklagten abgegeben hat, verwirkt hat. Das Familiengericht hat in beiden Fragen zugunsten der Klägerin

---

[1] Der Verfasser schreibt das nicht zum Spaß; schließlich ist sein eigener Urgroßvater am 26.3.1926 vom LG Braunsberg zum Tode verurteilt worden (vgl. Danziger Volksstimme v. 27.3.1926, S. 4, bit.ly/3D0lHdl).

[2] *Stader*, Kurze Einführung in den Juristenhumor, 1996, S. 12.

entschieden. Die Berufung des Beklagten hatte insoweit keinen Erfolg."[3]

Im Klartext: Der Mann muss seinen Spielgewinn mit der (jetzt getrenntlebenden) Ehefrau teilen, obwohl diese ihn zuvor mit einer Pistole zu erschießen versucht hat. Die Sache ist tragisch und traurig. Witziges findet sich hier allenfalls in den Umständen des konkreten Einzelfalles[4] oder in an den Haaren herbeigezogenen Funfacts[5].

Noch katastrophaler geht es oft im Strafrecht zu. Ein BGH-Urteil beginnt so:

„Der zur Tatzeit 46 Jahre alte Angeklagte ist ausgebildeter Fleischer und war einige Jahre als Schlachter tätig. Am späten Abend des 1. Februar 2013 besuchte er beträchtlich alkoholisiert die ein Stockwerk über ihm wohnende 66 Jahre alte L. Sie tranken im Wohnzimmer Alkohol und rauchten. Im weiteren Verlauf geriet der Angeklagte aus ungeklärten Gründen in hochgradige Wut. ..."[6]

Der in gruseligen Details geschilderte Fortgang der Geschichte ist in der amtlichen Entscheidungssammlung des Bundesgerichtshofs unter der Überschrift „Niedrige Beweggründe bei außergewöhnlich brutalem, eklatant menschenverachtendem Tatbild" nachzulesen und taugt allenfalls noch als Drehbuch-Grund-

---

[3] OLG Düsseldorf, NJW 1993, 3078.

[4] Im Düsseldorfer Fall war die Waffe nur Kaliber 4mm, der betrunkene Ehemann hatte bloß einen Streifschuss erlitten und unmittelbar nach den Schüssen „scherzend erklärt, dass er ein Projektil aus einer solch kleinkalibrigen Waffe mit den Zähnen auffange".

[5] Frauen sind bei der Ehepartnertötung mörderischer: Ausweislich einer dubiosen kriminologischen Studie aus dem Jahr 1975, die von zwei Zahnärzten durchgeführt worden ist (näher *Paeffgen/Welter*, Dr. jur.-dent., JZ 1978, 577), kommen sie im Durchschnitt auf 1,74 Mordmotive, während Männer durchschnittlich nur 1,56 Motive haben, ihre Ehefrauen umzubringen. Wer für diese blutige Aufgabe professionelle Hilfe in Anspruch nehmen will, muss dafür im Schnitt 12.000 € einplanen (*Cameron*, Killing for Money and the Economic Theory of Crime, Review of Social Economy 72 [2014], 28, 31). Die Angst vor Fehlinvestitionen ist dabei unbegründet: Macht sich der Auftragskiller vor Erledigung des Jobs mit dem Geld aus dem Staub, kann man ihn wegen Betrugs anklagen (KG, NJW 2001, 86).

[6] BGHSt 60, 52, 53.

lage für einen Splatter-Porno zum Weggucken. Gerichtsverhandlungen über derlei ernste Dinge lassen naturgemäß wenig Raum für Lacher.

II. Ironie-Problem

Erschwerend kommt ein in der Rechtswissenschaft verbreiteter Hang zur betonten Ernsthaftigkeit hinzu. Potenzielle Wortspiele müssen in Fußnoten vorsichtshalber als unbeabsichtigt gekennzeichnet werden.[7] Und wer ohne Vorwarnung Ironie benutzt,[8] fällt – siehe folgendes Beispiel – böse auf die Nase: Nachdem Amtsrichter Funck in der Zeitschrift für Rechtspolitik (ZRP) ohne ausdrücklichen Ironiehinweis unkonventionelle Vorschläge für die Strafvollzugspraxis unterbreitet hatte – mit Bitterstoffen versetztes Essen für Schwerverbrecher, brühheißes Duschwasser für Brandstifter, Liebesromane als Lektüre für Terroristen –,[9] nahm das selbst die FAZ für bare Münze; die ZRP-Herausgeber sahen sich zur Klarstellung veranlasst.[10]

Bekannter noch als Funcks ZRP-Flop und ein beredtes Beispiel für juristische Ironieblindheit ist eine Episode aus dem Kaiserreich. Der liberale Kriminalwissenschaftler Franz von Liszt kritisierte in seinem Vortrag über die „Stellung der Verteidigung in Strafsachen" die (damals neue) Institution der Staatsanwaltschaft:

„[D]ie Parteistellung der Staatsanwaltschaft ist [...] durch unsere Prozeßordnung besonders verdunkelt worden. Durch [...] die dem Staatsanwalt auferlegte Verpflichtung, in gleicher Weise Entlastungs-

---

[7] Vgl. *Jahn/Brodowski*, Das Ultima Ratio-Prinzip ..., ZStW 2017 (129), 363, 364 Fn. 2: Die Erwähnung eines Autors mit dem Namen *Sandherr* im Zusammenhang mit Rechtsproblemen des „Sanduhrbetrugs" ist gekennzeichnet mit dem international gebräuchlichen Entwarnhinweis „no pun intended".

[8] Ausführlich zur „Ironie im Rechtswesen" *Hamann*, NJW 2020, 713.

[9] *Funck*, Schuld und Sühne im Strafvollzug, ZRP 1985, 137.

[10] *Gerhardt*, Was man Juristen so alles zutraut, oder: Ironie bitte kursiv!, ZRP 1985, 185.

wie Belastungsmomente zu prüfen [...] könnte ein bloßer Civiljurist zu der Annahme verleitet werden, als wäre die Staatsanwaltschaft nicht Partei, sondern die objektivste Behörde der Welt. Ein Blick in das Gesetz reicht aber aus, um diese Entgleisung als solche zu erkennen. Es genügt der Hinweis auf § 147 GVG: ‚Die Beamten der Staatsanwaltschaft sind verpflichtet, den dienstlichen Anweisungen ihrer Vorgesetzten nachzukommen.' Auf Anweisung hin hat der StA. auf Verurteilung zu plädieren, auch wenn er von der Unschuld des Angeklagten überzeugt ist, und umgekehrt."[11]

Der sarkastische Unterton war zu subtil. Bis heute bezeichnen sich deutsche Staatsanwälte trotz Fortbestehens ihrer problematischen Abhängigkeit von der Politik[12] zu jeder sich bietenden Gelegenheit und mit Stolz als „objektivste Behörde der Welt".[13]

III. Rechthaberei

Gute Juristen sind penibel genau und neigen von Berufs wegen zum Rechthaben (sonst wären sie keine). Ein obergerichtlicher Leitsatz kann daher lauten:

„‚Er war ein Jurist und auch sonst von mäßigem Verstand.' stammt *nicht* von Kurt Tucholsky. Das Zitat stammt von Ludwig Thoma und lautet richtig: ‚Er war ein guter Jurist und auch sonst von mäßigem Verstand.' (aus der Kurzgeschichte ‚Der Vertrag' über den königlichen Landgerichtsrat Alois Eschenberger)."[14]

Außenstehende nehmen das oft als pedantisch-streitsüchtigen Exaktheitsfetischismus wahr – und betrachten die Juristen als „vernagelte Besserwisser".[15] Das ist selbstverständlich falsch und allenfalls insoweit richtig, als für einen guten Juristen keine

---

[11] *v. Liszt*, DJZ 1901, 179, 180.
[12] Näher *Thomas*, Die deutsche Staatsanwaltschaft – „objektivste Behörde der Welt" oder doch nur ein Handlanger der Politik?, KriPoZ 2020, 84.
[13] Exemplarisch *Grabbe*, „Objektivste Behörde der Welt", Weser Kurier v. 10.7.2016.
[14] LAG Baden-Württemberg, BeckRS 2007, 45252 mit humorvoller Anm. *Würdinger*, NJW 2008, 735.
[15] *Seifert*, „Jura ist leicht" – Interview mit Thomas Fischer, Zeit-Campus v. 29.10.2014.

III. Rechthaberei

Frage zu unwichtig wäre, um darüber nicht einen zünftigen Meinungsstreit vom Zaun zu brechen. Die rechtswissenschaftliche Streitkultur reicht dabei vom Grundsätzlichen bis ins kleinste Detail. In Streit steht daher neben den Grundsatzfragen, ob die Rechtswissenschaft eine Wissenschaft ist[16] und ob es „streitig", „strittig" oder „umstritten" heißen muss,[17] jede Frage überhaupt.

Ein kontrovers diskutiertes Beispiel: Unabhängig von der nachrangigen Frage, wer ihn bekommt, ist unbedingt zu klären, ob es korrekt Schaden- oder Schadensersatz heißt. Die Sache ist unklar und verworren. Sogar Möllers' Standardwerk „Juristische Arbeitstechnik" schwankt, je nach Auflage, hin und her[18] – und selbst Bastian Sick hat keine eindeutige Lösung parat.[19] Vermutlich hängt es vom Gesetz ab, nach dem man klagt: Der BGB-Kläger erhält nach § 280 „Schadensersatz", derjenige nach § 97 WpHG nur „Schadenersatz".

Weiteres Beispiel einer bedeutsamen, aber immer noch ungeklärten Streitfrage ist diejenige nach der Dauer eines Tages. Natürlich ist auch die Zeit gesetzlich geregelt. Tage im Rechtssinne sind, wie das Bundesarbeitsgericht exakt am 16. Juni 1966 bei der Berechnung eines Urlaubsanspruchs herausgefunden hat, aneinander angrenzende Intervalle auf einem linearen Kontinuum der Zeit, die einen Anfangs- und einen Endpunkt aufweisen.[20] Wo genau diese Grenzpunkte liegen, ist Gegenstand einer vertrackten Debatte. In ihrem Zentrum steht dabei die Frage nach dem Inkrafttreten des Grundgesetzes. Die Formulierung von dessen Art. 145 Absatz 2 – er lautet: „Dieses Grundgesetz

---

[16] Dafür: *Kindhäuser*, Gegenstand und Aufgabe der Strafrechtswissenschaft, in: Joerden u.a. (Hrsg.), Festschrift für Keiichi Yamanaka, 2017, 443; dagegen: *v. Kirchmann*, Die Werthlosigkeit der Jurisprudenz als Wissenschaft, 1848; diff. *Mahlmann*, Rechtsphilosophie und Rechtstheorie, 6. Aufl. 2021, § 38.

[17] Zum Streit *Hamann*, Juristische Kuriositäten, NJW 2009, 727.

[18] *Möllers*, Juristische Arbeitstechnik und wissenschaftliches Arbeiten, 6. Aufl. 2012, Rn. 448 Fn. 555 vs. 8. Aufl. 2016, § 4 Rn. 32 mit Fn. 64.

[19] *Sick*, Bratskartoffeln und Spiegelsei, Spiegel-Online v. 7.4.2004.

[20] BAG, NJW 1966, 2081, 2082 f.

18 Einleitung: Wo ist hier der Witz?

tritt mit Ablauf des Tages der Verkündung [= 23.5.1949] in Kraft." – ist unklar und die möglichen Interpretationen liegen um nicht weniger als eine juristische Sekunde voneinander entfernt. Dazu Klein im Dürig/Herzog/Scholz:

„Die Formulierung hat trotz ihrer Eindeutigkeit (‚mit' und nicht ‚nach' Ablauf) – der 23. Mai lief wie jeder Tag um 24.00 Uhr ab – zu Irritationen geführt. Während die einen das Inkrafttreten des Grundgesetzes folgerichtig auf den 23. Mai 24.00 Uhr datieren, geben andere den 24. Mai 00.00 Uhr als den Tag des Inkrafttretens an. […] Das BVerfG hat sich zum Zeitpunkt des Inkrafttretens unterschiedlich eingelassen, es nennt sowohl den 23. als auch den 24. Mai 1949."[21]

Immerhin herrscht Einigkeit, dass „[a]us naturwissenschaftlicher Sicht beide Zeitpunkte identisch [sind], weshalb dem Streit praktische Bedeutung nicht zukommt". Für zahlreiche zeitrechtliche Spezialprobleme jenseits des Inkrafttretens der Verfassung kann indes die praktische Bedeutung des Streits um die juristische Sekunde gar nicht überschätzt werden. Beispiele: Während nach der Rechtsprechung der Finanzgerichte das Verstreichenlassen der „logischen/juristischen" Sekunde Steuernachzahlungen im fünfstelligen Bereich auslösen kann,[22] vertritt der Bundesgerichtshof im Fristberechnungsrecht die Ansicht, dass „zwischen 24 Uhr und 00 Uhr keine, auch keine logische Sekunde existiert".[23]

Im Übrigen stimmt es aber auch gar nicht, dass *jeder* Tag um 24:00 Uhr endet.[24]

---

[21] *Klein*, in: Dürig/Herzog/Scholz, GG, Lfg. 80 (6/2017), Art. 145 Rn. 11.

[22] Vgl. FG Köln, BeckRS 2010, 26029240.

[23] BGH, NJW 2007, 2045, 2046 (mit der Folge, dass ein am 23.5. um 24:00h eingehendes Fax als erst am 24.5. um 0:00h eingegangen gilt – und damit als zu spät); a. A. *v. Alten*, Kündigung zum Jahresende und Verjährung, NJW 2021, 3622 Rn. 43, der eine Lösung analog derjenigen von König Salomo zur Säuglingsteilung („in 1 Kön 3, 16–28") vorschlägt: Die juristische Sekunde gehört jeweils zur Hälfte zu beiden Tagen.

[24] Anderes gilt wegen § 6 Einheiten- und Zeitgesetz nämlich beim gelegentlichen Auftreten von Schaltsekunden. Eine solche „beginnt um

IV. Sprachbarriere

Ein weiteres Humor-Handicap ist das Juristendeutsch. Dieses gilt „dem sogenannten gesunden Menschenverstand gern als Vorstufe zur Geisteskrankheit"[25] und erfüllt „Jeden, der Geschmack und Sinn für Klarheit hat, mit Ekel".[26] Ihr Übriges tun dann die – entgegen § 42 Absatz 5 Satz 1 GGO[27] – oft unverständlichen Gesetzesformulierungen,[28] die Neigung der Juristen zu lesefeindlichen Klammereinschüben und seltsamen Abkürzungen („Einen Augenblick bitte, ich schau mal eben in der BDGBIBBBMinBFAnO nach!"[29]) sowie eine unvermeidbare Fußnotenhuberei[30] (seltener: Endnotenhuberei)[31].

23:59:60 und endet um 00:00:00" (Einzelheiten bei *Kumpan*, in: Schwark/Zimmer [Hrsg.], Kapitalmarktrecht, 5. Aufl. 2020, § 22a BörsG Rn. 2).

[25] *Fischer*, Welterklärer, Problemerfinder, Bedenkenträger, Spiegel-Online v. 22.1.2021.

[26] *v. Knigge*, Ueber den Umgang mit Menschen, Bd. 2, 1788, S. 116. Abscheulichstes Beispiel für dieses „sprachliche Grauen" (*Walter*, Kleine Stilkunde für Juristen, S. 78) ist immer noch die Eisenbahn-Definition des Reichsgerichts (RGZ 1, 274, 281 f.; dazu *Engel*, Deutsche Stilkunst, 20. Aufl. 1922, S. 492).

[27] Die Vorschrift in der Gemeinsamen Geschäftsordnung der Bundesministerien (GGO) regelt die Gestaltung von Gesetzen und verlangt, dass Gesetze „möglichst für jedermann verständlich gefasst sein" müssen. Sie wird konkretisiert durch das amtliche Handbuch der Rechtsförmlichkeit (hgg. v. Bundesministerium der Justiz, 3. Aufl. 2008, BAnz v. 22.10.2008), demzufolge „Gesetze die sich nur ‚mit subtiler Sachkenntnis, außerordentlichen methodischen Fähigkeiten und einer gewissen Lust zum Lösen von Denksport-Aufgaben erschließen', diese Ansprüche nicht [erfüllen]". Das Handbuch zitiert damit in seiner Rn. 54 eine Entscheidung des BFH (DStR 2006, 2019, 2024), die wiederum ein Erkenntnis des österreichischen Verfassungsgerichts v. 29.6.1990 (ECLI:AT:VFGH:1990:G81.1990) zitiert.

[28] Dazu *Schnapp*, Warum können juristische Laien Gesetze nicht „verstehen"?, Jura 2011, 422 sowie – ausdrücklich ironisch – *Walter*, Entwurf einer Richtlinie zur sprachlichen Gestaltung europarechtlicher Texte, NJW 2004, 582.

[29] S. *van Lijnden*, Eine humoristische Perspektive auf die kreative Legislative, LTO v. 26.12.2011. Die Abkürzung steht für die Anordnung zur Durchführung des Bundesdisziplinargesetzes bei dem bundesunmittelba-

20 Einleitung: Wo ist hier der Witz?

V. Ansatz zur Problem-Lösung

Angesichts dieser humoristischen Ödnis wird von Juristen nichts Witziges erwartet[32] – und diese selbst erwarten allenfalls, verlacht zu werden:

„Jedenfalls ist es uns Juristen im Allgemeinen bekannt, dass wir ob unseres gewählten Berufes und einer damit verbundenen geistigen Prägung gelegentlich als Objekt des Spottes herhalten müssen."[33]

Wie soll man bei dieser traurigen Ausgangslage ein Buch über Lustiges im Recht beginnen? Die für einen Juristen naheliegende

---

ren Bundesinstitut für Berufsbildung im Geschäftsbereich des Bundesministeriums für Bildung und Forschung v. 16.4.2002 (BGBl. I, 1460).

[30] Fußnoten sind wichtig (näher *Basak*, Wozu sind eigentlich Fußnoten da?, ZJS 2018, 568). Nicht selten finden sich dort die besten Passagen des Textes, sodass einige Werke überhaupt erst ihretwegen lesenswert sind. Konsequenterweise bestehen die Texte derjenigen, die das erkannt haben, fast ausschließlich aus Fußnoten. Ein Experte auf diesem Gebiet ist *Paeffgen*, dessen Aufsatz mit dem griffigen Titel „Paunsdorf – Eines langen Vorgangs Reise in die Nacht – der Archive. Oder: Über Politiker, die alles können, und Staatsanwälte, die nichts wissen wollen (dürfen). Oder: Über Humor im Recht" zu wenigstens ¾ aus Fußnotentext besteht (*Paeffgen*, in: Hettinger u.a. [Hrsg.], Festschrift für Wilfried Küper, 2007, 389).

[31] Den Vorteil von Endnoten gegenüber Fußnoten preist *Walter*, NJW 2004, 582, 584 in einer Fußnote [sic!]: „Noch besser [als Fußnoten] sind Endnoten am Ende eines Beitrags oder Buchs. Sie belassen zusammen, was zusammengehört, und der Leser hat seine stille Freude, wenn er beim Hin- und Herblättern testen kann, ob er jeweils schon im ersten Anlauf die richtige Seite trifft." Kaum durchgesetzt haben sich indes die Anmerkungsgattungen der Endnote-in-der-Fußnote (Beispiel: *Merkel*, Killing or letting die?, Journal of Medical Ethics 2016, 353 Fn. I Endnote 1) und die vor allem in der humoristischen Belletristik gebräuchliche Fußnote-in-der-Fußnote (exemplarisch: *Kling*, Das Känguru-Manifest, 20. Aufl. 2019, S. 167 Fn. 18).

[32] *Sendler*, Der Maria-Theresien-Taler (MTT) als Hilfe zur Rechtsfindung DÖV 1991, 521, 530; zur „Unbeliebtheit der Juristen" s.a. *Braun*, JuS 1996, 287 sowie *Heinze*, Der ungeliebte Jurist, 1981 und – speziell mit Blick auf die Darstellung von Juristen in der Oper – *Seidel*, O sancta justitia! – Juristen in der Oper, NJW 1985, 2126 („meist komisch, grobschlächtig überzeichnet, realitätsfremd, lächerlich."); a.A. *Schmidt/Hanel*, Juristen sind gar nicht so, 5. Aufl. 1982.

[33] LAG Baden-Württemberg, BeckRS 2007, 45252.

V. Ansatz zur Problem-Lösung

Standard-Idee – „erst einmal eine Definition" von Humor – wurde von anderen schon ausprobiert,[34] ist aber tückisch. Sie würfe ein schlechtes Licht auf den Verfasser, da „Humor bekanntlich [ist], was bestimmt nicht hat, wer ihn definiert".[35] Das Bürgerliche Gesetzbuch (BGB) weicht diesem Vorwurf gekonnt aus, hilft für die hiesigen Zwecke aber auch nicht weiter, wenn es das Scherzhafte an der sogenannten Scherzerklärung in § 118 trocken als „Mangel der Ernstlichkeit" bezeichnet.[36]

Notgedrungen muss man sich also mit einer entsprechenden Anwendung der vom Obersten Gerichtshof der USA zur Pornografie entwickelten „I know it when I see it"-Regel[37] begnügen. Hilfreich ist dabei die gesicherte Erkenntnis, dass Humor vom Erwartungswidrigen lebt und der Witz im Recht da ist, wo dieses den Leser überrascht.[38] Diese Art der Rechts-Überraschung entspringt drei Quellen: (1) Juristischen Fehlleistungen, (2) den Absurditäten des Lebens und (3) blanker Absicht. Der ersten Quelle kann hier allerdings schon deshalb nicht nachgegangen werden, weil Teile der Untersuchungsergebnisse die Bevölkerung verunsichern würden.[39] Entsprechend ist dieses Buch in zwei Teile gegliedert: Das erste Kapitel hat kuriose Klagen zum Gegenstand, das zweite handelt von juristischen Komikern.

---

[34] Nämlich von *Fehr*, Der Humor im Recht, 1946, S. 6 f., der zwischen „Witz", „Satire" und „Humor" differenziert, wobei letzterer zudem in „einfachen" und „tragischen" Humor unterteilt werden müsse. Auch die restlichen 30 Seiten des Büchleins sind eher langweilig. Gelungener ist die anspruchsvolle Humortypenuntergliederung bei *Walter*, Kleine Stilkunde für Juristen, 2017, S. 173 ff.
[35] *Walter*, Kleine Stilkunde für Juristen, S. 172.
[36] Zur Abgrenzung von „guten" und „bösen" Scherzen MüKo-BGB/ *Armbrüster*, 9. Aufl. 2021, § 116 Rn. 6.
[37] Vgl. Nico Jacobellis v. Ohio, 378 U.S. 184 (1964), 197, bit.ly/3KR acqO (Sondervotum Richter Potter Stewart): „I shall not today attempt [...] to define [hard core pornography]. But I know it when I see it".
[38] Zutr. *Walter*, Kleine Stilkunde für Juristen, S. 176.
[39] Wussten Sie z.B., dass infolge legislativer Schludrigkeit praktisch das gesamte StGB ungültig ist? Näher *Fuchs*, Die Nichtigkeit weiter Teile des Strafgesetzbuchs, delegibus.com, 31.7.2010.

1. Kapitel

Juristische Situationskomik

I. Einleitung

Der „eigentliche Juristenhumor" ist Nebenprodukt ernsthafter Anwendung des Rechts auf kuriose Sachverhalte.[1] Der Witz entspringt hier dem Kontrast zwischen seriöser richterlicher Arbeit einerseits und dem Wahnwitz des echten Lebens und den Absurditäten der mit ihm zusammenhängenden klägerischen Begehren andererseits. Es färbt sozusagen die Komik der den Richtern gestellten Fragen unfreiwillig ab auf die von jenen gegebenen Antworten. Einige Kostproben zur ersten Orientierung:

1. Urkundenfälschung

Ein Autofahrer war geblitzt worden. Zur Bußgeldvermeidung überklebte er auf der fraglichen Strecke alle Tempo 30-Schilder mit der Zahl „50" und legte die Fotos davon seinem Einspruch bei. Urkundenfälschung?

„Nach der Verkehrsauffassung, die bei der Auslegung von Willenserklärungen nicht außer acht gelassen werden kann, wird man die von dem Revisionsführer aufgeworfene Frage, ob eine durchgezogene weiße Mittellinie auf einem zwei Kilometer langen kurvenreichen Straßenstück (Zeichen 295) zusammen mit diesem Straßenstück eine zwei Kilometer lange Urkunde sein soll, verneinen."[2]

Ergebnis mithin: nein.

---

[1] *Walter*, Kleine Stilkunde für Juristen, S. 174.
[2] OLG Köln, NJW 1999, 1042.

I. Einleitung 23

2. Dienstunfall

Ein Beamter öffnet die vom Kollegen erhaltene E-Mail und ekelt sich vor den obszönen Bildern darin. Dienstunfall?

„Das Öffnen der ihm von Polizeihauptkommissar O. gesandten E-Mail mit dem Betreff ‚WG: Highlight zum Wochenende!!' und insbesondere des Dateianhangs ‚perfektesdate1.pps' [...] auf seinem dienstlichen Computer ist ein auf äußerer Einwirkung beruhendes, plötzliches, örtlich und zeitlich bestimmbares Ereignis, das in Ausübung des Dienstes eingetreten ist. [...] Dieses Ereignis hat beim Kläger einen Körperschaden verursacht, der in der bei ihm aufgetretenen Zwangsstörung mit vorwiegend Zwangsgedanken (ICD 10: F 42.0) liegt."[3]

Ergebnis also: ja.

3. Kampfsport

Ein Golfturnier. Ein Spieler trifft den Ball falsch und deshalb die Mitspielerin am Getränkestand. Schadensersatzpflicht?

„Golf gehört nicht zu den Kampfsportarten".[4]

Ergebnis somit: ja.

4. Pornoberichterstattung

Die Schauspielerin Katja Riemann stellt 2007 der Öffentlichkeit Raphael Beil als ihren neuen Lebensgefährten vor. Die Boulevard-Presse berichtet Details, wie Beil in zahlreichen Filmen „seinen Mann gestanden hat" und als Pornodarsteller ohne Kondom „brillierte" („Er war so gut, dass er sogar Gage bekommen hat."). Beil will das nicht und beruft sich darauf, sein Sexleben (vor der Kamera!) gehe niemanden etwas an. Berichterstattung unzulässig?

---

[3] VG Düsseldorf, BeckRS 2011, 45053.
[4] OLG Hamm, SpuRt 1998, 124. Ausführl. zum Golfrecht *Zuck*, Golf, MDR 1990, 971.

"Der Kläger hat sich bewusst und gewollt der Öffentlichkeit als Pornodarsteller präsentiert. Professionell hergestellte und kommerziell zu verwertende Pornofilme [...] sind gerade dazu bestimmt, von der interessierten Öffentlichkeit zur Kenntnis genommen zu werden. Darüber hinaus hat sich der Kläger in diesem Zusammenhang werblich vereinnahmen lassen, indem er sich auf dem Cover eines der Filme hat abbilden lassen."[5]

Ergebnis daher: Berichterstattung zulässig.

5. Scherzerklärung

Der Autoverkäufer inseriert den Wagen im Internet für 11.500,– € und bittet „höflichst von Preisvorschlägen, [...] Tauschen gegen Teppiche, Schwiegermütter oder ähnlich abzusehen, der Wagen ist sein Geld echt wert, daher wird er nicht verschenkt und wenn er Euch zu teuer erscheint, dann bitte auch nicht anrufen." Nachdem trotzdem einer anruft und einen Tausch vorschlägt, simst ihm der Verkäufer: „Also für 15 kannst ihn haben." Antwort: „Für 15 € nehme ich ihn. Wohin kann ich das Geld überweisen". Kaufvertrag zustande gekommen?

„Der Beklagte musste die Antwort des Klägers auf seine [...] Nachricht nicht als ernsthafte Annahme eines vermeintlichen Kaufvertragsangebots ansehen. Dafür war der Inhalt [...] viel zu absurd. Er durfte die Reaktion seines Gegenübers vielmehr als ein Sicheinlassen auf eine Scherzkonversation verstehen. [Dem steht auch nicht entgegen,] dass die Scherzerklärungen in Textform abgegeben wurden. [...] [Es] war es auch nicht erforderlich, die fehlende Ernsthaftigkeit der Erklärungen mit Icons oder Ähnlichem zu betonen."[6]

Ergebnis also: nein – und das, obwohl in der Textnachricht kein Smiley enthalten war.

---

[5] BGH, GRUR 2012, 422.
[6] OLG Frankfurt, BeckRS 2017, 113917 Rn. 16–18.

6. Beleidigung

Ist Auslachen strafbar?

„Der Angeklagte hat geltend gemacht, vom Zeugen S ständig beleidigt worden zu sein und dieser finde immer wieder neue Gründe, um ihn anzuzeigen. So sei es auch am 10.7.2008 gewesen. Er – der Angeklagte – sei mit seinem Wagen verkehrsbedingt am Gartenzaun des Zeugen S zum Stehen gekommen. Der Zeuge habe ihn beschimpft. Daraufhin habe er – der Angeklagte – das Beifahrerfenster aufgemacht und laut gelacht. Wie erwartet, sei dem Zeugen S das Gebiss herausgefallen. Dieses habe ihn veranlasst, noch lauter und herzhafter zu lachen. In dem Moment habe er nicht weiterfahren können. Dem Zeugen sei erneut das Gebiss herausgefallen. Ihm – dem Angeklagten – habe der Bauch weh getan, so dass er weiter gefahren sei. Das Amtsgericht hat gegen den Angeklagten wegen Beleidigung eine Geldstrafe in Höhe von 15 Tagessätzen zu je 20 € verhängt."[7]

(Vorläufiges) Ergebnis: ja.

II. Kläger ...

Wie kommt das solchermaßen pralle Leben mit seinen Irrungen und Wirrungen überhaupt zum Gericht? Zunächst gilt: Wo kein Kläger, da kein Richter. Das klingt einfach, ist aber im humoristischen Graubereich durchaus kompliziert. Was ist schon eine „Klage"? Hier lauert Fehlerpotenzial. Das Verwaltungsgericht München wies den solchermaßen bezeichneten Schriftsatz des (selbsternannten) Reichspräsidenten gegen die Wahl des Bundespräsidenten im Jahr 1989 in seinem Urteil als unzulässig ab. Das aber war, so das Oberverwaltungsgericht, grob falsch:

„Das Urteil des VG ist unwirksam, da mit ihm über eine nicht erhobene Klage entschieden worden ist. Für einen förmlichen Rechtsbehelf dieser Art fehlt es bei seinem Einreicher [scil. dem ‚Reichspräsidenten', Anm. T. Z.] eindeutig an der Ernstlichkeit seines Begehrens."[8]

---

[7] AG Recklinghausen (zit. nach OLG Hamm, NStZ 2011, 42, das die Entscheidung des Amtsgerichts aber wieder aufgehoben hat).
[8] VGH München, NJW 1990, 2403.

Im Klartext: Die „Klage" war hier so rechtsrelevant wie eine ans Gericht geschickte Postkarte mit Urlaubsgrüßen (ohne Hitlerbild[9]).

III. ... und Richter

Umgekehrt gilt (fast) immer: Wo ein Kläger, da auch ein Richter. Es muss allerdings der „gesetzliche" sein, Art. 101 Absatz 1 Satz 2 GG. Den zu finden ist nicht immer einfach. Die Kläger im Hustensaft-Fall[10] hatten fast zehn Jahre lang nach ihm gesucht. *To make a long story short*, hier die geraffte Wiedergabe in den Worten von Teubner:

„Zwei Hersteller dieses Heilgetränks wollten gegen Nr. 21 [Buchst. h] der Arzneimittel-Richtlinie ankämpfen, wonach Hustensaft für Erwachsene nicht kassenärztlich verordnet werden darf: Verwaltungs-, Oberverwaltungs-, Bundesverwaltungsgericht, von dort verwiesen an die Sozialgerichtsbarkeit, vom Landessozialgericht jedoch an das Landgericht, dagegen Revision des Verwiesenen an das Bundessozialgericht mit Zurückverweisung und der Rüge, daß die Beiladung der Bundesrepublik als Beteiligte unterblieben sei – man hätte auf die Verweisung an das Patentgericht gespannt sein können, wenn der Gesetzgeber dem Schnickschnack nicht ein Ende bereitet hätte (vgl. § 17a Abs. 5 GVG)."[11]

Um angesichts dieser Schreckensgeschichte auf Nummer sicher zu gehen, empfiehlt *Teubner*, „vorsorglich sämtliche Rechtswege gleichzeitig einzuschlagen". Das führt aber auch nicht weiter, denn es kann, wie folgender Fall exemplarisch zeigt, nach der Highlander-Regel nur einen (gesetzlichen Richter) geben: Ein Kläger hatte seine Klage bei 74 verschiedenen Gerichten gleichzeitig eingereicht. Das Arbeitsgericht Hamm

---

[9] *Mit* Hitlerbild führt die Postkarte zur Klage durch den Staatsanwalt wegen der Verwendung von Kennzeichen verfassungswidriger Organisationen, OLG München, NStZ 2007, 97.
[10] Zuletzt BSGE 64, 78.
[11] *Teubner*, Teubners satirisches Rechtswörterbuch, 3. Aufl. 1998, Lemma „Rechtsweg", S. 145 f.

fand diese juristische Promiskuität schikanös (§ 226 BGB) und verweigerte die mündliche Verhandlung.[12]

Im Übrigen gilt, dass Anträge auf Verweisung an das „jüngste Gericht" fast ausnahmslos unzulässig sind;[13] nur beim Amtsgericht Göttingen besteht insoweit eine Sonderzuständigkeit.[14]

IV. Billigkeit

Ist der gesetzliche Richter gefunden, dann tut die Justiz was sie muss und verhilft dem rechthabenden Bürger zu seinem Recht.[15] Auf den Wert der Klage kommt es dabei schon aus Prinzip nicht an. Oder *fast* nicht. Denn *nur* ums Prinzip zu streiten ist ebenfalls unstatthaft.

Das Landgericht Lübeck hielt 1974 eine Zwangsvollstreckung wegen eines Betrages von (aufgerundet) fünf Pfennigen (kaufkraftbereinigt: 7,5 Euro-Cent im Jahr 2022) für rechtsmissbräuchlich.[16] Ähnliches beschloss 2018 das Verwaltungsgericht Neustadt an der Weinstraße:

> „Bei 0,03 € geht es dem Vollstreckungsgläubiger ersichtlich nicht mehr um wirtschaftliche Interessen, sondern um das Prinzip des Rechthabens. Dies allein ist jedoch nicht schutzwürdig."[17]

Besonders sparsam (auch mit Worten) hatte sich zuvor bereits das Finanzgericht Hamburg in der Klage eines Anwalts auf Zahlung einer Summe in Höhe von 0,66 € („die sich aus verschiedenen kleineren Beträgen zusammensetzt") gezeigt:

---

[12] ArbG Hamm, MDR 1966, 272 m. zust. Anm. *Schneider*.
[13] ArbG Düsseldorf, NJW 1986, 1281.
[14] Vgl. AG Göttingen (o. Datum und Az.), Stern 12/1987, S. 282: Auf einen entsprechenden Verweisungsantrag wurde ein Mahnverfahren dort von einem „Petrus (Himmelswachtmeister)" fortgesetzt; als Urkundsbeamter der Geschäftsstelle fungierte ein gewisser „Erzengel Gabriel".
[15] Recht haben und Recht bekommen sind bekanntlich zwei verschiedene Dinge: Materielles und Prozessrecht.
[16] LG Lübeck, DGVZ 1974, 77, 78.
[17] VG Neustadt, BeckRS 2018, 7716 Rn. 8.

"Der Kläger ist als Hamburger Rechtsanwalt Organ der Rechtspflege. Der Beklagte ist als Hamburger Behörde dem Grundsatz der sparsamen und effektiven Haushaltsführung verpflichtet. Das Gericht bestimmt gemäß § 94a FGO sein Verfahren nach billigem Ermessen. Es wendet daher ohne mündliche Verhandlung den römischrechtlichen Grundsatz MINIMA NON CVRAT PRAETOR (um Kleinigkeiten kümmert das Gericht sich nicht) und die altdeutsche Regel ‚Ein jeder kehre vor seiner Tür' an. Danach war zu entscheiden wie geschehen (die Klage wird abgewiesen)."[18]

Ob es die behauptete Wertuntergrenze aber wirklich gibt (und wo diese verläuft), ist freilich umstritten. Zahlreiche Schriftsteller wehren sich (aus Prinzip und/oder wegen Art. 19 Absatz 4 bzw. 103 Absatz 1 GG) gegen die Annahme eines „50-Pfennigrechtsfreien Raumes".[19] Tatsächlich hat es eine Klage vor dem Landgericht Heidelberg ums Prinzip + 43 Pfennige über das Oberlandesgericht Karlsruhe bis zum Bundesgerichtshof gebracht (und war dort erfolgreich).[20] Ergo gilt auch zu dieser Frage: Zwei Juristen, drei Meinungen.[21] Möglicherweise trägt zu ihrer Klärung eine Unterscheidung nach Rechtsgebieten bei. Dann gölte Folgendes:

Im Öffentlichen Recht ist die Höhe des aktuellen Briefportos entscheidend (in diesem Sinne: Oberverwaltungsgericht Münster: 20 Pfennige im Jahr 1961).[22]

Im Zivilrecht hingegen, so könnte man das Amtsgericht Stuttgart verstehen, ist das *halbe* Briefporto maßgeblich:

„Das Gericht ist der Meinung, daß es sich bei einem Betrag von 41 Pfennigen um einen wirtschaftlich so geringen Wert handelt, daß es nicht gerechtfertigt erscheint, die Gerichte anzurufen. […] Hierbei muß man sich zu Bewußtsein bringen, daß nach betriebswirtschaft-

---

[18] FG Hamburg, BeckRS 2004, 26021973.
[19] Siehe nur *Buß*, De minimis non curat lex, NJW 1998, 337; *Saenger*, ZPO, 8. Aufl. 2019, Vorbem. §§ 253–494a Rn. 30; a.A. *Schneider*, Minima non curat praetor, MDR 1990, 893.
[20] LG Heidelberg, NJW 1987, 1645 → OLG Karlsruhe, NJW 1988, 74 → BGH, NJW 1989, 582.
[21] Näher dazu *Bales/Zimmermann*, Der Umgang mit Divergenzen im Recht, JuS 2019, 1137.
[22] OVG Münster, JZ 1962, 67.

IV. Billigkeit

lichen Untersuchungen ein streitiger Prozeß beim AG den Steuerzahler 1.050 DM kostet, ein solcher Prozeß beim LG 2.780 DM und beim OLG 4.780 DM (Franzen-Apel, NJW 1988, 1059). Wenn man diese Kosten vor Augen hat, erscheint es gerechtfertigt, daß eine Partei eher auf 41 Pfennige verzichtet, als daß sie die Gerichte in Anspruch nimmt. 41 Pfennige sind heutzutage nicht einmal ein halbes Briefporto für einen gewöhnlichen Brief."[23]

(Aber kein Grundsatz ohne Ausnahme: „Es soll noch bemerkt werden, daß das Gericht die Frage [...] möglicherweise anders ansehen würde, wenn ein Schuldner nun grundsätzlich an jeder ihn betreffenden Rechnung einen Betrag von 41 Pfennigen abziehen würde.")

Im Internationalen Recht kommt es, fragt man den Europäischen Gerichtshof für Menschenrechte, auf die Umstände des Einzelfalls an: Danach ist jedenfalls die Beschwerde eines wohlhabenden Beamten aus Frankfurt (Oder) rechtsmissbräuchlich, wenn dieser eine schwere Verletzung seiner Menschenrechte darin erblickte, dass ihm das Land Brandenburg die Kosten eines nahrungsmittelergänzenden Magnesiumpräparates in Höhe von 7,99 EUR nicht zurückerstatten wollte.[24]

Und im Strafrecht gelten, wie das Bayerische Oberste Landesgericht ausführt, ohnehin ganz andere Maßstäbe, siehe BayObLGSt 1954, 59. Die Story hinter dem bayerischen Urteil ist kompliziert und ging ungefähr so: Ein Huhn war widerrechtlich in den nachbarlichen Gemüsegarten eingedrungen[25] und, nachdem es dort umsonst gescharrt hatte, bis zu einer Lösegeldzahlung nach dem bayerischen Feldschadengesetz (§§ 1, 2, 68) von der Gartenbesitzerin vorläufig festgenommen worden. Als am

---

[23] AG Stuttgart, NJW 1990, 1054. Richtig daher AG Staufen, DGVE 1978, 189 f.: Zwangsvollstreckung wg. 71 Pfennigen rechtmäßig (Briefporto seinerzeit: 50 Pfennige).
[24] EGMR, NJW 2010, 1581.
[25] LOL! Ausgerechnet ein Huhn! (Nur für Rechtshistoriker witzig. Der Witz besteht darin, dass ungefähr im Mittelalter aus ungeklärten Gründen die Bestimmungen über die Ermittlung des Raums, bis zu welchem Hühner ohne Gefahr der Pfändung auf das Nachbargrundstück gehen dürfen – das sog. Hühnerrecht –, stets mit allerlei völlig absurden „humoristischen Zuthaten ausgeschmückt" waren; umfassend *Gierke*, Humor im Recht, 2. Aufl. 1886, S. 58 ff.).

30   1. Kap.: Juristische Situationskomik

Folgetag ein irrender Hauptwachtmeister der Landpolizei – er war mit der Vorgeschichte nicht vertraut – sich anschickte, „die Sache mit dem Huhn zu erledigen", kassierte er beim unrechtmäßigen Befreiungsversuch blutige Axthiebe auf den Hinterkopf; er konnte von Glück sagen, neben dem Huhn nur eine Gehirnerschütterung samt Fleischwunde davongetragen zu haben. Die Moral von der Geschichte (nach dem BayObLG): Das (versuchte) Töten eines Menschen zur Verteidigung des Pfandrechts an einem Huhn im Wert von fünf Pfennigen ist trotz des ansonsten scharfen Notwehrrechts – „das Recht braucht dem Unrecht nicht zu weichen!"[26] – rechtsmissbräuchlich und daher unzulässig.[27]

V. Wunsch- und Anspruchsdenken: Abseitige Begehren

Abgesehen von der „Billigkeit" des klägerischen Begehrens sind die Gerichte auch gegenüber seltsamen Anliegen oft aufgeschlossen. Klagen werden nur in wenigen Ausnahmefällen gar nicht erst zugelassen.

1. Verwaltungsrecht

Das gilt zunächst im Verwaltungsrecht, wie der Verwaltungsgerichtshof in Mannheim ausführt:

„Ein sinnhaftes und ernst zu nehmendes Rechtsschutzbegehren kann beispielsweise bei völlig wirrem [...] Vorbringen fehlen oder wenn das ‚Rechtsmittel' unter Anlegung eines strengen Maßstabs offensichtlich haltlos ist, was insbesondere bei absurden Klagebegehren ohne jeden Rückhalt im Gesetz [...] anzunehmen ist".[28]

Wenn also in grotesker Weise irgendwer irgendwas von irgendwem irgendworaus will, hat sich das Gericht prinzipiell da-

---

[26] *Berner*, Lehrbuch des deutschen Strafrechts, 1848, S. 578.
[27] BayObLGSt 1954, 59, 66; ergänzend *N.N.*, „Die Axt im Haus", Die Zeit 41/1954.
[28] VGH Mannheim, NVwZ-RR 2017, 4 Rn. 4.

V. Wunsch- und Anspruchsdenken: Abseitige Begehren 31

mit zu beschäftigen. Hierbei darf die beschworene „Strenge" des anzulegenden Absurditäts-Maßstabs auf keinen Fall unterschätzt werden. Entsprechend erachtete das Verwaltungsgericht Ansbach selbst die nachfolgend geschilderte sozialrechtliche Klage – wenn auch „unter Zurückstellung erheblicher Bedenken" – für „noch zulässig".[29] Kläger war ein arbeitsloser Kfz-Mechaniker, der seit Jahren laufende Hilfe zum Lebensunterhalt bezog, während seine thailändische Ehefrau bei ihren Verwandten in der Heimat lebte. Nachdem der Staat die Rückreise der Frau nicht bezahlen wollte, hat der Kläger „Entzugserscheinungen" geltend gemacht und

„beantragt, ihm die Kosten zur Befriedigung seiner [...] sexuellen Bedürfnisse zu bewilligen bzw. zu erstatten. Im Einzelnen:

a) ihm monatlich vier Besuche im Freudenhaus [...] zu bewilligen. Pro Besuch sind ca. 100,00 EUR für die Dame sowie 25,00 EUR für die Fahrt [...] zu bezahlen.

b) für seine erhöhten Sexbedürfnisse die Übernahme der Kosten für die Videothek bzw. bezüglich der Leihgebühren von Pornofilmen von mindestens acht Stück pro Monat sowie die An- und Abfahrten zur Videothek [...], sowie die Kosten für das Happy Weekend Magazin [...], erscheint zweimal pro Monat, zum Verkaufspreis von 11,65 EUR, also 23,30 EUR pro Monat.

c) die Kostenübernahme von Kondomen und Zewa-Wichsboxen für das Betrachten der Filme."

Inhaltlich (er)kannte das Verwaltungsgericht allerdings keinen Spaß:

„In sachlicher Hinsicht ist diese Klage aber unter allen denkbaren rechtlichen Gesichtspunkten zweifelsfrei insgesamt unbegründet."

2. Arbeitsrecht

Keine anderen Zulässigkeits-Maßstäbe gelten bei den Arbeitsgerichten. Das zeigt anschaulich ein Urteil aus Düsseldorf, bei

---

[29] VG Ansbach, SAR 2004, 91 f.

dem es um eine Klage auf Berichtigung eines Zeugnisses ging.[30] In dem Arbeitszeugnis wurde die Klägerin von ihrem Ex-Arbeitgeber aufgrund „ihres loyalen integeren Verhaltens" gelobt. Als Reaktion darauf beschwerte sich die Dame bitterlich, denn „[d]ie Schreibweise ‚integeren' sei falsch. Das Fremdwort ‚integer' sei aus der lateinischen Sprache entlehnt und werde im Deutschen den lateinischen Formen entsprechend dekliniert." Korrekt müsse es „integren" heißen und das Zeugnis gehöre abgeändert. Die Klage wurde zugelassen:

„Soweit die Bekl. ausführt, es sei ein Mißbrauch der kostbaren Arbeitszeit des Gerichts, wenn die Kl. ein Begehren wie das vorliegende verfolge, so vermag die Kammer dem nur insoweit zu folgen, als bei der gegenwärtigen Belastung der Gerichte für Arbeitssachen die Arbeitszeit des Gerichts in der Tat ein kostbares Gut darstellt. Die Erhebung der vorliegenden Klage stellt sich allerdings nicht als ein Mißbrauch dieses Gutes dar. Die Gerichte dürfen nämlich grundsätzlich nicht die Entscheidung in der Sache mit der Begründung verweigern, ein Klagebegehren sei abwegig, unsinnig oder unverständlich. [...] Allenfalls in ganz seltenen Ausnahmefällen – etwa bei offensichtlich nicht ernst gemeinten Anträgen, mit denen möglicherweise auch das Gericht der Lächerlichkeit preisgegeben werden soll [...] – dürfen die Gerichte eine Sachprüfung ablehnen. Dem Gericht sind hier also äußerst enge Grenzen gezogen."

Als Revanche für die Zeitverschwendung kassierte die Klägerin neben einer inhaltlichen Niederlage vom Arbeitsgericht allerdings eine ironische Breitseite. Zur Zulässigkeit der Klage ergänzt das Gericht zunächst bissig, ihm sei freilich

„nicht entgangen, daß der Streit der Parteien hier einen Zuschnitt hat, der in den Augen Außenstehender möglicherweise als in gewissem Maße kleinlich oder gar ‚kleinkariert' erscheinen mag. Das Gericht macht sich aber eine derartige Bewertung ausdrücklich nicht zu eigen, verzichtet vielmehr auf jede Qualifizierung dieser Art und läßt es dabei bewenden, daß von dem Klagebegehren weder gesagt werden kann, es sei der Kl. damit nicht ernst – erkennbar ist vielmehr das Gegenteil der Fall –, noch, daß es in massiver Weise querulatorisch wäre."

---

[30] ArbG Düsseldorf, NJW 1986, 1281; für unwitzig befunden von *Walter*, Kleine Stilkunde für Juristen, S. 168 f.

V. Wunsch- und Anspruchsdenken: Abseitige Begehren   33

Anschließend wird zur Unbegründetheit der Klage ausgeführt, dass

„[di]e Kammer der von den Parteien im einzelnen diskutierten und unterschiedlich beurteilten Frage, welche der beiden hier in Rede stehenden Schreibweisen richtig ist, keine fallentscheidende Bedeutung beigemessen [hat]. Sicherlich dürften die Ausführungen, welche die Kl. [...] hinsichtlich der Beugung der lateinischen Adjektive auf -er nach der O-Deklination hat vorbringen lassen, zutreffend sein, soweit es sich um Adjektive handelt, bei denen das ‚-e' nicht stimmhaft ist (vgl. Schmeken, Orbis Romanus, Elementargrammatik, Formenlehren, 1975, § 5). Allerdings gilt dies bereits im Lateinischen nicht ausnahmslos, wie z.B. die Beugung des Wortes ‚dexter' (als Adjektiv bzw. als Substantiv) zeigt. So heißt es etwa einerseits bei Milnes-Lenard, in: Winni ille Pu, Kapitel V (quo in capite Porcellus in heffalumpum incidit): ‚... et dextrae Christophori se arte implicuit', was übersetzt bedeutet: ‚und er klammerte sich eng an Christophs rechte Hand' (Zitat und Übersetzung nach der deutschen Ausgabe der lateinischen Übersetzung des Buches ‚Puh, der Bär', Goverts-Verlag, 1960/1962). Andererseits ist aber auch die Form ‚dexteram' gebräuchlich (vgl.: ‚sedet ad dexteram patris' = ‚sitzet zur Rechten des Vaters', aus dem Glaubensbekenntnis der katholischen Kirche, zitiert nach: Gebet- und Gesangbuch für das Erzbistum Köln, Verlag J. P. Bachem, o. J.)."

Also wie auch immer:

„Es ist Sache des Arbeitgebers, Form und Inhalt des Zeugnisses zu bestimmen."

3. Reiserecht

Merkwürdige Klagen sind ferner aus dem Reiserecht (§§ 651a–651y BGB) bekannt. Die Gerichte sind auch hier mit der Klagezulassung großzügig, reagieren aber im Übrigen unterschiedlich.

Im Reiserecht gilt der Grundsatz: Wenn die Angaben im Reiseprospekt „nur die halbe Wahrheit sind, haftet der Veranstalter für die fehlende Hälfte."[31] Deshalb geht es den Klägern immer

---

[31] *Peter/Tonner*, Umweltbeeinträchtigungen auf Reisen, NJW 1992, 1794, 1797.

um Reisemängel[32] und oft um die Frage, ob andere Menschen ein solcher Mangel sind. Das ist aber nur manchmal der Fall, etwa bei sexuell zudringlichem Hotelpersonal.[33] Demgegenüber ist „[e]ine ‚internationale Kreuzfahrt' nicht deshalb im Sinne des Reiserechts mangel- oder fehlerhaft, weil an ihr ein hoher Anteil (hier: ca. 40%) jodelnder Folkloregruppen teilnimmt" (denn „Jodeln gehört [...] grundsätzlich nicht zu den Tätigkeiten von Menschen, die Sitte und Ordnung widersprechen.").[34] Rentner sind nur dann als Reisemangel anerkannt, wenn sie an einer „Piratenkreuzfahrt" teilnehmen,[35] geistig Behinderte, wenn sie sich nicht wie geistig Gesunde benehmen („Daß es Leid auf der Welt gibt, ist nicht zu ändern; aber es kann der Kl. nicht verwehrt werden, wenn sie es jedenfalls während des Urlaubs nicht sehen will.").[36] Letztgenanntes Urteil ist allerdings unrühmlich „in die Prozeßgeschichte eingegangen" und hat das verursacht, was man heute einen ‚Shitstorm' nennt.[37]

Nachvollziehbar aufgebracht war das Amtsgericht Aschaffenburg über die (zulässige) Klage eines Mauritius-Urlaubers, dessen teure Pauschalreise nach seiner Ansicht deshalb mangelhaft gewesen sei, weil er am Strand des Urlaubsortes auf Einheimische getroffen war. „Die einheimische Bevölkerung habe dort", so der Kläger, „eine Art Volksfest veranstaltet und einen derartigen Lärm gemacht, daß der Kläger und seine Begleiter schlicht sprachlos gewesen seien." Aber der Mann bekam vor Gericht sein Geld nicht zurück, sondern stattdessen sein Fett weg:

„Für diese Rüge fehlt dem Gericht [...] jegliches Verständnis. [D]as Gericht [ist] – um die Worte des Klägers zu benutzen – schlichtweg sprachlos darüber, daß sich ein Reisender allen Ernstes darüber be-

---

[32] Ausf. Kasuistik bei *Stader*, Kurze Einführung in den Juristenhumor, S. 110 ff.
[33] LG Frankfurt, NJW 1984, 1762.
[34] LG Hamburg, NJW-RR 1993, 1465.
[35] LG Frankfurt, RRa 2005, 166.
[36] LG Frankfurt, NJW 1980, 1169 m. Anm. *Brox*, NJW 1980, 1939.
[37] *N. N.*, Genuß beeinträchtigt, Der Spiegel 42/1980, S. 42. Zum Nachspiel OLG Frankfurt, NJW 1981, 2707.

V. Wunsch- und Anspruchsdenken: Abseitige Begehren 35

schwert, er habe den Strand am Urlaubsort mit Einheimischen teilen müssen."[38]

Deutlich entspannter urteilte das Amtsgericht Mönchengladbach über eine Reisemangel-Klage, von der die beklagte Reiseveranstalterin meinte, „die Klage könne nicht ernst gemeint sein".[39] Was war passiert? Der Kläger hatte für sich und seine Lebensgefährtin eine Reise nach Menorca mit Unterbringung in einem Doppelzimmer mit Doppelbett gebucht. Allerdings habe er nach der Ankunft

„feststellen müssen, daß es in dem ihm zugewiesenen Zimmer kein Doppelbett gegeben habe, sondern zwei separate Einzelbetten, die nicht miteinander verbunden gewesen seien. Bereits in der ersten Nacht habe er feststellen müssen, daß er hierdurch in seinen Schlaf- und Beischlafgewohnheiten empfindlich beeinträchtigt worden sei. Ein ‚friedliches und harmonisches Einschlaf- und Beischlaferlebnis' sei während der gesamten 14tägigen Urlaubszeit nicht zustandegekommen, weil die Einzelbetten, die zudem noch auf rutschigen Fliesen gestanden hätten, bei jeder kleinsten Bewegung mittig auseinandergegangen seien. Ein harmonischer Intimverkehr sei deshalb nahezu völlig verhindert worden. Der Kl. verlangte Schadensersatz wegen nutzlos aufgewendeter Urlaubszeit in Höhe von 20% des Reisepreises von 3078 DM."

Aber ob absurd oder nicht:

„Die Klage ist zulässig. Der Bekl. ist [zwar] zuzugeben, daß hier leicht der Eindruck entstehen könnte, die Klage sei nicht ernst gemeint. Die Zivilprozeßordnung sieht allerdings einen derartigen Fall nicht vor, so daß es hierfür auch keine gesetzlich vorgesehenen Konsequenzen gibt."

Bekannt geworden ist das Mönchengladbacher Urteil deshalb, weil es der Absurdität der Klage auf eine andere, zivilprozessual zulässige Weise begegnet ist: „nüchtern mit verdeckter Ironie und augenzwinkernder Sachkenntnis"[40] (bzw. nach anderer Ansicht: „undurchdacht" und „chauvinistisch")[41]. Und zwar so:

---

[38] AG Aschaffenburg, RRa 1997, 147.
[39] AG Mönchengladbach, NJW 1995, 884.
[40] So *Sendler*, Über sog. humoristische Urteile, NJW 1995, 847, 849.
[41] *Walter*, Kleine Stilkunde für Juristen, S. 171 Fn. 45 i.V.m. S. 44 Fn. 12.

„Die Klage ist aber jedenfalls in der Sache nicht begründet. Der Kl. hat nicht näher dargelegt, welche besonderen Beischlafgewohnheiten er hat, die festverbundene Doppelbetten voraussetzen. Dieser Punkt brauchte allerdings nicht aufgeklärt zu werden, denn es kommt hier nicht auf spezielle Gewohnheiten des Kl. an, sondern darauf, ob die Betten für einen durchschnittlichen Reisenden ungeeignet sind. Dies ist nicht der Fall. Dem Gericht sind mehrere allgemein bekannte und übliche Variationen der Ausführung des Beischlafs bekannt, die auf einem einzelnen Bett ausgeübt werden können, und zwar durchaus zur Zufriedenheit aller Beteiligten. Es ist also ganz und gar nicht so, daß der Kl. seinen Urlaub ganz ohne das von ihm besonders angestrebte Intimleben hätte verbringen müssen.

Aber selbst wenn man dem Kl. seine bestimmten Beischlafpraktiken zugesteht, die ein festverbundenes Doppelbett voraussetzen, liegt kein Reisemangel vor, denn der Mangel wäre mit wenigen Handgriffen selbst zu beseitigen gewesen. […] Der Kl. hat ein Foto der Betten vorgelegt. Auf diesem Foto ist zu erkennen, daß die Matratzen auf einem stabilen Rahmen liegen, der offensichtlich aus Metall ist. Es hätte nur weniger Handgriffe bedurft und wäre in wenigen Minuten zu erledigen gewesen, die beiden Metallrahmen durch eine feste Schnur miteinander zu verbinden. Es mag nun sein, daß der Kl. etwas derartiges nicht dabei hatte. Eine Schnur ist aber für wenig Geld schnell zu besorgen. Bis zur Beschaffung dieser Schnur hätte sich der Kl. beispielsweise seines Hosengürtels bedienen können, denn dieser wurde in seiner ursprünglichen Funktion in dem Augenblick sicher nicht benötigt."

In einfach gelagerten Fällen besteht der (angebliche) Reisemangel bereits im Reiseziel. Es gibt da die Geschichte vom Buchungspech eines Holländers, der sich verreist hatte. Er hatte zum Schnäppchenpreis einen Flug von Amsterdam nach Sydney ergattert; genauer: nach Sydney, kanadische Provinz Nova Scotia (30.000 Einwohner). Dass der Flieger nicht nach Australien unterwegs war, bemerkte der Reisende leider erst in der Luft.[42]

Ähnliches war einer Dame mit sächsischem Migrationshintergrund im Schwabenland passiert. Die Frau wollte im Reisebüro eine Flugreise nach Porto in Portugal buchen. Aufgrund „akzentbedingter Kommunikationsschwierigkeiten" mit dem Personal im Reisebüro buchte dieses für die Kundin eine Flugreise nach

---

[42] Stern.de-Meldung „Teenager fliegt ins falsche Sydney" v. 4.4.2017.

Bordeaux in Frankreich. Als der Irrtum aufflog, wollte die Frau nicht zahlen; Argument: Bordeaux = mangelhaftes „Bördo [bɔʀˈdo]". Das Amtsgericht Stuttgart-Bad Cannstatt stellte daraufhin klar, dass auch beim Reisekauf die üblichen Willenserklärungsregeln gelten:[43] „When in Rome do as the Romans do!", „When in Cologne do not order half-a chicken unless you know what that is!" und insbesondere „When in Germany speak German!"[44]

4. Spaghettimonster-Recht

Der gerichtliche Einsatz feiner Ironie als Antwort auf unsinnige Klagen borniertet Rechthaber ist prozessuale Notwehr. In entsprechender Anwendung des ehernen Grundsatzes „Notwehr gegen Notwehr gibt es nicht" gilt aber auch: Ironie gegen Ironie kommt nicht. Das soll heißen: ausgerechnet den erkennbar satirisch-ironisch gemeinten Klagen begegnen Gerichte immer bierernst. Das zeigen exemplarisch die FSM-Urteile.[45] Zum Beispiel dem Versuch des Vorsitzenden der Kirche des Fliegenden Spaghettimonsters Deutschland e.V., sich vor dem Verwaltungsgericht Potsdam eine religiös bedingte Ausnahmegenehmigung von § 7 Absatz 3 Satz 1 der Personalausweisverordnung („Das Lichtbild muss die Person [...] ohne Kopfbedeckung [...] zeigen") und eine Erlaubnis zum Passfoto mit „Piratenkopfbedeckung" zu erstreiten, begegnete das Gericht mit großem Aufwand und heiligem Ernst. Ein kurzer Ausschnitt:

„Von dem – grundsätzlich weit zu verstehenden – Religionsbegriff wird die Kirche des FSM nicht erfasst. Bei ihr handelt es sich [...] nicht um eine Religionsgemeinschaft. Dies [...] ergibt sich auch aus § 2 Abs. 1 Satz 2 der aktuellen Satzung der Kirche des FSM v. 9.2015. Danach stellt die Figur des ‚Fliegenden Spaghettimonsters' eine Religionssatire dar, die als künstlerisches Mittel benutzt wird, um in satiretypischer Art intolerante und dogmatische Anschauungen

---

[43] AG Stuttgart-Bad Cannstatt, RRa 2012, 181.
[44] So die Zusammenfassung von *Schimmel*, Stille Post für Jura-Erstsemester, LTO-Karriere v. 29.9.2012.
[45] FSM steht für „Fliegendes Spaghetti-Monster".

und Handlungen zu überhöhen und zu hinterfragen. Dass es sich bei der Kirche des FSM nicht um eine Religionsgemeinschaft, sondern um eine reine Religionsparodie handelt, wird darüber hinaus durch ihre Entstehungsgeschichte, ihr ‚Glaubensbekenntnis' sowie das Gebet ‚Monsterunser' deutlich. Das Fliegende Spaghettimonster ist im Jahre 2005 von dem amerikanischen Physiker Bobby Henderson als persiflierende Reaktion auf die im Biologieunterricht im US-Bundesstaat Kansas vermittelte kreationistische Lehre des ‚Intelligent Design' gegründet worden, um deren vermeintliche Sinnlosigkeit klarzustellen. Darauf verweist etwa der Kl. in dem von ihm unter dem Namen ‚Bruder Spaghettus' verfassten Wort zum Freitag v. 21.7.2011 ‚Die Rolle des Nudelsiebs im Pastafaritum'. Entsprechend satirisch ist das ‚Glaubensbekenntnis' gefasst:

‚Ich glaube an das Fliegende Spaghettimonster, die Mutter, der niemals die Energie ausgeht, die Gebärende des sphärenklingenden Himmels und der evolutionsfreien Erde. Und an Bobby Henderson, SEINEN Propheten, empfangen durch das World Wide Web, geboren von seiner lieben Mama, gelitten unter Kreationisten, genervt, gelangweilt und veralbert, hinabgestiegen in das Reich des Fundamentalismus, am dritten Tage aufgestanden zwischen Deppen, seine Website angegangen; sitzend vor seinem Laptop, dem allezeit flatline; von dort wird er kommen, zu parodieren die Dummen und Drögen. Ich glaube an das World Wide Web mit dem heiligen Pastafaritum, Gemeinschaft der Pastafari und ihres Monsters, Vergebung der Torheit, an den Bier-Vulkan und an die Stripper-Fabrik. Ramen'.

Auch aus dem erkennbar dem christlichen Vaterunser nachgebildeten ‚Monsterunser' wird deutlich, dass es sich bei der Kirche des fliegenden Spaghettimonsters um eine bloße Religionsparodie handelt. Es lautet: [...].

Danach fehlt der Kirche des FSM zweifelsfrei jegliche für eine Religion charakteristische Transzendenz. Sie ist auf Parodie und eine sarkastisch übersteigerte Auseinandersetzung mit einer als Pseudowissenschaft verstandenen amerikanischen Lehrmeinung ausgerichtet. Ein ernsthaftes Bemühen, den Menschen in einen jenseitigen Zusammenhang zu stellen, der nicht mit von Menschen gesetzten Maßstäben zu beurteilen ist, und eine sinnhafte Orientierung des Menschen an eigenen Selbst- und Weltvorstellungen zu geben kann ihren ins Absurde gesteigerten ‚Glaubenssätzen' nicht entnommen werden."[46]

---

[46] VG Potsdam, LKV 2016, 94.

V. Wunsch- und Anspruchsdenken: Abseitige Begehren

Nicht minder ernst reagierte das Oberlandesgericht Brandenburg in einem ausführlichen FSM-Urteil aus dem Jahr 2017, dessen zentrale Aussage in einer juristischen Datenbank wie folgt zusammengefasst ist:

„Bei dem satirischen Verein ‚Kirche des fliegenden Spaghettimonsters' handelt es sich weder um eine Religionsgemeinschaft noch um eine Weltanschauungsgemeinschaft. Daher ist das Land Brandenburg nicht verpflichtet, das Aufstellen von Schildern mit Hinweisen auf die wöchentlich stattfindende ‚Nudelmesse' an Straßen am Ortseingang von Templin zu dulden."[47]

Die dagegen gerichtete Verfassungsbeschwerde beantwortete schließlich das Bundesverfassungsgericht mit der ihm eigenen Humorlosigkeit. Hier die Entscheidung im ungekürzten Originalwortlaut:

„Die Verfassungsbeschwerde wird nicht zur Entscheidung angenommen, weil eine weltanschauliche Betätigung des Beschwerdeführers nicht plausibel gemacht wurde. Von einer Begründung im Übrigen wird nach § 93d Abs. 1 Satz 3 BVerfGG abgesehen. Diese Entscheidung ist unanfechtbar."[48]

5. Wirres Zeug

Ganz besonders humorlos reagiert das Bundesverfassungsgericht auf ganz besonders absurde Begehren.[49] Über den Eilantrag einer Dame,

„Deutschland zu verpflichten, die komplette Bundesregierung neu zu besetzen, Richterbesetzungen vorzunehmen, wobei die Neubesetzung ausschließlich mit Parteimitgliedern DIE LINKE erfolgen sollen und Gregor Gysi zum neuen Bundeskanzler oder Sara Wagenknecht zur neuen Bundeskanzlerin zu ernennen, […], alle Opfer falscher EU-Rechtsanwendung aus Gefängnissen zu befreien, insbesondere Beate Zschäpe, und diese von Schulden und Strafen zu befreien, die Schrei-

---

[47] OLG Brandenburg, BeckRS 2017, 119265.
[48] BVerfG, BeckRS 2018, 33460.
[49] Allg. zu Querulanz vor dem Bundesverfassungsgericht *Wellkamp*, in: Brand/Strempel (Hrsg.), Soziologie des Rechts. Festschrift für Erhard Blankenburg, 1998, S. 569; allg. zu *Wellkamp* s. S. 88 Fn. 57.

ben und Anträge der Beschwerdeführerin an alle Verfassungsgerichte der EU weiterzuleiten",[50] und ihr dafür außerdem Prozesskostenhilfe zu bewilligen, entschied das Gericht nicht nur abschlägig (da „nicht einmal ansatzweise erkennbar [ist], aus welchen Grundrechten sie entsprechende Ansprüche ableiten könnte"); es garnierte zudem die Begründung mit einer als fürsorglichen Rat getarnten Drohung:

> „Die Antragstellerin wird für künftige Verfahren darauf hingewiesen, dass ihr [...] eine Missbrauchsgebühr von bis zu 2.600 Euro auferlegt werden kann."

6. Reichsbürger-Klagen

Wegen der „zunehmenden Beklopptendichte"[51] hat sich in den letzten Jahren diese besonders bizarre Klageform erfolgreich als Untergenre der juristischen Situationskomik etabliert.

Reichsbürger sind eine aufmüpfige Menschensorte, die in der Schule nicht gut aufgepasst und dann im Erwachsenenleben zu viel Zeit und Fantasie haben; sie glauben an die Kraft alternativer Fakten und beschäftigen sich leidenschaftlich und kreativ mit dem Recht. Die Quintessenz ihres Staats- und Völkerrechtsverständnisses geht dahin, dass das Deutsche Reich in den Grenzen von irgendwann vor 1945 fortbesteht.[52] Die Bundesrepublik Deutschland hingegen existiere nur in der Form einer GmbH (mit der Bundesregierung als Geschäftsführung ohne Auftrag) mit Allgemeinen Geschäftsbedingungen (scil. dem Grundgesetz), sodass ihren Bürgern lediglich der Status von angestelltem Personal zukomme (zu erkennen am „Personalausweis"[53]).

---

[50] BVerfG, Beschl. v. 7.4.2020 – 2 BvQ 19/20, bit.ly/3qajMeB.

[51] *Honnigfort*, Zunehmende Beklopptendichte, FR v. 20.10.2016.

[52] Näher dazu *Caspar/Neubauer*, Durchs wilde Absurdistan – oder: Wie „Reichsbürger" den Fortbestand des Deutschen Reiches beweisen wollen, LKV 2012, 529.

[53] Ironischerweise ist der Personalausweis eine Erfindung des Deutschen Reichs, s. *Rath*, Wie ein Nazi-Minister den Überwachungsstaat durchsetzte, LTO v. 22.7.2018.

V. Wunsch- und Anspruchsdenken: Abseitige Begehren

Aus diesem juristischen Setting ergeben sich für Reichsbürger zwei attraktive Konsequenzen: Zum einen habe die „Kündigung" des Angestelltenverhältnisses bei der BRD nicht nur das Wiederaufleben der Reichsbürgereigenschaft, sondern außerdem die Unverbindlichkeit der bundesrepublikanischen (Steuer-)Gesetze gegenüber Reichsbürgern zur Folge. Zum anderen – dieser Gedankengang ist nicht ganz unkompliziert – trete die BRD gegenüber dem Deutschen Reich als Besatzungsmacht auf, sodass diese gegenüber den „kriegsgefangenen" Reichsbürgern nach der Haager Landkriegsordnung von 1907 unterhaltspflichtig sei – und zwar in Höhe eines deutlich über den ALG II-Sätzen liegenden Bundeswehrsoldatengehalts.[54]

Zum Beweis der rechtlichen Nichtexistenz der Bundesrepublik und der fehlenden Autorität ihrer Organe, zum Beispiel des Bundesverfassungsgerichts, berufen sich die Reichsbürger auf die Autorität einer Entscheidung des Bundesverfassungsgerichts.[55] Das könnte man als geniale Dialektik interpretieren, dringt aber vor den der Logik und den Denkgesetzen verpflichteten bundesrepublikanischen Gerichten im Ergebnis nie durch. Die Herangehensweise der Gerichte ist dabei jedoch sehr unterschiedlich:

Vom Ergebnis her gedacht antwortete das Finanzgericht Sachsen-Anhalt auf die Reichsbürger-Klage, festzustellen, dass „das Bundessteuergesetz keine Anwendung findet" und im Übrigen „der EURO keine geltende Währung in Deutschland [..] ist." Die Klage sei „unzulässig", da „unnütz und sinnlos".[56]

---

[54] Näher dazu *Caspar/Neubauer*, „Ich mach' mir die Welt, wie sie mir gefällt" – „Reichsbürger" in der real existierenden Bundesrepublik Deutschland, LKV 2017, 1, 4.

[55] BVerfGE 36, 1, 16: „Das Deutsche Reich existiert fort, besitzt nach wie vor Rechtsfähigkeit, ist allerdings als Gesamtstaat mangels Organisation, insbesondere mangels institutionalisierter Organe selbst nicht handlungsfähig. […] Die BRD ist also nicht ‚Rechtsnachfolger' des Deutschen Reiches".

[56] FG Sachsen-Anhalt, BeckRS 2004, 26020110.

1. Kap.: Juristische Situationskomik

Kühl-pragmatisch verfuhr das Finanzgericht Hessen gegenüber einem klagenden Steuerschuldner, der die Existenz der BRD und ihrer Gerichte bestritt:

> „[D]ie Klage [ist] […] unzulässig, da kein nachvollziehbarer Grund erkennbar ist, zu welchem Zweck der Kläger Rechtsschutz von einem Gericht erlangen will, das nach seiner eigenen Überzeugung […] nicht existiert."[57]

Mit kühlem Humor begegnete das Finanzgericht Hamburg der Klage eines „Germaniten", der sich als Diplomat des Staates Germanitien von sämtlichen Steuerpflichten gegenüber der BRD befreit sah. Die Klage sei unbegründet:

> „[Weder] gibt […] es ein Staatsvolk der ‚Germaniten' noch einen Staat ‚Germanitien'. […] Der Begriff ‚Germanit' bezeichnet vielmehr ein selten vorkommendes Mineral aus der Mineralklasse der Sulfide und Sulfosalze (Wikipedia)."[58]

Nach einer Expertenempfehlung im rechtlichen Umgang mit Reichsbürgern sollte die Kommunikation „möglichst schnell unter Hinweis auf die Absurdität abgebrochen werden".[59] In den zitierten Entscheidungen haben die Richter insoweit alles richtig gemacht. Ein weiterer Expertenrat lautet: „Auf keinen Fall sollte auf die ‚Argumentation' der ‚Reichsbürger' eingegangen werden." Hier haben andere Gerichte schwere Fehler begangen, zum Beispiel das Landessozialgericht Niedersachsen-Bremen im folgenden Fall:

Ein arbeitsloser Reichsbürger verlangte vom Sozialamt als „Kriegsgefangener" Unterhaltsleistungen nach Art. 7 der Haager Landkriegsordnung (HLKO); die Antwort des Sozialamts, der Antragsteller möge seine Ansprüche – seiner Eigenlogik entsprechend – bei der zuständigen Besatzungsmacht („das Vereinigte Königreich Großbritannien und Nordirland") anmelden, war vom Kläger mit der Drohung einer „Strafanzeige beim zuständigen Hauptmilitärstaatsanwalt in Moskau bzw. beim Internationa-

---

[57] FG Hessen, BeckRS 2014, 94199.
[58] FG Hamburg, DStRE 2012, 638.
[59] *Caspar/Neubauer*, LKV 2012, 529, 535 (dieses und das nachfolgende Zitat).

V. Wunsch- und Anspruchsdenken: Abseitige Begehren 43

len Strafgerichtshof in Den Haag" und dann mit einer Klage vor dem Sozialgericht Oldenburg beantwortet worden. Das Landessozialgericht dröselte die Sache mühevoll auf und befand schließlich, die Beschwerde des Reichsbürgers sei unbegründet, da

> „sich ein Anspruch des Antragstellers auf der Grundlage des Artikel 7 HLKO nur gegen die Regierung und nicht gegen [das] hier in Anspruch genommenen [Sozialamt] richten kann."[60]

Den erwähnten Expertenrat gröblichst in den Wind geschlagen hat auch das Sozialgericht Dresden im Zusammenhang mit der HLKO-Klage eines weiteren „Kriegsgefangenen". Zwar meinte das Gericht, die Sache weise keine besonderen Schwierigkeiten tatsächlicher oder rechtlicher Art auf:

> „Das erkennende Gericht vermag [...] die vom Kläger vorgetragene Existenz eines Deutschen Reiches, dessen Staatsangehöriger er sein will, nicht zu erkennen."

Aber bei der Klageabweisung (wegen Unerreichbarkeit des Klageziels) gab sich das Gericht mit seiner Geschichtslektion dermaßen viel Mühe, dass der klagende Reichsbürger – zur Erinnerung: ‚Reichsbürger' wollen mit ihrer Pseudo-Argumentation die öffentliche Verwaltung lahmlegen[61] – sich insgeheim als Sieger gefühlt haben dürfte. Zur besseren Vorstellung von dem Schlamassel folgt eine stark gekürzte Fassung des 10.000-Zeichen-Gerichtsbescheides:

> „Zwar dürfte historisch unbestritten sein, dass mit der Krönung Karls des Großen durch den Papst im Jahre 800 ein heiliges römisches Reich deutscher Nation entstanden ist ... Mittelalter ... Napoleon ... Deutscher Bund ... Reichsstaatsangehörigkeitsrecht im Norddeutschen Bund von 1870 (auf Helgoland aber erst am 01.04.1891 in Kraft getreten) ... Weltkrieg ... Abdankung Wilhelm II. (erzwungen i. S. v. § 123 BGB; insoweit ist aber fraglich, ob die Anfechtungsfrist des § 124 BGB in Gang gesetzt worden sein könnte und ob der Verzicht des Monarchen gleichzeitig den Untergang des Reiches zur Folge hatte) ... Scheidemann ... Weimar ... Drittes Reich ... Hitler als ‚Führer und Reichskanzler' ... Weltkrieg ... Kapitulation durch Groß-

---

[60] LSG Niedersachsen-Bremen, BeckRS 2016, 71945.
[61] *Caspar/Neubauer*, LKV 2012, 529, 537.

admiral Dönitz ... Besatzungszonen ... Alliierter Kontrollrat ... Parlamentarischer Rat ... Grundgesetz-Präambel ... DDR ... Deutschland-Vertrag ... Einigungsvertrag ... 2+4-Vertrag ... Nach alledem ist festzustellen, dass der Kläger Bürger der Bundesrepublik Deutschland ist, deren Gesetze für die von ihm begehrte Leistung keine Grundlage bilden. Stattdessen erhält er die Grundsicherung für Arbeitssuchende nach dem SGB II, wobei ihn anscheinend nicht stört, dass ein ‚nicht existierender' Staat zahlt. [...] Nach alledem war die Klage abzuweisen."[62]

Das ist inhaltlich vermutlich zutreffend und möglicherweise sogar eine Art von richterlichem Galgenhumor. Aber in jedem Fall ist das zum Lesen arg lang(weilig). Es geht auch wesentlich kürzer. Richter Schmahl vom Amtsgericht Duisburg hielt den Ausführungen eines Reichsbürgers im Jahr 2006 kurz, knapp und überzeugend entgegen:

„Das Bonner Grundgesetz ist unverändert in Kraft. Eine deutsche Reichsverfassung, eine kommissarische Reichsregierung oder ein kommissarisches Reichsgericht existieren ebenso wenig wie die Erde eine Scheibe ist. [...] Anderslautende Behauptungen und Rechtsansichten beruhen auf ideologisch bedingten Wahnvorstellungen. Sie werden gemeinhin allenfalls von rechtsradikalen Agitatoren oder von Psychopathen vertreten."[63]

Das geophysische Argument ist stark, setzt allerdings auch Grundkenntnisse über die Welt voraus. Insoweit hatte das Amtsgericht die Rechnung ohne die Agitatoren und Psychopathen einer anderen Deppenvereinigung gemacht: der seither auch unter Reichsbürgern (wie Xavier Naidoo) zunehmend populären „Flat Earth Society".[64]

---

[62] SG Dresden, BeckRS 2013, 70469.
[63] AG Duisburg, NJW 2006, 3577.
[64] Dazu *Stöcker*, Flachwitz, Spiegel-Online v. 13.8.2017; *Quasdorf*, Xavier Naidoo haut nächste verrückte Verschwörungstheorie raus, ruhr24.de v. 25.5.2020.

V. Wunsch- und Anspruchsdenken: Abseitige Begehren   45

7. Namensrecht: Nomen est omen[65]

Namenswitze sind tabu.[66] Niemand hat sich den seinigen ausgesucht. Trotzdem ist der bürgerliche Name *das* personale Identifikationsmerkmal schlechthin und auch nicht ohne Einfluss auf den gesellschaftlichen Status: Echte Jura-Legenden beispielsweise müssen mit distinguierten Familiennamen wie Brox, Flume, Medicus oder Roxin ausgestattet sein, nicht hingegen austauschbar-verwechselungsanfällig A. Kaufmann, Zimmermann oder irgendeine Kombination aus Heintschel, Heinegg und von heißen.

Nachträgliche Namensänderungen wegen Nichtgefallens sind trotzdem kaum möglich – nämlich nur für „einen [...], der seinen Wohnsitz im *Deutschen Reich* hat" (§ 1 NamÄndG)[67] und auch dann nur in ganz seltenen Ausnahmefällen, etwa bei Namen, „die anstößig oder lächerlich klingen oder Anlaß zu frivolen oder unangemessenen Wortspielen geben können" (Nr. 35 NamÄndVwV). Und selbst beim Vorliegen dieser Voraussetzungen ist das Änderungsprozedere, wie der auf diesem Gebiet besonders sachkundige Ficker berichtet, „ein echter *Staatsakt*".[68]

Kein Wunder also, dass bereits das elterliche Recht der Vornamensgebung für ihre Kinder strengen Regeln unterliegt, nämlich „allgemeiner Sitte und Ordnung".[69] Deren Grenzen werden allerdings von den Eltern oft vor Gericht ausgetestet. Die Kasuistik ist unerschöpflich. Hier kann nur eine grobe Orientierung geleistet werden:

Unzulässig sind zunächst clevere soziale Abkürzungsversuche. „Doktor" geht nicht, da dies einen Verstoß gegen das Verbot des

---

[65] A.A. *Schwab*, Der Name ist Schall und Rauch, FamRZ 1992, 1015.
[66] Siehe S. 15 Fn. 7.
[67] Gesetz über die Änderung von Familiennamen und Vornamen vom 5. Januar 1938 (RGBl. I, 9). Der Wortlaut ist missverständlich; auch das BRD-Personal ist vom Anwendungsbereich erfasst.
[68] *Hans G. Ficker*, Das Recht des Bürgerlichen Namens, 1950, S. 141.
[69] BayObLG, NJW-RR 1986, 167.

Missbrauchs akademischer Grade aus § 132a StGB darstellen würde.[70] Die Benennung eines Kindes als „Prinz" ist ebenfalls nicht möglich;[71] dies deshalb weil es gegen Art. 103 Absatz 3 Satz 2 der Weimarer Reichsverfassung verstößt (der auch für Nicht-Reichsbürger fort gilt, Art. 123 GG).[72] Adelsnamen müssen deshalb auch weiterhin „durch konstruierte Adoptionen erworben" werden.[73]

Mit deutschem Namensrecht unvereinbar sind vor allem auch schräge Namen mit Lächerlichkeitspotenzial wie „Borussia" (nach einem mäßig erfolgreichen Fußballverein),[74] „Verleihnix"

---

[70] OLG Hamburg, StAZ 1965, 75, 76. Der alternativ mögliche Kauf eines Doktortitels (erhältlich ab 39,– €, vgl. *Himmelrath*, Wie ich mir einen Doktortitel erschummelte, Spiegel-Online v. 5.7.2012) ist ebenfalls mit Rechtsproblemen behaftet: Erwirbt man den falschen (z.B. ein „kleines Doktorat" in Prag), ist man später nur ein „Doktörchen" (vgl. *Schäffer*, CSU-Generalsekretär Andreas Scheuer – Die große Geschichte vom kleinen Doktor, FAZ v. 17.1.2014). Will man die Sache dann rückabwickeln, weiß keiner, ob das nach Geschäftsführung ohne Auftrag, Bereicherungsrecht oder Deliktsrecht geht (weiterführend *Weiler*, Gekaufte Doktortitel, NJW 1997, 1053) und ob man dafür evtl. ins Gefängnis muss (vgl. OLG Stuttgart, BeckRS 2022, 2842).

[71] OLG Zweibrücken, FamRZ 1993, 1242.

[72] Der Erwerb eines Adelsnamens durch Namensänderung nach dem Recht eines anderen EU-Staates und die anschließende Eintragung in das deutsche Personenstandsregister kommt ebenfalls nicht in Betracht. Z.B. darf sich die Ballettlehrerin Silke Nicole Vo. nicht auf diese Weise in „Silja Valentina Mariella Gräfin von Fürstenstein" umbenennen (BGH, NJW-RR 2019, 321). Auch stellt es keinen Verstoß gegen EU-Recht dar, wenn der Zentrale Juristische Dienst der Stadt Karlsruhe nicht anerkennen mag, dass Herr Nabiel Bagadi nunmehr offiziell „Peter Mark Emanuel Graf von Wolffersdorff" heißen will (EuGH, NJW 2016, 2093).

[73] Näher *Salzgeber/Stadler/Eisenhauer*, Der Familienname als Identitätsmerkmal, FPR 2002, 133, 135. Möglich ist ferner die Annahme eines adelig klingenden Künstlernamens (grdl. *Goslich*, Adlige Namen nach heutigem Recht, JW 1926, 1944; autobiographische Erfolgsgeschichte bei *Graf von Blickensdorf*, Werden Sie doch einfach Graf!, 2009; krit. zum Ganzen VG Hannover, BeckRS 2018, 9678). Dafür ist allerdings eine künstlerische Betätigung vorzuweisen; gut im Bett zu sein ist noch kein Kunststück i.d.S. (VG Berlin, NJW 2015, 811, 812f.).

[74] AG Kassel, StAZ 1997, 240.

V. Wunsch- und Anspruchsdenken: Abseitige Begehren 47

(in Anspielung auf einen stinkenden Fischhändler),[75] „Rotkäppchen"[76] oder „Waldmeister"[77]. Hier gilt der Grundsatz: „Mag das auch witzig sein, ein [Namens-]Register versteht keinen Spaß."[78] Insgesamt waren die Gerichte in jüngerer Zeit aber großzügig: Für okay befunden wurden zum Beispiel Anträge auf „Fanta"[79] (im Gegensatz zu „Pepsi-Cola"[80]) „Pumuckl",[81] „Windsbraut",[82] „Mike Nike" (als Mädchenname)[83] und „Emilie-Extra"[84].

Manchmal entscheiden auch die Umstände des Einzelfalls: „Jazz" geht, wenn der Vater Jazz-Musiker ist,[85] hingegen das Sioux-indianische „Mechipchamueh" unter Berufung auf die Familientradition jedenfalls dann nicht, wenn die Eltern „Ramona-Ruth" und „Friedrich" heißen;[86] „Frieden Mit Gott Allein Durch Jesus Christus" ist nur zulässig, wenn das Kind den Namen zuvor bereits 15 Jahre im Ausland geführt hat[87] (denn „wie sollte man es ihm erklären, dass er jetzt plötzlich ‚Kaspar' heißt?"[88]).

---

[75] AG Krefeld, StAZ 1990, 200. Dazu, ob hingegen „Asterix" – im Gegensatz zum stinkenden Verleihnix eine Heldenfigur in der Comic-Geschichte –, zulässig ist, liegt kaum Rspr. vor (tendenziell verneinend VG Hannover, NJOZ 2004, 4516); in der Lit. wird die Frage teilweise bejaht, vgl. *Wendt*, FPR 2010, 12, 14.
[76] BayObLGZ 1980, 189, 195 (als Beispiel).
[77] OLG Bremen, NJW-RR 2014, 1156.
[78] *Diederichsen*, Das Recht der Vornamensgebung, NJW 1981, 705.
[79] LG Köln, StAZ 1999, 147.
[80] Nachw. bei tz (München) v. 26.1.1980, S. 5.
[81] OLG Zweibrücken, NJW 1984, 1360 (mit lesenswerter Begründung).
[82] LG Ravensburg, StAZ 1985, 166.
[83] OLG Frankfurt a.M., NJWE-FER 1997, 30.
[84] OLG Schleswig, NJOZ 2004, 582.
[85] AG Dortmund, StAZ 1999, 149.
[86] LG Gießen, BeckRS 1997, 31218788.
[87] OLG Bremen, NJW-RR 1996, 1029 (in Südafrika).
[88] So AG Bremen, BeckRS 2007, 07929 a.E. (in ganz anderem Zusammenhang).

1. Kap.: Juristische Situationskomik

Besonders heikel sind Namen mit politischem Bezug: „Djehad" ist gerade noch in Ordnung,[89] aber ein „Adolf Hitler" bekommt garantiert massive Probleme;[90] „Hitlerike" geht daher ebenso wenig wie „Stalina".[91] „Che" ist in mehrfacher Hinsicht umstritten.[92]

Ein Spezialproblem ist die vor allem in Adelskreisen virulente Vornamensüberhäufung. Diese ist für den Namensträger möglicherweise lästig und eine unzumutbare Gedächtnisherausforderung. Manche Eltern halten es trotzdem „aus pädagogischen und psychologischen Gründen für günstig", ihrem Kind 13[93] oder gar 26[94] Vornamen zu geben. Ob sie das dürfen, ist unklar. Der Namensrechtler Heinz Jürgen Herbert Friedrich Wendt meint „ja" – und verwies dazu im Jahr 2010 auf den Politiker Karl-Theodor Maria Nikolaus Johann Jacob Philipp Franz Joseph Sylvester Buhl-Freiherr von und zu Guttenberg: Eine Beeinträchtigung von dessen Fähigkeit, sich komplizierte Dinge wie beispielsweise seine Namen zu merken, sei „bei dem Minister nicht erkennbar".[95] Das Beispiel war aber unglücklich gewählt,

---

[89] KG, NJOZ 2010, 2347.
[90] Siehe nur *Effner*, Adolf Hitler in Brasilien gemobbt, wochenblatt. de v. 6.7.2017; SZ-Online-Meldung „Ein neuer Name für Adolf Hitler" v. 19.12.2011.
[91] *Wendt*, FPR 2010, 12, 14.
[92] Einerseits LG München, StAZ 1973, 88, andererseits *Wendt*, FPR 2010, 12.
[93] Krit. AG Hamburg, StAZ 1970, 286.
[94] Ein 1914 in Hamburg-Bergedorf geborene Junge hatte für jeden Buchstaben des Alphabets einen Vornamen erhalten („Adolph ... Zeus"). Das war aber – zumindest im Vergleich zu seinem Familiennamen – nicht weiter schlimm; *dieser* war nämlich der längste Nachname der Welt (laut Guiness-Buch); er bestand aus einer dubiosen UFO-Geschichte mit 666 Buchstaben am Stück (ausgeschrieben in der AP-Meldung „What's In A Name? – Ask Him", Tuscaloosa News v. 25.6.1964, S. 1, bit.ly/3eo6AjT). Die Sache geht angeblich auf eine Anomalie des deutschen Namensrechts im 19. Jhd. zurück (vgl. AP-Meldung „Find Man In Phila. With Longest Name", Gettysburg Times, 12.9.1973, S. 17, bit.ly/3eobdKM).
[95] *Wendt*, FPR 2010, 12, 15.

musste der Minister doch kurz darauf öffentlich eingestehen, in Schriftdingen rasch „die Übersicht zu verlieren".[96]

Ein Amtsgericht in Berlin hielt immerhin sieben Namen noch für vertretbar (namentlich: Razal Djanga Patji Aisha Jacobine Teresa Lilit),[97] während sein Pendant im notorischen Hamburger Sieben-Namen-Streit das Ende der Fahnenstange bei vier erreicht sah[98] (hanseatisch-pragmatische Lösung: statt „Alfred-Junior Carl Georg Friedrich Wilhelm Rudolf Max" nunmehr, da ein mit Bindestrich zusammengesetzter Doppelname im Deutschen nur als ein Vorname gilt, „Alfred-Julius, Carl-Georg, Friedrich-Wilhelm, Rudolf-Max"[99]). Der vorläufige Schlusspunkt zum Thema „verantwortungslose Namenswahl" stammt vom Bundesverfassungsgericht: Das von Art. 6 Absatz 2 GG umfasste Recht der Eltern, ihrem Kind (einen) Vornamen zu geben, findet seine Grenze im Antrag der Eltern, das Kind Chenekwahow Tecumseh Migiskau Kioma Ernesto Inti Prithibi Pathar Chajara Majim Henriko Alessandro zu nennen; stattdessen müssen fünf Namen reichen.[100]

VI. Klingt komisch, war aber so

Juristische Situationskomik entspringt nicht nur der Abenteuerlichkeit klägerischer Begehren. Teils führen bereits die Absurditäten der vorausgegangenen Ereignisse respektive die Absonderlichkeiten menschlichen Verhaltens dazu, dass „die Satire von der Wirklichkeit [...] überholt wird".[101] Solcherlei Geschichten, die das Leben besser nie geschrieben hätte, enden nicht selten vor Gericht. Besonders oft geht es dabei um Schadensersatz und

---

[96] Vgl. Spiegel-Online-Meldung „Guttenberg bestreitet Plagiatsvorwurf" v. 16.4.2011. Zum Hintergrund *Fischer-Lescano*, KJ 2011, 112.
[97] AG Schöneberg, StAZ 1980, 198.
[98] AG Hamburg, StAZ 1980, 198.
[99] Vgl. *Dörner*, Timpe und die magische Sieben, StAZ 1980, 170, 173.
[100] BVerfGK 2, 258.
[101] *Bauer*, Recht kurios – Amüsantes und Trauriges, 2012, S. 129.

Schmerzensgeld. Zum Beispiel in einem Fall, dem – leicht gekürzt – dieser Sachverhalt zugrunde lag:

„Der [Kläger] hatte eine Kostenforderung [...] gegen den Bekl. in Höhe von insgesamt 1114 DM. Diesen Betrag hat der Bekl. am 8.2.1993 auf das Konto des Kl. bei der Sparkasse überwiesen. Der Bekl. hat jedoch keine Einzelüberweisung in einer Gesamthöhe von 1114 DM vorgenommen, sondern 1114 Einzelüberweisungen zu je 1 DM getätigt. Der Kl. mußte am Tag nach der Buchung 557 Kontoauszüge von seiner Bank abholen, da auf einem Auszug lediglich zwei Buchungen von 1 DM enthalten waren. Für die betreffenden Einzelüberweisungen mußte der Kl. 556,50 DM Buchungsgebühren bezahlen. Er begehrt mit seiner Klage Schadensersatz."

Razupaltuff? Mitnichten. Das Amtsgericht Brilon gab dem Kläger Recht: Vorsätzliche sittenwidrige Schädigung nach § 826 BGB. Höcker/Brennecke wissen ergänzend zu berichten, dass der Witzbold von Schuldner „es sich [verkniff], die zu erstattenden [K]osten anschließend in weiteren 557 Einzelüberweisungen zu begleichen".[102]

1. Klo-Unfälle

Legendär sind die Gerichtsentscheidungen zum Toilettengang. Geht bei diesem etwas in die Hose, steht häufig die Zahlungspflicht der Unfallversicherung in Streit. Die Kasuistik ist unübersehbar.[103] Hier zur groben Orientierung einige Meilensteine der Rechtsprechung, nach der es, wie so oft, auf die Umstände des Einzelfalles ankommt:

Verunglückt der männliche Kneipengast beim Betreten des Frauenklos, erhält er nichts, denn „[d]ort hatte er nichts zu suchen".[104] Der Unfall auf dem home-WC war für home office-

---

[102] *Höcker/Brennecke*, Lexikon der kuriosen Rechtsfälle, 8. Aufl. 2015, S. 186 in Bezug auf AG Brilon, NJW-RR 1993, 1015.
[103] Zahlr. Nachw. bei *Bauer*, Recht kurios, S. 129 ff.; vgl. ferner OLG Köln, NJW-RR 1987, 1111.
[104] RGZ 87, 128, 129; a.A. *Schwab*, Die deliktische Haftung bei widerrechtlichem Verweilen des Verletzten im Gefahrenbereich, JZ 1967, 13, 17 f.

VI. Klingt komisch, war aber so 51

Arbeiter (zumindest bis vor der Corona-Pandemie) kein Arbeitsunfall, weil die dortige „Verrichtung [...] nicht zum unmittelbaren Betriebsinteresse des Arbeitgebers zählt".[105] Bei auswärtigen Klo-Unfällen der Arbeitnehmerin ist zu differenzieren:

„Zunächst [ist] zu ermitteln [...], ob die Kl. während der Notdurft verunglückt ist (dabei grundsätzlich nicht versichert) oder noch auf dem Weg zur Notdurft (versichert) oder auf dem Rückweg (versichert). Ausnahmsweise kann der Versicherungsschutz auch ‚während' angenommen werden, wenn [...] die örtlichen Gegebenheiten eine besondere Gefahrenquelle darstellten."[106]

Eine besondere Gefährlichkeit des stillen Örtchens in diesem Sinne ist anzunehmen, wenn die verunfallte Person (hier: ein Zimmermann nach dem Richtfest) auf die Mitte einer Straße uriniert und dabei von einem Auto überfahren wird. Auch der Dienstbezug steht hierbei nicht in Zweifel, wenn sich die bei dem Richtfest „herrschende gute Laune dahin auswirkt, daß es zwischen den Beschäftigten während des Heimweges zu ‚Späßen' und ‚Scherzen' kommt."[107] Und ganz unabhängig vom Dienstbezug haftet jedenfalls der Autofahrer (zu ¼), wenn der Überfahrene „ein in dunklem Braun gehaltenes Ganzkörperkostüm als Bär [trug]", 1,5 Promille hatte und die Sache „in der Nacht nach Rosenmontag" geschah:

„An Karneval ist [nämlich] mit alkoholisierten Fußgängern zu rechnen".[108]

2. Tanz-Unfälle

Mindestens ebenso gefährlich wie ein Toilettengang ist das Tanzen. Dies gilt zum Beispiel für das Oktoberfest in München, das, wie das dortige Amtsgericht ausdrücklich feststellt, „keinen rechtsfreien Raum darstellt". Ergo:

---

[105] SG München, NZA-RR 2019, 616.
[106] LSG Bayern, NJW-RR 2003, 1462.
[107] LSG Rheinland-Pfalz, Urt. v. 25.01.1995 – L 3 U 145/94 (juris).
[108] OLG Köln, Beschl. v. 6.3.2020 – 11 U 274/19, PM 23/20, bit. ly/3CWtzwK.

52   1. Kap.: Juristische Situationskomik

„Wer in einem Bierzelt auf dem Oktoberfest zum Schunkeln, Singen und Tanzen auf eine Bank steigt […] haftet [hier: mit 500 Euro Schmerzensgeld], wenn er […] von der Bank auf einen anderen Gast stürzt, der durch den Aufprall […] verletzt wird."[109]

Exakt dieselben Haftungsmaßstäbe gelten für das weltberühmte Oktoberfest in Münster[110] und beim Luftgitarre-Spielen auf der allgemein frequentierten Tanzfläche einer Hochzeitsgesellschaft:

„Verletzt jemand einen anderen dadurch, dass er beim ‚Luftgitarre-Spielen' das Gleichgewicht verliert, weil er sich dabei zu weit über einen Mitspieler gebeugt hat und schließlich auf ihn gefallen ist, haftet er dem Verletzten aus § 823 BGB, denn er ist für das die Sturzgefahr begründende Verhalten verantwortlich. Die Sorgfaltsanforderungen sind anders geartet als bei der Teilnahme an Gesellschaftstänzen."[111]

Der angesprochene Unterschied zu den Gesellschaftstänzen ist folgender: Bei diesen erfolgt nämlich das Betreten der Tanzfläche prinzipiell auf eigene Gefahr. Eine Haftungsbeschränkung des (männlichen) Tanzunfallverursachers kommt allerdings „nur dann in Betracht, wenn die Geschädigte in einem von dem Schädiger gewünschten gemeinsamen Tanz eingewilligt hat." Hierfür muss ausreichende Bedenkzeit gewährt werden. Daran fehlte es in einem Fall vor dem Oberlandesgericht Hamburg:

„Der Zeuge M hat hierzu ausgesagt, daß der Beklagte auf die Klägerin zugestürzt und mit dieser auf die Tanzfläche gerannt sei. Er habe hierbei mehrere große Sätze, d. h. Sprünge gemacht. Der Beklagte müsse dann wohl das Gleichgewicht verloren haben und sei rückwärts aus dem geöffneten Fenster gefallen; hierbei habe er die Klägerin mit sich gezogen. Der ganze Vorgang habe sich in vielleicht zwei Sekunden abgespielt. Diese Aussage steht im Einklang mit der des Zeugen H, der bekundet hat, daß der Beklagte eilig auf ihn zugekommen sei und ihm die Klägerin aus dem Arm genommen habe. Als er sich umgeblickt habe, sei die Tanzfläche leer gewesen. Beide Zeugen haben ferner bekundet, daß die Klägerin keine Möglichkeit gehabt

---

[109] AG München, PatR 2008, 20.
[110] LG Münster, BeckRS 2016, 2595.
[111] OLG Hamm, NJW-RR 2010, 450.

VI. Klingt komisch, war aber so 53

habe, einen Widerspruch hiergegen zum Ausdruck zu bringen, da alles viel zu schnell gegangen sei."[112]

3. Tier-Unfälle

Weitgehend geklärt ist die Haftungsfrage bei der Verletzung von Tieren:

„Es besteht kein Schadensersatzanspruch des Empfängers gegen den Versender eines nächtlichen Telefaxes auf Ersatz der Heilungskosten für eine Katze, die sich [...] erschreckt und beim Sprung von ihrem Kratzbaum verletzt."[113]

Dasselbe gilt nach dem Oberlandesgericht Hamm selbst bei ‚Hühner-Massenmord'[114] mit einer Autotür:

„Ist eine Panikreaktion von Hühnern [...] darauf zurückzuführen, daß ein Pkw-Fahrer [...] in die unmittelbare Nähe des Stalles gefahren ist und die Tür des Pkw geöffnet und später wieder geschlossen hat, so kann der Pkw-Fahrer für den Schaden in Form des Verendens von Hühnern nicht verantwortlich gemacht werden."[115]

Des Weiteren ist es nicht erlaubt, da lebensgefährlich, wie der Henker zu fahren, um einen „im Koma liegenden Wellensittich möglichst schnell zu einem Tierarzt [zu] fahren".[116] Bekanntlich ist die Abwägung ‚Leben gegen Leben' grundsätzlich unzulässig.

Allerdings muss die Stadt 1.000 DM Schmerzensgeld zahlen, wenn

„die Hündin der Klägerin [...] einen Stromschlag bekommen hat, weil sie gegen den Mast uriniert hat" [mit „sie" ist die Hündin gemeint, Anm. *T. Z.*] und dies darauf zurückzuführen ist, „daß die Stromkabel an einer [...] zur Weihnachtszeit eingesetzten Straßenzusatzbeleuchtung [nicht] ausreichend isoliert sind."[117]

---

[112] OLGR Hamburg, 2000, 331.
[113] AG Regensburg, NJW 2000, 1047 (red. LS).
[114] Erhellend zum „Mord an Tieren" *Hoerster*, AuK 1/2007, 239.
[115] OLG Hamm, MDR 1997, 350.
[116] OLG Düsseldorf, NJW 1990, 2264.
[117] LG Bückeburg, NJWE-VHR 1997, 167. Ob die Hündin tatsächlich gegen den Mast gepinkelt oder den Stromschlag beim bloßen Vor-

Das Geld bekommt allerdings nicht die Hündin, sondern die Klägerin – und zwar auch nur deswegen, weil das elektrisierte Tier im Kampf mit dem Strom sein Frauchen versehentlich in beide Hände gebissen hatte.

4. Stella Awards

Essen und Trinken bieten ebenfalls Anlass für Schadensersatzklagen.

a) Amerikanischer Kaffee

Stella Liebeck († 2004) war die Frau mit dem heißen Kaffee. Der Coffee Spill-Case spielt in den USA ging laut Die Zeit so:

„Sie hatte im McDonald's Drive-Through einen Kaffee bestellt, sich diesen bei der Ausfahrt zwischen die Beine gestellt. Als sie bremste, wurde der Becher gequetscht, die Dame verbrühte sich beide Oberschenkel. Die punitive damages [= Straf-Schadensersatz] wurden von den Geschworenen auf knapp eine Million Dollar festgesetzt. McDonald's, so ihre Begründung, hätte seine Kunden vor den Gefahren warnen müssen. Seither druckt die Schnellrestaurantkette auf ihre Kaffeebecher den Hinweis: ‚Vorsicht, Inhalt ist heiß.'"[118]

Das aber war schlecht recherchiert, denn die Darstellung stimmt bestenfalls zur Hälfte. In Wahrheit saß die Frau neben ihrem Enkelsohn auf dem Beifahrersitz und hielt den wenig stabilen Kaffeebecher aus Styropor in der Hand. Auf dem Becher befand sich die warnende Aufschrift „Vorsicht, Inhalt ist heiß". Das war nicht gelogen: 85°C. Beim Öffnen des Deckels, um Sahne und Zucker hinzuzugeben, überschüttete sich die Frau trotzdem mit dem heißen Kaffee, der im Zusammenspiel mit ihrer Kunststoff-Jogginghose zu schweren Verbrühungen führte.

---

beigehen erlitten hatte, konnte in dem Prozess nicht aufgeklärt werden, war dem Gericht aber auch egal: „Abgesehen davon, daß Hündinnen nicht gegen Masten urinieren, wäre eine Kausalität auch dann zu bejahen, wenn der Hund der Kl. tatsächlich an den Mast uriniert haben und erst dadurch den Stromschlag erlitten haben sollte."

[118] *Schwelien*, Anwalt Grenzenlos, Die Zeit 35/2001, S. 1.

Die erste Instanz, der New Mexico District Court, hielt die Klägerin für zu einem Fünftel selbst schuld – und sprach ihr deshalb eine Entschädigung in Höhe von ‚nur' 160.000 $ plus 2,7 Mio. $ Straf-Schadensersatz zu.[119] Was Stella Liebeck am Ende tatsächlich erhielt, ist unbekannt. Im Berufungsverfahren war die Gesamtsumme zunächst auf 640.000 $ reduziert worden, der verfahrensabschließende Vergleich blieb geheim.[120] Jedenfalls war die Frau posthum Namenspatronin der „Real Stella Awards", einer ironischen Auszeichnung für „verrückte Prozesshansel".[121]

b) Deutsche Suppe

In Deutschland ist die Stella Liebeck-Geschichte undenkbar. Zwar gibt es Fälle von Nahrungsmittel-Klagen, bei denen „sich der Verdacht nicht völlig ausschließen [lässt], dass die vom Kläger beschriebenen Symptome mit dadurch verursacht wurden, dass der Kläger verschiedene Zeitungsartikel gelesen hat über Urteile aus dem Land der unbegrenzten (Schmerzensgeld-) Möglichkeiten."[122] Aber es gibt hierzulande keine Geschworenen,[123] keinen Straf-Schadensersatz sowie nicht zuletzt deutlich höhere Ansprüche an die Intelligenz und Eigenverantwortlichkeit der Leute – und das Amtsgericht Hagen. Dieses entschied 1996 den Heiße Suppe-Fall:[124]

---

[119] Liebeck v. McDonald's Restaurants, P.T.S., Inc., 1995 WL 360309 (N.M. Dist. 1994).

[120] *Wenglorz/Ryan*, „Die Katze in der Mikrowelle"? RIW 2003, 598, 601 ff. m. Nachw.

[121] *Gödecke*, Die kleinen Klagegeister, Spiegel-Online v. 20.9.2011.

[122] AG Aalen, BeckRS 1999, 8000 (Schock-Schaden infolge zweier toter Würmer in einem Glas mit Bio-Paprika); näher dazu *van Lijnden*, Die animalische Urteilsbesprechung, LTO v. 25.02.2012.

[123] Die Geschworenengerichte sind in Deutschland noch vor den Kapitalverbrechen abgeschafft worden. Seltsamerweise gehören allerdings bis heute die Kapitalverbrechen vor das Schwurgericht (§ 74 Abs. 2 GVG). Näher dazu *Jänicke/Peters*, Schwurgerichte ohne Geschworene, Jura 2016, 17.

[124] AG Hagen, NJW-RR 1997, 727.

„Die Kl. suchte […] den Gasthof des Bekl. auf und bestellte sich ein Wildgericht. Da das Gericht als Menü serviert wurde, wurde als Vorspeise eine Suppe gereicht. Die Kl. verbrannte sich an der Suppe [und] verlangt von dem Bekl. ein Schmerzensgeld in Höhe von mindestens 1.800 DM."

Das Gericht bemühte den gesunden Menschenverstand und wies die Klage ab:

„Jeder, der eine Suppe bestellt, weiß […], daß er ein sog. Heißgericht serviert bekommt, welches nur mit äußerster Vorsicht zu genießen ist. Dies wurde hier zudem dadurch erkennbar, daß die Suppe noch […] dampfte; […] Der Gastwirt ist auch nicht verpflichtet, den Gast ausdrücklich auf die sehr heiße Suppe hinzuweisen. Angesichts der dampfenden Suppe wäre ein derartiger Hinweis überflüssig, da er die durch die dampfende Suppe bereits zum Ausdruck kommende Information nicht erweitern würde. […] Daß eine Suppe heiß serviert wird, erwartet gerade der Gast, so daß ein entsprechender Hinweis nicht ernsthaft als Gefahrensignal verstanden werden kann."

c) Bier

Ähnlich erfolglos blieben weitere Opfer der deutschen Lebensmittelindustrie. Zum Beispiel ein Trinker, dessen Leben nach exzessiver Sauferei von Warsteiner Pils den Bach runtergegangen war. Folgerichtig verklagte er die Brauerei:

„Er behauptet, er habe seit etwa 17 Jahren von der Ag. hergestelltes Bier konsumiert und sei dadurch alkoholkrank geworden. Aus diesem Grunde habe sich seine Ehefrau von ihm scheiden lassen und sei er arbeitslos geworden. Des Weiteren habe er seine Fahrerlaubnis wegen Trunkenheit am Steuer verloren. Er vertritt die Ansicht, die Ag. sei verpflichtet gewesen, auf die Gefahren hinzuweisen, die bei regelmäßigem, insbesondere aber exzessivem Konsum des von ihr hergestellten Produkts Warsteiner Bier entstehen könnten. Er behauptet, wenn sich auf den von ihm erworbenen Flaschen Warnhinweise befunden hätte, wäre er von übermäßigem Trinkkonsum abgehalten worden. Mit der beabsichtigten Klage will er ein angemessenes Schmerzensgeld von mindestens 30.000 DM sowie [Schadenersatz] für alle weiteren […] Schäden, die ihm aus dem Alkoholkonsum noch entstehen werden".[125]

---

[125] OLG Hamm, NJW 2001, 1654.

Das Oberlandesgericht Hamm erklärte ihm daraufhin durch die Blume, er sei entweder dumm oder dreist:

„Die Kenntnis von den Wirkungen alkoholischer Getränke gehört zwar nicht bezüglich der medizinischen Details, wohl aber hinsichtlich der Kernproblematik zum allgemeinen Grundwissen. Daran kann bei lebensnaher Würdigung kein ernsthafter Zweifel bestehen."

Im Übrigen bezweifelte das Gericht,

„dass er etwaige Warnhinweise auf den Bierflaschen [...] tatsächlich zum Anlass genommen hätte, seinen Alkoholkonsum [...] erheblich einzuschränken."

d) Zucker

Ebenfalls nichts erhielt ein verfetteter Richter, der auf Schokoriegel-Werbung hereingefallen war („Mars macht mobil, bei Arbeit, Sport und Spiel") und deshalb jährlich knapp 40 kg Zucker zu sich genommen hatte. Er meinte, der Schokoriegel sei aufgrund des hohen Zuckergehalts falsch konstruiert; außerdem habe ihn der Hersteller nicht über die Gefahren von Süßigkeiten informiert und schulde ihm deshalb „mindestens 11.000 DM Schmerzensgeld". Das Oberlandesgericht Düsseldorf meinte hingegen, er sei ‚selbst schuld':[126]

„Es liegt [...] grundsätzlich in der Selbstverantwortung des Einzelnen, seine Ernährung entsprechend seinen Bedürfnissen und Wünschen zusammenzustellen und zu entscheiden, ob er sich dabei vorwiegend an Gesundheitsbelangen oder am Genuss orientiert. [...] Vor den Gefahren von einseitiger Ernährung und Übergewicht für die Gesundheit wird immer wieder auch öffentlich gewarnt. Ein Mindestmaß an eigenständiger Information über grundlegende Fragen der gesunden Lebensführung ist von jedem Verbraucher zu erwarten."

e) Erfolgsrezepte

Erfolgreiche Lebensmittelklagen müssen in Deutschland anders begründet werden, nämlich mit der Ekelhaftigkeit des Ser-

---

[126] OLG Düsseldorf, LMRR 2002, 102.

vierten. Die vor Gericht erstreitbaren Summen reichen aber an diejenigen in den USA nicht heran. Zwei Beispiele:

Immerhin sieben DM von einer „Restzechschuld" durfte der beklagte Gast eines Restaurants behalten, nachdem er für sich und seine Frau zweimal „Nordfrieslands berühmte hundertjährige Spezialität", den „Pharisäer nach Originalrezept" bestellt, probiert und nicht bezahlt hatte:

> „Dem gesüßten Kaffee [...] hat der Kläger [d. i. der Gastwirt] zwei Zentiliter Rum hinzugefügt. Er berechnete jedes Getränk zu einem Preis von 3,50 DM. Der Beklagte und seine Ehefrau nahmen je einen geringen Schluck von dem servierten Getränk. Beide meinten sofort, das Mischungsverhältnis Kaffee/Rum des Getränks entspreche nicht dem Originalrezept."

Weil sich das Amtsgericht Flensburg mit dem „echten Pharisäer" bestens auskannte, wies es die Zahlungsklage des Gastwirts mit zwischen den Zeilen herausscheinendem Vergnügen vollumfänglich ab:

> „Die servierten ‚Pharisäer' sind [...] in ihrer Qualität erheblich von dem abgewichen, was den ‚Pharisäer' nach dem Originalrezept kennzeichnet. Es ist gerichtsbekannt, daß [...] das Originalrezept [...] von einem Getränk aus[geht], das ‚hochprozentig alkoholhaltig' ist und deswegen deutlich den Rumzusatz schmecken läßt. Denn das Getränk soll aufgrund des ‚herzhaften' und ‚ordentlichen Schusses Rum' als ‚köstliches Getränk Leib und Seele erwärmen'. Das ist bei einem Rumzusatz von zwei Zentilitern nicht der Fall.
>
> Das Gericht hat im Wege der Geschmacksprobe festgestellt, daß der ‚Pharisäer' mit einem Rumzusatz von zwei Zentilitern fade und ausdruckslos schmeckt. [...] [E]s handelt sich um ein Kaffeegetränk mit geringem alkoholischen [sic!] Beigeschmack, keinesfalls aber um ein köstliches, hochprozentig alkoholhaltiges Getränk."[127]

---

[127] AG Flensburg, DRiZ 1982, 151 f. Ebenfalls von hohem Unterhaltungswert ist der *leading case* der US-amerikanischen Rezept-Judikatur. In der Entscheidung Webster v. Blue Ship Tea Room, Inc., 347 Mass. 421, 198 N.E.2d 309, 1964, bit.ly/3TInee9 – es klagte eine Restaurantkundin auf Schadensersatz für den Fund einer Fischgräte in einem klassischen New England Fish Chowder – gerät der Richter ins Schwärmen und zitiert seitenweise aus Kochbüchern; Ergebnis: „Es ist nicht übertrieben zu sagen, dass ein Mensch, der sich in Neuengland hinsetzt, um einen guten New England Fish Chowder zu verzehren, sich auf ein ge-

Immerhin 66 DM durfte ein „Beklagter (Dr. ing.)" einbehalten, nachdem er mit seiner Gattin für 152 DM in einem französischen Restaurant „Kupferkessel" und „Kalbsmedaillon" gespeist hatte. Innerhalb der Menüfolge war nämlich im Salat eine Schnecke erschienen, sodass sich bei den Gästen „Ekel" und „Widerwille zum Fortsetzen des Essens" gebildet hat. Das bereits Verzehrte mussten sie aber bezahlen, „da bis zum Auftauchen der Schnecke das Essen so verlaufen ist, wie es der Beklagte sich vorgestellt hat".[128] 66 DM sind besser als nichts; außerdem geht es ja immer auch ums Prinzip. Im Interesse eines auch monetär bedeutsamen juristischen Triumphs wäre es allerdings besser gewesen, die Gattin hätte die Schnecke erst gegessen und anschließend bemerkt. Jedenfalls betraf *die* englische Präzedenzentscheidung schlechthin zur Produkthaftung bei Verbraucherschädigung eine Frau, die nach dem Genuss von Ingwerbier die Reste einer zersetzten Schnecke am Boden der Flasche fand. Das anschließende Unwohlsein brachte ihr vor Gericht 500 £ ein (nach heutigem Wert mehr als 30.000 €).[129]

5. Körperliche Reize

Körperliche Reize sind als Klagegründe schwer zu systematisieren. Es kommt darauf an wer sie hat, was man darunter versteht und wofür sie eingesetzt werden.

Das bekannte String-Tanga-Urteil des Amtsgerichts Würzburg[130] ist im Hinblick auf jenes Unterscheidungsgebot vielleicht die grundlegendste Entscheidung überhaupt, und zwar insofern, als darin die fundamentale Wahrheit in Erinnerung gerufen wird, dass

---

schmackliches Abenteuer einlässt, bei dem er im Laufe des Essens einige Fischgräten aus seiner Schüssel entfernen muss. Klage abgewiesen."
[128] AG Burgwedel, NJW 1986, 2647.
[129] Donoghue v. Stevenson [1932] UKHL 100, bit.ly/3RDz874.
[130] AG Würzburg, NJW-RR 1993, 1332.

"das Gesäß eines Mannes mit den Brüsten einer Frau nicht zu vergleichen ist."

Das Arbeitsgericht Marburg meint zu einer Spezialfrage dieses Themengebietes:

"Eine Krankenschwester benötigt nicht die ‚Figur einer Balletteuse'." Ihre Kündigung wegen „Übergewicht oder Körperumfang" ist daher grundsätzlich ausgeschlossen.[131] Differenzierte Maßstäbe gelten aber im Tanzgewerbe des nord-niedersächsischen Raums der 1960er Jahre:

"Zwischen einem Mannequin, das lediglich Bekleidung vorführt, und einer Stripteasetänzerin, die nicht lediglich das tut, besteht ein Unterschied auch hinsichtlich der Maße und des Gewichts. ‚In einer Bar im ländlichen Gebiet' mögen auch noch ‚abgerundete Formen' von Striptease- und Schönheitstänzerinnen ankommen. In einer Mittelstadt muß davon ausgegangen werden, ‚daß zumindest mittlere Formen' die obere Grenze dessen bildet, was noch ankommt. Demgemäß müssen Arbeitnehmerinnen der hier fraglichen Art Maße und Gewicht unter Kontrolle halten. In diesem Sinne ist das Erscheinungsbild einer solchen Tänzerin wesentlicher Teil der Vertragsgrundlage. Das kann dazu führen, daß der Arbeitgeber ein Recht zur außerordentlichen Kündigung hat".[132]

Nicht in Zweifel steht, dass man(n) sich von den körperlichen Reizen anderer ungeachtet von deren konkreter Beschaffenheit in Gefahrsituationen nicht ablenken lassen darf, anderenfalls man(n) die im Verkehr erforderliche Sorgfalt missachtet. Allerdings variiert je nach den Umständen die Schwere des Schuldvorwurfs. Bloß leicht fahrlässig handelt, wer, nachdem er im Wohnzimmer die Kerzen des Adventskranzes angezündet hat, sich wieder ins Schlafzimmer begibt, dort unvermittelt für 60 Minuten „aufgrund der ‚körperlichen Reize' seiner Lebensgefährtin" abgelenkt wird und deshalb das Wohnzimmer abfackelt.[133] Rechtsfolge: Die Hausratsversicherung muss für den Schaden in Höhe von 64.399,38 DM aufkommen. Grob fahrläs-

---

[131] ArbG Marburg, NZA-RR 1999, 124.
[132] ArbG Wilhelmshaven, ArbuR 1969, 157.
[133] OLG Düsseldorf, VersR 2000, 1493. Einzelheiten des ablenkenden Geschehens schilderte der Mann „aus verständlichen Gründen" vor

sig handelt indes ein Autofahrer, der während der Fahrt „mit seiner Beifahrerin geschmust und diese geküsst" (und dadurch einen Unfall verursacht) hat.[134] Insoweit gilt: „Küssen so schlimm wie betrunken am Steuer!"[135] Andererseits sollten körperliche Reize auch nicht absichtlich unheilvoll eingesetzt werden. Es drohen sonst Rechtsstreitigkeiten, insbesondere um den Begriff des gefährlichen Werkzeugs. Das Gesetz kennt diesen seit 1876 als Straferhöhungsgrund bei einer Körperverletzung, wenn diese „mittels eines gefährlichen Werkzeuges" begangen wird. Zahlreiche Streitfragen ranken sich seither um den Begriff des gefährlichen Werkzeugs[136] – darunter die, ob auch die Körperteile des Täters darunterfallen. Letzteres betrifft in der Theorie zum Beispiel Captain Hook,[137] in der Praxis einen Beziehungsstreit vor dem Amtsgericht Unna, über den die Westfälische Rundschau berichtete:

„Was […] als Liebesspiel begann, endete für einen 33-jährigen Juristen […] in seinem ‚Kampf um Leben und Tod'. ‚Ich habe wahre Todesängste ausgestanden', erinnert er sich heute an den ‚hinterhältigen Angriff' seiner ‚großen Liebe', die versucht haben soll, ihn mit ihrer Oberweite zu ersticken […]. ‚Gefährliche Körperverletzung' klagt Oberstaatsanwalt Dr. A. an. […] Sie, die etwas kleinere, aber 20 Kilo schwerere Person spricht später in ihren Vernehmungen von einem ‚Unfall beim Sex', weil sie sich derart mit den ausgeprägten Formen ihres Oberkörpers auf den Kopf ihres Lebensgefährten presste, dass der ‚vor Atemnot schon blau angelaufen' sei: ‚Sonst hatten wir nur zärtlichen Sex, das aber war planmäßig und zielgerichtet', behauptet der geschädigte Anwalt. Der Gesetzestext spricht hier von einer ‚Körperverletzung mittels einer Waffe oder eines anderen gefährlichen Werkzeuges'".[138]

Gericht allerdings keine (so die Vorinstanz LG Mönchengladbach, VersR 2000, 580).
[134] LG Saarbrücken, NJW 2012, 1456.
[135] *Bauer*, Recht kurios, S. 205.
[136] Eingehend und sehr amüsant *Fischer*, Über die Schwierigkeit, einen Raub zu begehen, Zeit-Online v. 31.3.2015.
[137] *Fischer*, StGB, 69. Aufl. 2022, § 224 Rn. 13.
[138] *N. N.*, Angriff mit üppiger Oberweite? Jurist leidet beim Sex unter Todesangst, Westfälische Rundschau-online v. 20.11.2012.

Die Lösung des Falles ist vertrackt. Eine juristische Ausbildungszeitschrift stellte die entscheidende Frage: „Üppige Brüste als gefährliches Werkzeug?"[139] Die herrschende Ansicht meint „nein" (zumindest, solange die Brüste echt sind; für Implantate gilt das womöglich nicht). Der Unnaer Fall ist am Ende ohne Urteil eingestellt worden.[140] Warum genau, das ist leider nicht überliefert. Die Lektüre des vom Strafrichter Sasse ausführlich dokumentierten Streits über „die Möpse der Beklagten" ist leider auch insoweit enttäuschend, denn es geht dabei um ganz anderes; zwar hatte hier die Protagonistin ebenfalls eine „traumhaft wohlgeformte Oberweite", aber die Sache spielte im Zivilrecht und drehte sich letztlich um Hunde.[141]

6. Unglaubliches

Wer glaubt denn sowas?

a) Fensterkletter-Sex

Speziell in den Fensterklettersex-Fällen glauben manche Strafgerichte jeden Quatsch. Das gilt auch für das Oberlandesgericht Koblenz in seinem berüchtigten Urteil zur Ausnutzung des Irrtums über den Beischläfer. Bis 1969 stand in § 179 StGB die Erschleichung des außerehelichen Beischlafs unter Strafe. Vor diesem Hintergrund war das Gericht mit folgender Story konfrontiert:

„[D]er Angeklagte [...] ging [...] am Silvesterabend allein aus und sprach in einer Gaststätte erheblich dem Alkohol zu. Kurz vor 4 Uhr früh begab er sich zu der Wohnung [der ihm bekannten Eheleute] Scha., weil er dort Fräulein Sch. [seine Ex] vermutete. Von der Straße her stellte er fest, daß im Wohnzimmer der Familie Scha. Licht

---

[139] *Mansour*, Üppige Brüste als gefährliches Werkzeug?, juraexamen.info v. 23.12.2012.
[140] Vgl. die Welt.de-Meldung „Brust-Attacke beim Sex? Verfahren eingestellt" v. 28.2.2013.
[141] *Sasse*, Die Möpse der Beklagten. 20 kuriose Rechtsfälle, 2017, S. 113 ff.

VI. Klingt komisch, war aber so 63

brannte. Er hörte eine Männer- und eine Frauenstimme und nahm an, daß es sich bei der letzteren um die von Fräulein Sch. handelte. [...] Der Angeklagte begab sich nun auf die Rückseite des Hauses und stellte fest, daß in einem Zimmer der 1. Etage ebenfalls Licht brannte. Er kletterte über eine angebaute Laube an das Fenster dieses Zimmers und schaute hinein. Es handelte sich um das Schlafzimmer der Eheleute Scha. Der Angeklagte sah, daß in einem der Betten eine Frau mit dunklen Haaren schlief. Es handelte sich um Frau Scha., die kurz vor 4 Uhr, infolge der vorgerückten Nachtstunde und des im Laufe des Abends und der Nacht genossenen Alkohols müde geworden [war], schlafen gegangen [ist] und in der Annahme, ihr Ehemann werde bald nachkommen, das Nachttischlämpchen an seinem Bett brennen gelassen hatte. Der Angeklagte stellte fest, daß das Fenster nur angelehnt war, drückte es auf und stieg in das Schlafzimmer ein. Sodann löschte er die Nachttischlampe aus und schloß die Schlafzimmertür mit dem im Schloß steckenden Schlüssel von innen ab. Dann ging er zu dem Bett, in dem Frau Scha. schlief; diese wurde sofort wach. Vor ihrem Bett sah sie die Umrisse eines Mannes und nahm an, es sei ihr Ehemann. Sie schob die Bettdecke hoch und sagte: ‚Komm!' Nunmehr öffnete der Angeklagte seine Hose, nahm sein erregtes Glied heraus und legte sich auf Frau Scha., die ihm beim Einführen des Gliedes behilflich war. Nach der Beendigung des Geschlechtsverkehrs bemerkte Frau Scha., dass es sich nicht um ihren Ehemann, sondern um den Angeklagten handelte. Die beim Angeklagten später entnommene Blutprobe betrug, auf den Zeitpunkt der Tat bezogen, etwa 2 ‰. Das [Gericht] hat weiter festgestellt, Frau Scha. habe sich über die Person ihres Partners im Irrtum befunden; sie habe angenommen, mit ihrem Ehemann geschlechtlich zu verkehren. Der Angeklagte habe diesen Irrtum der Frau Scha. auch klar erkannt gehabt."[142]

Ergebnis: Acht Monate Gefängnis für den Angeklagten, obwohl die Geschichte hinten und vorne nicht passt. Weber meint dazu,

„dass nicht nur mir die Annahme der Strafkammer ein Lächeln abnötigt, Frau Scha. habe [...] wirklich geglaubt, mit ihrem Ehemann den Geschlechtsverkehr auszuüben. Gegen diese Version spricht für den gesunden Menschenverstand [bereits] die Tatsache, dass das rechte Bein von Herrn Scha. [...] amputiert war."[143]

---

[142] OLG Koblenz, NJW 1966, 1524.
[143] *Weber*, Unfreiwillige Komik im Recht, Jura 2004, 672, 674.

Das Oberlandesgericht indes konnte im Urteil der Strafkammer keine relevanten Denkfehler oder Verstöße gegen Erfahrungssätze erkennen.

Mindestens ebenso leichtgläubig zeigte sich das Landgericht Passau bei der Aufklärung eines Tötungsdelikts 18 Jahre nach der Tat. Die vom Angeklagten aufgetischte (und vom Gericht geglaubte) Geschichte war grotesk:[144]

„Der Angekl. […] traf […] die ihm von der Schulzeit her bekannte Roswitha […], die ihm als ‚fesche Frau' gefiel, mal mittags an der Bushaltestelle [und nahm sie] mit seinem Wagen mit, was schließlich dazu führte, dass beide ins Grüne fuhren und miteinander den Geschlechtsverkehr ausübten. Der Angekl. nahm die Einladung der Frau ‚mal zum Kaffee zu kommen' an und es entwickelte sich in der Folgezeit zwischen beiden eine sexuelle Beziehung […]. Der Angekl. fand in Roswitha eine Frau, mit der er auch über nicht konventionelle sexuelle Wünsche reden und diese auch ausleben konnte. […] Der Angekl. hatte nunmehr Gelegenheit, mit der Frau auch ihr angenehme sexuelle Spielereien mit Gegenständen auszuüben, sowie Anal- und Oralverkehr. […] [A]n eine Trennung von seiner [damals schwangeren] Ehefrau Margot dachte er nicht.

Auf dem Heimweg in der Nacht zum 24.8.1985 kam ihm die Idee, Roswitha zu besuchen und sich mit ihr zu vergnügen, ‚aber mal anders', nämlich bei einem Besuch über die Leiter durchs Fenster, nicht durch die Tür; er war sicher, gern hereingelassen zu werden. Aus diesem Grund holte er sich […] eine Leiter. [D]as Schlafzimmerfenster war offen. Der Angekl. stieg daher über die Leiter, ohne ans Fenster klopfen zu müssen, in das Schlafzimmer der Frau ein und legte sich […] neben die in ihrem Doppelbett schlafende Frau. Er griff mit der Hand hinüber zur Frau, um sie zu wecken, sie aber schreckte daraufhin hoch, erschrak zu Tode […] und lief zur Tür. Da die Tür jedoch von innen versperrt war und sich nicht sogleich öffnen ließ, lief die Frau vor Angst ‚japsend' von der Tür weg in Richtung Fenster, um aus diesem zu fliehen. Da sie auf mehrere Zurufe des Angekl. ‚ich bin's doch, der Erwin!' in ihrer Panik nicht reagierte, sprang der Angekl. ihr nach und stellte sie am Fenster, indem er den rechten Unterarm von hinten um ihren Hals legte, sie in den ‚Schwitzkasten' nahm und sie würgte. Dagegen wehrte sie sich sehr heftig durch Strampeln und Kratzen, sie versuchte zum Fenster

---

[144] LG Passau, NStZ 2005, 101 m. krit. Anm. *Schneider*.

hinauszufliehen. Dies unterband der Angekl. durch Anziehen seines Würgegriffs. Ihm wurde plötzlich bewusst, worauf er sich eingelassen hatte, dass Roswitha in ihrer Panik, ohne ihn zu erkennen, aus dem Fenster fliehen oder stürzen könnte, dass sie sich dabei verletzen könnte und dass jedenfalls so sein Fehlverhalten bekannt würde. Er dachte daran, dass die Dorfbewohner darüber reden würden, dass seine Ehe doch nicht so gut und glücklich sei, wie es nach außen schien, und sie würden darüber reden, dass seine schwangere Ehefrau nicht in der Lage sei, ihren Ehemann zu befriedigen, die ganze Familie würde ‚bloß dastehen', für die ganze Familie wäre es ‚ein Spießrutenlaufen', und alles nur auf Grund seines Fehlverhaltens, für das aber doch seine Ehefrau und seine Kinder gar nichts können. Deshalb beschloss er, damit die Folgen seines Fehlverhaltens nicht auch seine Familie träfen, Roswitha zu töten und er drückte deshalb weiter kräftig zu, bis die Gegenwehr der Frau nachließ und sie erschlaffte. […] Als er nunmehr seinen Griff lockerte und die Frau noch Röchellaute von sich gab, drückte er erneut fest zu, bis sich die Frau überhaupt nicht mehr rührte und keinen Laut mehr von sich gab. Danach stand der Angekl. auf, machte Licht im Zimmer und betrachtete die Frau. […] Ihm war zu diesem Zeitpunkt klar, dass die Frau tot war. Er legte sie danach aufs Bett, zog ihr den Slip aus und spielte zunächst mit dem Finger und sodann mit einer Kerze am und im Genitalbereich herum. Er wusste, dass die Frau so etwas zu Lebzeiten gemocht hatte und in aufkommender Reue versuchte er zu hoffen, die Frau würde so wieder ‚anspringen' und zu sich kommen. Schließlich stand er auf, deckte die Frau mit der Bettdecke zu und verließ das Schlafzimmer über die Leiter, nachdem er mit ihrem Slip das Fensterbrett abgewischt hatte, um mögliche Fingerabdrücke abzuwischen."

Das Landgericht Passau glaubte dem Angeklagten allen Ernstes, es habe sich zunächst um eine missglückte Sex-Überraschung, dann um den gut gemeinten Versuch, die Frau vor einem selbstmörderischen Sprung aus dem Fenster zu bewahren, und schließlich um eine altruistische Spontantötung „um seiner Frau und der Kinder Willen" gehandelt, begleitet von – wenn auch untauglicher – tätiger Reue (nämlich dem sofortigen Einsatz der ‚Zündkerze' zwecks Wiederbelebung). Lohn der Mühe: Der Angeklagte entging der Verurteilung wegen Mordes zu lebenslanger Haft. BGH-Oberstaatsanwalt Schneider wusste dafür nur eine einzige plausible Erklärung: „Der Fall weist bayerisches Lokalkolorit auf."

b) Katzenkönig

Versierter im Umgang mit Unglaublichem ist der Bundesgerichtshof. Das große „humoristische Talent" dieses Obergerichts verrät sich nicht zuletzt durch „dessen eiserne Ruhe und Lakonik im Umgang mit grotesken Fällen".[145] So war es auch im Katzenkönig-Fall – „einer der abstrusesten Kriminalgeschichten Nachkriegsdeutschlands"[146] und dermaßen berühmt, dass sogar eine Fachzeitschrift nach ihm benannt ist („katzenkönig – Das Magazin für alle Jurakrisen"[147]).

Protagonisten des Mordfalles waren zwei Männer und eine Frau mit irrationalem Lifestyle: Sie „lebten in einem von ‚Mystizismus, Scheinerkenntnis und Irrlauben' geprägten ‚neurotischen Beziehungsgeflecht' zusammen."[148] Damit wird vom Bundesgerichtshof, wie Professor Hans Kudlich vorsorglich anmerkt, „nicht etwa das Verhältnis eines Professors zu seinen Assistenten beschrieben",[149] sondern ein „bizarre[r] Spuk, der freilich einen finsteren Mangel hat: er ist wahr."[150] Die gruselige Hanswurstiade ist verwickelt und ging (stark gekürzt) so:

Peter, ein vom Leben gezeichneter Verlierertyp, ist unglücklich verliebt in Barbara; diese wiederum ist traumatisiert infolge der Trennung von ihrer großen Liebe Udo. Inbrünstig recherchieren Peter und Barbara mithilfe von Fachliteratur wie der Zeitschrift „P.M. – Peter Moosleitners interessantes Magazin" alternative Fakten zu religionsgeschichtlichen Themen. Dritter im Bunde ist der Polizist Michael, ebenfalls eine traurige Gestalt in der „Lebensrolle als Hanswurst"[151] und ebenfalls unglücklich

---

[145] *Walter*, Kleine Stilkunde für Juristen, S. 169.
[146] *Merkel*, Hilflos: das Gericht, Die Zeit 5/1989.
[147] Hrsgg. v. Deutschen Anwaltverein. Highlight der Erstausgabe 1/2020 ist ein Interview mit Philipp Amthor.
[148] BGHSt 35, 347.
[149] *Kudlich*, Katzenkönig & Co. – Übersinnliches vor den Strafgerichten, JZ 2004, 72.
[150] *Merkel*, Der Katzenkönig vom Möhnesee, Die Zeit 39/1988.
[151] *Merkel*, Der Katzenkönig vom Möhnesee, Die Zeit 39/1988.

VI. Klingt komisch, war aber so

verliebt in Barbara. Gemeinsam erleben die drei allerhand esoterische Abenteuer.

Als Barbara eines Tages erfährt, ihr Ex Udo werde die Blumenhändlerin Annemarie heiraten, will Barbara sich an Udo rächen, indem sie sich mit Michael verlobt. Da dies aber nicht Udo, sondern stattdessen Peter eifersüchtig macht, planen Barbara und Peter, Annemarie durch Michael töten lassen. Hierzu machen sie Michael durch Hokuspokus Glauben, sie alle drei hätten in früheren Leben gemeinsam und unter Beteiligung des Schlagersängers Adriano Celentano vor 12.000 Jahren durch eine gecrashte Hochzeit den Zorn des Teufels provoziert und so den Untergang von Atlantis verschuldet; anschließend hätten sich Peter vorübergehend in Papst Pius III. und der böse Teufel dauerhaft in eine monströse Katze mit einer menschlichen Hand verwandelt. Dieser Katzenkönig wohne neuerdings nebenan im sauerländischen Möhnesee und plane jetzt die Vernichtung der Menschheit, wobei er als Aufwärmübung den Atomreaktor von Tschernobyl zerstört. Einzige Chance der Menschheit auf Überleben: Den Katzenkönig durch ein Menschenopfer in Gestalt von Annemarie zu besänftigen.

Der Polizist Michael findet das einleuchtend, leiht sich von Peter ein Messer und sticht elf Mal auf Annemarie ein, um sie zu töten. Wie alles im Leben, misslingt Michael aber auch dies – Annemarie überlebt.

Der Bundesgerichtshof behielt in dem tragischen Irrsinn souverän die Übersicht und verurteilte alle drei wegen versuchten Mordes an Annemarie. Das Argument von Michael, er habe dadurch Milliarden von Menschen retten wollen, ließ das Gericht nicht gelten, „weil es an einer tatsächlichen Gefahr fehlte" und weil „er als Polizeibeamter unter Berücksichtigung seiner individuellen Fähigkeiten und [...] Wahnideen [...] die rechtliche Unzulässigkeit [der Mordtat hätte] erkennen können."

Gleich nach der Urteilverkündung im September 1989 prophezeite der Rechtsphilosoph Reinhard Merkel, der Fall habe „einige Aussicht, noch fernen Juristengenerationen als abstruses Mittel der theoretischen Veranschaulichung zu dienen". Er behielt Recht: Bis heute ist der Katzenkönig *der* leading case schlechthin, wenn es um die mittelbare Täterin hinter dem Täter bei im vermeidbaren Verbotsirrtum handelndem Tatmittler geht.

VII. Prozesssituationskomik

Verfahrensrecht ist eher öde. Gerichtsverhandlungen sind daher meist wenig aufregend und sexy, neigen aber dazu, sich zäh in die Länge zu ziehen. Das gilt insbesondere, wenn der notorische Gewaltverbrecher und Querulant Michael Jauernik einen neuen Anlauf zum Rekord im Letzten Wort unternimmt (die aktuelle Bestmarke, aufgestellt 2019 in einem Mordprozess vor dem Landgericht Hamburg, beträgt 20 Stunden, gilt allerdings als manipuliert).[152]

1. Ungebühr

Gegen aufkommende Langeweile müssen sich die Betroffenen (Richter) zu helfen wissen. Aus den USA kolportierte Methoden wie der Einsatz einer Penispumpe unter der Richterbank („Auf einem Tonbandmitschnitt der Gerichtsreporterin war […] ein zischendes Geräusch zu hören.")[153] oder die spontane Inaugenscheinnahme nackter Hintern junger Frauen,[154] gelten aber auch

---

[152] Während die Richterin Jauerniks Rekordversuch anfangs noch aufgeschlossen gegenüberzustehen schien und das Vorhaben durch einen Lachanfall mit anschließendem Befangenheitsantrag begünstigte (s. *Burghardt*, Der Rechthaber, SZ v. 24.9.2020, S. 3), setzte sie dem Filibustern am fünften Tag unter Hinweis auf rechtsmissbräuchliche Inhaltsarmut und „unnütze Weitschweifigkeit" ein Ende (LG Hamburg, Urt. v. 7.10.2019 – 604 Ks 3/19). Der BGH fand das in Ordnung (BeckRS 2020, 12080), aber die Verfassungsbeschwerde läuft wohl noch.
[153] Vgl. Spiegel-Online-Meldung „Richter onaniert bei Mordprozess" v. 19.8.2006.
[154] Hintergründe und Fotodokumentation bei *Grothe*, Sie zeigte dem Richter ihr Hinterteil – Freispruch, Spiegel-Online v. 11.2.2019. Vgl. in diesem Zusammenhang auch die in jeder Hinsicht bemerkenswerte Strip Club-Entscheidung 35 Bar and Grille, LLC, et al. v. City of San Antonio, Civil Action No. SA-13-CA34-FB (W.D. Tex., Apr. 23, 2013), bit.

VII. Prozesssituationskomik

dort als unzulässig oder zumindest unkonventionell und dürften hierzulande allenfalls in Ausnahmefällen in Betracht kommen.[155] Brauchbare Ansätze zum Stimmungsaufhellen bietet aber das Ausschauhalten nach strafbarer Ungebühr,[156] also danach, ob irgendwer im Gerichtssaal

- Türen knallt,[157]
- schmutzige,[158] löchrige,[159] „lederne Seppl-"[160] oder gar keine[161] Hosen anhat,
- raucht,[162]
- über „Scheißgesetze" flucht,[163]
- eine geschmacklose Frisur trägt,[164]

---

ly/3enQSoW, in die Bundesrichter Biery neben dem Foto einer Tänzerin auch eine Reihe bizarrer Fußnoten, plumper sexueller Wortspiele und einige erstaunlich progressive Ausführungen zur moralischen (Un-)Gefährlichkeit weiblicher Brüste gepackt hat.

[155] Ganz zutr. *Sendler*, Über sog. humoristische Urteile, NJW 1995, 847, 848: „Urteile dienen weder der Selbstbefriedigung noch der [...] Behebung schlechter Laune."

[156] Nach § 178 GVG ahndbar mit Ordnungsgeld bis zu eintausend Euro oder Ordnungshaft bis zu einer Woche.

[157] OLG Zweibrücken, NJW 2005, 612.

[158] OLG Düsseldorf, NJW 1986, 1505.

[159] KG, BeckRS 2008, 3121.

[160] OLG Hamm, NJW 1969, 1919, 1920 (mit der Einschränkung, dies „gelte nicht vor bayerischen Gerichten").

[161] OLG Hamm, JMBlNRW 1976, 21.

[162] OLG Karlsruhe, JR 1977, 392.

[163] MüKo-ZPO/*Papst*, 6. Aufl. 2022, § 178 GVG Rn. 7 Fn. 25. Großzügiger: OLG Düsseldorf, NJW 1986, 2516.

[164] OLG Hamm, NJW 1969, 1919, 1920 (in Bezug auf einen „nach allgemeiner Auffassung gegen den guten Geschmack verstoßenden" Paul McCartney-Haarschnitt – „sog. Beatle-Frisur"). Viel liberaler entschied aber bereits 1966 das OLG München, NJW 1966, 1935, das Tragen von Beatles-Frisuren müsse den Jugendlichen, „die glauben, auf diese besondere Art ihre Persönlichkeit entfalten zu sollen", unbenommen bleiben, „[o]bwohl die Mehrheit der Bevölkerung diese Tracht ablehnt und als töricht, lächerlich oder geschmacklos empfindet".

1. Kap.: Juristische Situationskomik

- seinen angeklagten Bruder als „Fettsack" und das Gericht als „Witz" bezeichnet,[165]
- Zeitung liest[166] oder gar
- ein Bonbon lutscht.[167]

Bleibt auch das ohne Erfolg, hilft dem Richter – insbesondere dem ohnehin weitgehend arbeitslosen, als „Beischläfer" bezeichneten dritten Mitglied einer Kammer –[168] „bei äußerlich aufmerksamem Pokerface innerlich ins Private [oder] zum Fußball ab[zuschweifen]",[169] unter Umständen auch ein entspanntes Zurücklehnen und Schließen der Augen. Der dann möglicherweise erhobene Vorwurf, ein solcherart arbeitender Richter sei „unfähig gewesen, der Verhandlung zu folgen, weil er über einen längeren Zeitraum ununterbrochen die Augen geschlossen hatte und – wie durch seine Körperhaltung, nämlich Senken des Kopfes auf die Brust und ruhiges tiefes Atmen sowie ‚Hochschrecken' – zum Ausdruck kam, offensichtlich geschlafen hat", geht nach Ansicht des Bundesverwaltungsgerichts völlig fehl:

„Das Schließen der Augen über weite Strecken der Verhandlung und das Senken des Kopfes auf die Brust beweist […] nicht, dass der Richter schläft. Denn diese Haltung kann auch zur geistigen Entspannung oder zwecks besonderer Konzentration eingenommen werden. Deshalb kann erst dann davon ausgegangen werden, dass ein Richter schläft […], wenn andere sichere Anzeichen hinzukommen, wie beispielsweise tiefes, hörbares […] Schnarchen oder ruckartiges Aufrichten mit Anzeichen von fehlender Orientierung. […] ‚Hochschrecken' allein kann [aber] auch darauf schließen lassen, dass es sich lediglich um einen die geistige Aufnahme des wesentlichen Inhalts

---

[165] OLG Stuttgart, Justiz 1991, 27.
[166] OLG Karlsruhe, JR 1977, 392.
[167] Umkehrschluss aus OLG Schleswig, NStZ 1994, 199 (Bonbonlutschen nur bei *erkältetem* Zeugen zulässig).
[168] Vgl. *Sendler*, Unabhängigkeit als Mythos?, NJW 1995, 2464, 2468; *Giesen*, Zur Unsitte der Aktenmalerei, NJW 1993, 2592.
[169] Vgl. *Mosbacher*, Das Strafrecht, der Strafrichter und die NJW – Eine Begegnung in drei Akten nebst längerem Prolog, NJW 2017, 1288, 1290.

VII. Prozesssituationskomik

der mündlichen Verhandlung nicht beeinträchtigenden Sekundenschlaf gehandelt hat."[170] Die deutlich strengeren Regeln für Anwälte finden auf Richter insoweit keine Anwendung; für jene gilt aber:

„Ein Anwalt, der beim Durchlesen und Korrigieren einer Berufungsbegründung kurz vor Ablauf der Begründungsfrist in seinem Büro am Schreibtisch einschläft und erst nach Fristablauf wieder erwacht, kann sich nicht auf einen unabwendbaren Zufall berufen. [...] Wer einen ‚langen arbeitsreichen Tag' hinter sich hat, muß [...] damit rechnen, auch gegen seinen Willen einzuschlafen."[171]

2. Witz aus dem Nichts

Eines der nüchternsten Rechtsgebiete ist das Steuerrecht. Die Steuergesetze sind tendenziell nachvollziehbar, die Anliegen der Kläger auch (der Staat will Geld und der Bürger will nicht zahlen) und die Finanzgerichtsbarkeit ist überdies penibel und durchweg seriös. Kein guter Nährboden für Witziges, sollte man meinen. Allerdings gilt im Steuerrecht auch der Grundsatz *pecunia non olet*, was im Kontext von § 40 der Abgabenordnung[172] auch mit „Aus Scheiße Gold machen" übersetzt werden kann. Genauso verhält es sich mit dem Witz im Steuerrecht: Ein echter *deus ex machina*.

a) Wurm

Das beste Beispiel dafür ist die Regenwurm-Entscheidung des Finanzgerichts Düsseldorf, bei der es darum ging, ob beim Verkauf von Regenwürmern nur ein ermäßigter Umsatzsteuersatz

---

[170] BVerwG, NJW 2001, 2898.
[171] BGH, VersR 1970, 441.
[172] „Für die Besteuerung ist es unerheblich, ob ein Verhalten, das den Tatbestand eines Steuergesetzes ganz oder zum Teil erfüllt, gegen ein gesetzliches Gebot oder Verbot oder gegen die guten Sitten verstößt."

fällig wird.[173] Die Antwort ist „nein" und die Begründung sprüht vor Leidenschaft:

> „Die Umsätze des Klägers aus dem Handel mit Regenwürmern [gehören] ersichtlich nicht zu den Umsätzen mit lebenden Tieren nach Nr. 1 der Anlage [zu § 12 UStG]. [...] Die Anwendung des ermäßigten Steuersatzes folgt [aber] auch nicht aus der laufenden Nr. 3 der Anlage. Danach unterliegen dem ermäßigten Steuersatz Fische und Krebstiere, Weichtiere und andere wirbellose Wassertiere, ausgenommen Zierfische, Langusten, Hummer, Austern und Schnecken. Diese Vorschrift verweist auf Kapitel 3 des Zolltarifs [...]. Nach ihrem Wortlaut umfasst die im Streitfall allein in Betracht kommende [Zoll-]Tarifnummer 03.07. zunächst Weichtiere, auch ohne Schale, lebend, frisch, gekühlt, gefroren, getrocknet, gesalzen oder in Salzlake. In den der Tarifnummer weiter zugeordneten Untergruppierungen sind Regenwürmer nicht ausdrücklich erwähnt, so dass die Zuordnung zu der Tarifnummer 03.07. nur dann vorzunehmen wäre, wenn es sich bei Regenwürmern um Weichtiere im Sinne dieser Tarifnummer handeln würde. Dies ist jedoch nicht der Fall. Da der Zolltarif die Zuordnung der einzelnen Tierarten ersichtlich an den zoologischen Merkmalen orientiert, ist auch für die Frage, ob es sich bei Regenwürmern um Weichtiere handelt, allein deren zoologische Eingruppierung maßgeblich."

Konsequenterweise zieht das Finanzgericht an dieser Stelle Grzimeks „Enzyklopädie des Tierreichs" und – ergänzend – „Das große Tierbuch" von Horackova heran, um sich mit viel Aufwand vom Oberstamm der „Gliedertiere" über den Stamm der „Ringelwürmer", die Klasse der „Gürtelwürmer" zur Ordnung der „Wenigborster" bis hin zur Unterordnung des vom Kläger verkauften „gemeinen Regenwurms" durchzuarbeiten. Zwischenergebnis: Kein Weichtier nirgends. Jetzt musste das Gericht, um das Ergebnis juristisch wasserdicht zu machen, nur noch begründen, warum der Regenwurm auch kein (steuerlich privilegiertes) „Wassertier" ist. Kein Problem für das Finanzgericht, denn der Regenwurm ist ja ein „Landbewohner":

> „Zwar ist der Regenwurm durchaus in der Lage, eine gewisse Zeit im Süßwasser zu überleben, dennoch – und nur darauf kommt es für die Zuordnung an – hat sich der Regenwurm im Laufe der stammesge-

---

[173] FG Düsseldorf, BeckRS 1994, 17889.

VII. Prozesssituationskomik 73

schichtlichen Entwicklung zu einem Landtier entwickelt, als dessen natürlicher Lebensraum der Erdboden anzusehen ist (Enzyklopädie des Tierreichs, Band 1, S. 379)."

Und auch die Verwandtschaft des Wurms hilft nichts, denn:

„Für die zolltarifliche Einordnung ist auch ohne Belang, dass eine Vielzahl der Artverwandten des Regenwurms, insbesondere aus der Klasse der ebenfalls zu den Gliedertieren zählenden Saugmünder (Myzotomida) und der noch enger verwandten Vielborster (Polychaeta, z. B. der vor allem im Wattboden vorkommende Köderwurm oder Sandpier) zu den Meeresbewohnern und einige Arten der Wenigborster zu den Süßwasserbewohner (z. B. Naiden [Naididae] und Proporen [Prospora]) zählen (Enzyklopädie des Tierreichs, Band 1, S. 371 ff.). Selbst wenn diese Tiere der Tarifnummer 03079919009 des Zolltarifs zuzuordnen wären, ändert dies nichts an dem Umstand, dass den Regenwürmern – anders als den obigen Arten – die Eigenschaft ‚Wassertier' fehlt."

Nur noch der ästhetischen Abrundung dienen dann die abschließenden Hinweise, dass „auch eine Zuordnung unter die Sammelbezeichnung ‚andere' in einer weiteren Unterteilung, die ebenfalls ‚andere' lautet, nicht in Betracht kommt", ferner, dass es sich bei den Regenwürmern auch nicht um zubereitetes Futter i. S. d. Nr. 37 der Anlage zu § 12 UStG i. V. mit Zolltarifnummer 23.01 handelt und schließlich, dass es sowieso ausschließlich „dem Gesetzgeber [obliegt], etwaige nicht gewünschte Konsequenzen des Zolltarifrechts durch eine Aufnahme des betreffenden Wirtschaftsguts in den Katalog der steuerermäßigten Ware aufzunehmen."

b) Lutscher

Auf ganz ähnliche Weise gelingt es dem Oberlandesgericht Köln in seiner Lollystiel-Entscheidung, auf einem Nebengebiet des Abfallrechts Witz aus dem juristischen Nichts zu erschaffen.[174] In dem Fall

„streiten [die] Parteien um die Berechtigung der Beklagten [einer Entsorgungsfirma], von der Klägerin [einer Süßigkeitenherstellerin]

---

[174] OLGR Köln, 2001, 330.

1. Kap.: Juristische Situationskomik

ein Lizenzentgelt für die Benutzung des Zeichens ‚Der Grüne Punkt' auf Lutschern (Lollys) – außer für die Plastikfolie, die den zum Verzehr bestimmten Teil der Lutscher umhüllt – auch für die Lollystiele zu verlangen."

Im Klartext: Es ging darum, ob der Stiel Teil der Lutscherverpackung ist. Die meisten Jurist_innen würden die Sache vermutlich über Art. 9 Rheinisches Grundgesetz lösen („Wat soll dä Kwatsch").[175] Nicht so die Richter vom Oberlandesgericht Köln, das nach mustergültiger Auslegung des zugrundeliegenden „Zeichennutzungsvertrags für das Zeichen ‚Der Grüne Punkt' " und die maßgebliche Verordnung über die Vermeidung von Verpackungsabfällen i. V. m. der EG-Verpackungsrichtlinie entschied, die richtige Antwort laute „nein":

„Nach Auffassung des Senats ist der Lollystiel integrativer Bestandteil des Produkts Lutscher (auch Lolly genannt). Als solcher kann er begriffsnotwendig nicht zugleich Verpackungsbestandteil sein. Die Ware ‚Lutscher' zeichnet sich […] gerade dadurch aus, dass der zu verzehrende bzw. zu lutschende oder schleckende Karamellteil auf einem Stiel aufgebracht ist. Der Stiel ist wesenstypisches Merkmal des Lutscher. Ohne einen solchen Stiel würde es sich nicht mehr um einen traditionellen Lutscher, sondern vielmehr um ein gewöhnliches Bonbon handeln. Das Besondere und Faszinierende am Lutscher […] ist genau der Umstand, dass der Bonbonteil mit einem Stiel verknüpft ist. Damit handelt es sich bei dem Stiel nicht um eine bloße Handhabungshilfe. Eine solche ist zum Verzehr eines Bonbons – auf den sich das Produkt ‚Lutscher' bei Hinwegdenken des Stiels reduzieren würde – auch nicht erforderlich, da sich das Bonbon ohne weiteres in den Mund stecken lässt. Zusammenfassend lässt sich […] festhalten, dass der Lutscher (Lolly) ohne Stiel kein Lutscher mehr ist, das Produkt ‚Lutscher' damit nicht mehr existieren würde. […]

Soweit die Beklagte der Bewertung des Lollystiels als Teil der Ware selbst mit dem Argument die Grundlage zu entziehen sucht, dass eine Vielzahl von Produkten ohne die jeweilige Verpackungsform bzw. Gestaltung ebenso wenig denkbar wäre, dieses jedoch nichts an deren Verpackungseigenschaft ändere und beispielhaft den Joghurt im Becher […] anführt, ist dem entgegen zu halten, dass […] das Produkt der Joghurt […] als solche[r] ist, der Becher […] dagegen keine essenzielle Bedeutung für den wesensmäßigen Charakter des Produkts

---

[175] *Beikircher*, Et kütt wie't kütt – Das rheinische Grundgesetz, 2001.

VII. Prozesssituationskomik

als solches ha[t]. So bleibt die Ware Joghurt auch Joghurt, wenn sie nicht in einem Becher, sondern etwa im Glas [...] dargeboten wird. [...] Das Produkt Lutscher ist dagegen nach allgemeinem Sprachverständnis Lutscher eben nur mit Stiel."

Ergebnis: Do laachs de disch kapott (Art. 11 Rheinisches Grundgesetz).

2. Kapitel

Jura-Comedy

Witziges in juristischen Machwerken ist nicht zwangsläufig das Ergebnis von Unfall oder Zufall. Dieser Abschnitt handelt von vorsätzlichem Handeln, also von Humoristen. Man findet sie in der Wissenschaft und im Gerichtssaal, allerdings kaum jemals im Parlament.

I. In der Wissenschaft

Bei der Frage, ob an rechtswissenschaftlichen Fakultäten gespaßt werden kann, ist wie folgt zu differenzieren: (1) Lehre und (2) Forschung.

1. In der Lehre

In der Lehre ist Humor nach h.M. erlaubt. Und zwar deshalb: Das Schlimmste an der Universität sind bekanntlich die Studierenden, denn sie denken zu viel und halten die Professoren von der Arbeit ab.[1] Das war schon immer so gewesen.[2] Entsprechend hatte bereits im Jahr 1750 Friedrich II., damals noch König *in* Preußen, in dem Reglement „Wie die Studenten auf königlichen

---

[1] Eingehend *Dürig* in seiner Maunz/Dürig-Originalkommentierung von Art. 3 GG in zahlreichen Fußnoten, z.B. Art. 3 I Rn. 76 Fn. 1 und Art. 3 III Rn. 149 Fn. 1 („Was meint Ihr wohl, warum ich mich hier dauernd anrempeln lasse, weil ich Professor bin, obwohl ich doch schon morgen unter ‚normalen Arbeitsbedingungen' das Fünffache verdienen könnte!“).

[2] Vgl. aber auch *Kinzig*, Noch im Namen des Volkes?, 2. Aufl. 2020, S. 86: „Die Jugend wird immer schlimmer“.

I. In der Wissenschaft

Universitæten sich betragen und verhalten sollen"³ ganz zutreffend beklagt,

„daß auf denen Universitæten die [...] Disciplin mehr und mehr in Verfall gerathen [ist], indem der studirenden Jugend [...] ganz ungeziemende Freyheiten verstatten worden [sind], wodurch viele derer Studenten, anstatt daß solche ihre Zeit zu Erlernung guter Wissenschaften anwenden [...], in eine ganz freche Lebens=Arth verfallen [sind], welche sie [...] der Achtung der ganzen ehrbahren Welt unwürdig gemachet [...] hat."

Der seinerzeitige Ansatz dem Problem Herr zu werden, nämlich indem Studenten von der Juristischen Fakultæt, die nach 21:00 Uhr in einem Wein- oder Bierhaus angetroffen werden,[4] mit dem Karzer (= universitärem Kerker) bestraft wurden (Regel Nr. 4), kommt heute aus verschiedenen rechtlichen Gründen nicht mehr in Betracht.[5] Ob allerdings die heutzutage als Goldstandard im Umgang mit Jurastudenten gepriesene Regel „*Treat Students Like Colleagues*"[6] gegenüber der Karzer-Methode die grundrechtschonendere ist, kann nicht allgemein, sondern nur einzelfallbezogen mit Blick auf die kollegialen Usancen an der jeweiligen Fakultät beantwortet werden. Eine praktikable Alternative besteht aber in jedem Fall in der Veranstaltung guter Lehre, denn damit kann man die Studierenden bei Laune halten und zum Lernen verleiten. Zur guten Lehre gehört daher nach h. M. auch gezielt eingesetzter Witz.[7] Der Humorwissenschaftler Suda stellt ganz zutreffend fest, Humor im Hörsaal sei so

---

[3] Reglement wie die Studenten auf königlichen Universitæten sich betragen und verhalten sollen v. 9.5.1750, bit.ly/3AOZ6hh.
[4] Krit. zu dieser bis heute verbreiteten studentischen Praxis *Müller*, Bierbar und Sittlichkeit, FAZ v. 22.7.2002, S. 5 (konkret zu „Speyer – [der] Hochschule von legendärem Ruf").
[5] Überdies hat der Karzer seinen Strafzweck meist verfehlt, da man dort einfach „weitersaufen" konnte, vgl. *Carlen*, Recht zwischen Humor und Spott, 1993, S. 18.
[6] Vgl. *Basak*, „Treat Students Like Colleagues", in: Albrecht u. a. (Hrsg.), Festschrift für Walter Kargl, 2. Aufl. 2020, 35; näher dazu *Carlen*, Recht zwischen Humor und Spott, S. 18 ff.
[7] Exemplarisch *Eickelberg*, Didaktik für Juristen, 2017, Rn. 411.

wichtig wie „wie das Curry im indischen Gericht".[8] Ironischerweise sehen dies ausgerechnet die Studierenden anders: Danach befragt, was aus ihrer Sicht gute Lehre ausmacht, antworten sie, Humor im Hörsaal sei ihnen *nicht* wichtig.[9] Das hat aber nichts zu bedeuten; es beweist nur einmal mehr ihre typische freche Lebens=Arth.

2. In der Forschung

a) Beispiel und Problem

Am 15. Mai 2015 hielt Hans Kudlich an der Universität Augsburg den lustigsten Vortrag, der jemals auf einer Strafrechtslehrertagung gehalten worden ist. Zum Thema „Die Relevanz der Rechtsgutstheorie im modernen Verfassungsstaat" trug der Erlanger Professor vor:

> „[Es] ist mir nicht nur eine große Ehre – das wäre es überall –, sondern eine ganz besondere persönliche Freude, hier und heute zu Ihnen sprechen zu dürfen. Allein – trotz dieser besonders positiven Vorzeichen ist ein Referat auf einer Strafrechtslehrertagung […] nicht nur eine Ehre und Freude, sondern auch eine gewisse Bürde. Eine Bürde, die irgendwann ab dem Frühjahr, wenn man von vielen Seiten ein sicher aufmunternd gemeintes, aber umso weniger aufmunternd wirkendes ‚Dein Vortrag steht ja sicher schon' zu hören bekam, begonnen hat, mir den Schlaf zu rauben.
>
> Und als ich mich in einer Nacht im März wieder einmal ruhelos hin und her wälzte und über systemimmanente und systemtranszendente Rechtsgutsbegriffe, über Sozialschädlichkeit und über die Leistungsfähigkeit des Verhältnismäßigkeitsgrundsatzes nachdachte, habe ich ihn auf einmal gesehen: Da saß er auf unserem Bett (zum Glück auf der Seite meiner Frau) – der *Strafrechtslehrertagungs-Nachtmahr*.[10]

---

[8] *Suda/Müller*, Humor in der Lehre – „Wie das Curry im indischen Gericht", F&L v. 18.3.2018.
[9] *Nachtwei*, Was Studierende von Professoren erwarten, F&L 10/ 2018, 878, 879.
[10] Dabei illustriert durch das Gemälde von Füssli; dazu *Schwedtfeger*, Füsslis „Nachtmahr", StädelBlog v. 2.10.2012, bit.ly/3QhnkGG (mit Abbildung).

I. In der Wissenschaft

Er saß auf unserem Bett und schaute mich spöttisch an. [...] ‚Na‘, meinte er süffisant. ‚Brütest Du über dem Nutzen des Rechtsgutsdogmas im modernen Verfassungsstaat? Kannst Du gleich lassen, da kommt nichts bei rum. Wie kannst Du Dich nur auf so ein Thema einlassen, und noch dazu gegen den klugen *Engländer?*[11] Jeder, der seine fünf Sinne beisammen hat, weiß doch, dass das alles nur Schall und Rauch ist.‘ ‚Hör mal‘, sagte ich empört. ‚Man kann in fast jedem Standardlehrbuch nachlesen, dass Strafrecht dem Rechtsgüterschutz dient und wie wichtig der Rechtsgutsbegriff zur Legitimation des Strafrechts ist.‘

‚Ha!‘, fuhr mir der Mahr über den Mund. ‚In den von Dir sogenannten Standardlehrbüchern wird bekanntlich alles unterkomplex dargestellt. Da stehen wahrscheinlich auch noch Dinge wie die conditio-sine-qua-non-Formel. Nein, nein, wenn man en vogue sein will, ist man rechtsgutskritisch.‘ ‚Ich will zwar weder aus Tradition das Rechtsgutsdogma hochhalten‘, lenkte ich ein, ‚aber auch nicht aus einer Mode heraus dagegen sein. Aber wenn ein Konzept in unserer Wissenschaft seit Jahrzehnten doch so weit verbreitet ist, hat es für mich schon eine gewisse Sinnhaftigkeitsvermutung prima facie. Zwar wissen wir von *Thomas Fischer*, dass ›das Jurastudium nicht wirklich schwierig‹ ist,[12] aber das heißt ja nicht, dass wir Juristen alle dämlich sind.‘ "

In den folgenden 20 Minuten entspann sich – getarnt als Streitgespräch zwischen Kudlich und dem Nachtmahr – ein höchst vergnüglicher Parforceritt durch das weite Feld der Relevanz der Rechtsgutstheorie (usw.), beschlossen mit folgendem Finale:

---

[11] Anm. T. Z.: Gemeint ist der brillante Rechtsphilosoph Armin Engländer, der einen Gegenvortrag zu dem von Kudlich gehalten hat.
[12] Anm. T. Z.: Gemeint ist der ehemalige Vorsitzende des 2. Strafsenats des Bundesgerichtshofs, der findet, „Jura ist einfach" (s. Vorwort). In der Welt der Strafjuristen ist Fischer eine Institution und gewissermaßen auch ein eigenes Humorgenre – intellektuell brillant, streitbar und ebenso konsequent wie wandelbar: 2019 hatte Fischer noch im Fachmagazin Freispruch (September/Oktober 2019, S. 13, bit.ly/3ekaiuK) den autobiografischen Beitrag „Glück gehabt – Zehn Gründe, warum ich froh bin, *nicht* Strafverteidiger geworden zu sein" veröffentlicht („Ich finde ein permanentes Leben mit einem Bein in der glatten Lüge [...] anstrengend und korrumpierend"). Nur anderthalb Jahre später begann Fischer seine Zweit-Karriere als Strafverteidiger (dazu *Leitmeier*, Pech gehabt, myops Heft 43 [2021], 22).

„,Und [d]as wird dann der Kern Deines Vortrages sein?', wollte der Mahr abschließend wissen. […] Ja, und genau das möchte ich jetzt Ihnen in den nächsten 30 Minuten … – oh, mit Blick auf die Uhr *nicht mehr* vortragen, aber Sie werden es vielleicht in der ZStW [Zeitschrift für die Gesamte Strafrechtswissenschaft] nachlesen können."[13]

Der Vortrag von Kudlich war spektakulär – und hoch umstritten. Denn ob in der rechtswissenschaftlichen Forschung, zumal bei einer solch ehrwürdigen Veranstaltung wie der Strafrechtslehrertagung, Humor zulässig und begründet ist, wird uneinheitlich beantwortet. Entsprechend quittierte das Publikum Kudlichs Darbietung nicht nur mit Applaus, sondern auch mit Buh-Rufen.[14]

Teilweise herrscht nämlich die Ansicht vor, seriöse Rechtswissenschaft sei zwangsläufig eine ausschließlich ernste Angelegenheit und mit Humor unvereinbar. Ganz in diesem Sinne hat das Bundespatentgericht 2012 entschieden, es sei trotz der „im Trend liegenden Spaßgesellschaft" undenkbar, dass jemand die Wortfolge „Viel Spaß" mit wissenschaftlicher Tätigkeit in Verbindung bringen könnte.[15]

A.A. Walter: „Es ist ein häufiger Fehler […], Tiefsinn mit Trübsinn [zu] verwechseln und höchste Kunst und größten Geist nur dort [zu] vermuten, wo es langweilig wird." Er plädiert deshalb für mehr Humor im Recht: „Wenn das nur mehr Juristen täten […]. Wir hätten vergnügtere Studenten mit besseren Examina."[16] Walter hat Recht. Das Genre des Rechtswissenschaftshumors ist unterentwickelt. Immerhin: es existiert. Hier sind die Beweise:

---

[13] Tatsächlich: *Kudlich*, Die Relevanz der Rechtsgutstheorie im modernen Verfassungsstaat, ZStW 2015, 635.
[14] Der Autor weiß dies, denn er war dabei und saß neben einem Buh-Rufer.
[15] BPatG, BeckRS 2012, 14032.
[16] *Walter*, Kleine Stilkunde für Juristen, S. 167.

I. In der Wissenschaft

b) Scherz und Ernst

Als Meilenstein und bis heute unerreichter Klassiker sind unbedingt Rudolf von Jherings ab 1860 zunächst anonym, später dann in dem Sammelband „Scherz und Ernst in der Jurisprudenz" veröffentlichten „Vertrauliche Briefe über die heutige Jurisprudenz" zu empfehlen.[17] Ihm gelingt das dreifach unmögliche Kunststück, auf dem Gebiet des Zivilrechts nicht nur Interessantes zu berichten, sondern dies auch mit wissenschaftlicher Präzision und unaufdringlichem Witz zu verbinden. Insbesondere das ab der 3. Abtheilung gezeichnete Phantasiebild „Im Juristischen Begriffshimmel" ist vom ersten Satz an lebendig geschrieben („Ich war gestorben."), liest sich auch im Corona-Zeitalter noch rechtspolitisch überraschend aktuell („‚Vorläufig hast Du die Quarantäne zu bestehen.' Eine Quarantäne? Zu welchem Zweck?") und besticht durch eine realistische Einschätzung des Sach- und Streitstandes („Ich weiß, daß niemand sich [der Waffen des Scherzes, Humors, Spottes und der Satire] bedient, ohne dafür büßen zu müssen.").

Obwohl Jherings Humor bei den Zeitgenossen floppte,[18] erfreut sich seither vor allem das Instrument der Glosse unter Juristen einer gewissen Beliebtheit.[19] Gelegentlich findet sich auch gut gemachte Satire. Dazu gehören neben Teubners bereits in 3. Auflage erschienenem Satirischen Rechtswörterbuch[20] parodistische NJW-Beiträge wie Hamanns „Fliegende Schweine im Recht – Prolegomena zu einer wissenschaftlichen Faselei"[21] und Walters „Entwurf einer Richtlinie zur sprachlichen Gestal-

---

[17] *v. Jhering*, Scherz und Ernst in der Jurisprudenz. Eine Weihnachtsgabe für das juristische Publikum, 1884, bit.ly/3QgNRUz.
[18] Erik Wolf: „in der Form kaum erträglich durch die Unzahl platter Witze und schiefer Vergleiche" (zit. nach *Haft*, Aus der Waagschale der Justitia, 3. Aufl. 2001, S. 169).
[19] Exemplarisch *Hamann/Idler* (Hrsg.), Zeitgeistreiches – Scherz und Ernst in der Juristenzeitung. Glossen aus sechzig Jahren, 2015.
[20] *Teubner*, Teubners Satirisches Rechts-Wörterbuch, 3., äußerst reformierte und bereichernde Aufl. 1998.
[21] *Hamann*, NJW 2015, 459.

tung europarechtlicher Texte",[22] ferner die regelmäßig ebendort veröffentlichten Berichte über kuriose Sichtungen im Paragrafendschungel,[23] in denen unter anderem gefachsimpelt wird über die überflüssigsten Gesetze (heiße Kandidaten: § 267 BGB,[24] § 58 SGB V[25] oder das Seilbahngesetz des Landes Mecklenburg-Vorpommern[26]) und die unverständlichsten gesetzlichen Ab-

---

[22] *Walter*, NJW 2004, 582.

[23] Besonders gelungen: *Kollmer*s „Juristische Superlative" (NJW 1997, 1129) und *Hamann*s „Spaziergang durch den Paragrafendschungel" (NJW 2009, 727).

[24] *Stader*, Kurze Einführung in den Juristenhumor, S. 15 Fn. 11 spricht von der „Norm mit den drei Bekloppten". Abs. 2 der Vorschrift über die „Leistung durch Dritte" besagt, dass „[d]er Gläubiger die Leistung [durch den Dritten] ablehnen [kann], wenn der Schuldner widerspricht." *Stader*: „Einer bezahlt, der nicht muß: bekloppt! Der andere will das Geld nicht haben: bekloppt! Der Dritte widerspricht, obschon hernach schuldenfrei: der Bekloppteste. Die Situation kommt halt nicht vor. Weshalb regelt man sie dann?". Gleichsinnig MüKo-BGB/*Krüger* 9. Aufl. 2022, § 267 Rn. 2: „Die Bedeutung der Norm ist an sich nicht groß."

[25] Die bis heute geltende (da als solche niemals aufgehobene) Vorschrift erhielt durch das Gesetz zur Anpassung der Finanzierung von Zahnersatz v. 15.12.2004 (BGBl. I, 3445) folgende Fassung:
§ 58. Beitrag für Zahnersatz
(1) [aufgehoben]
(2) [aufgehoben]
(3) [aufgehoben]
(4) [aufgehoben].
Zur kuriosen Entstehungsgeschichte *Hamann*, NJW 2009, 727, 730.

[26] Landesseilbahngesetz v. 20.7.2004 (GVOBl. M-V, S. 318). Das Kuriosum besteht darin, dass Mecklenburg-Vorpommern (höchste Erhebung: Helpter Berge mit 179,2 Metern über Normalnull) gar keine Seilbahn hat. Dennoch, so der Gesetzgeber (LT-Drs. 4/1099, S. 21), sei das Gesetz alternativlos – und Schuld die EU: „Die Regelung ist notwendig, da die EU ohne eine Umsetzung der Richtlinie [2000/9/EG des Europäischen Parlaments und des Rates vom 20. März 2000 über Seilbahnen für den Personenverkehr] gegen die Bundesrepublik Deutschland ein Vertragsverletzungsverfahren einleiten könnte. In diesem Verfahren kann u. U. ein Zwangsgeld verhängt werden, welches sich auf 13.188,– € bis 791.293,– € pro Tag belaufen kann. Der Bund hat dargelegt, dass er das Zwangsgeld dann von den Ländern, die die Richtlinie bis dahin nicht umgesetzt haben, einfordern würde."

I. In der Wissenschaft

kürzungen[27] („EuRHiÜbkVtrNLD",[28] „RkReÜAÜB M-V",[29] „EuRHiISRÜbkErgVtrG"[30] und „SozSichAbkÄndAbk2ZAbk-TURG"[31]).

c) Phantomscherz

Friedrich Gottlob Nagelmann ist ein komischer Spaßvogel. Der Verfassungsjurist spielt in derselben Liga wie Jakob Maria Mierscheid[32], das heißt es gibt ihn gar nicht. Sein Œuvre ist trotz dieses Handicaps beeindruckend:

---

[27] Details dieser Spezialproblematik behandelt *Schimmel*, Und wie soll es heißen?, LTO v. 4.1.2014; vgl. auch *Peters*, VÄndVVÄndVVV, JZ 2003, 90, der in Bezug auf die Erste Verordnung zur Änderung der Vierten Verordnung zur Änderung der Verfütterungsverbots-Verordnung vom 5.11.2002 (BGBl. I, 4336) moniert, dass „die Bezeichnung der Verordnung länger ist als ihr Inhalt. [...] Wenn Landwirte hiernach feststellen wollen, wie sie füttern dürfen, sind bei Abschluss ihrer Forschungen vielleicht die Tiere schon verhungert."

[28] Kurz für: Vertrag vom 30.8.1979 über die Ergänzung des Europäischen Übereinkommens vom 20.4.1959 über die Rechtshilfe in Strafsachen und die Erleichterung seiner Anwendung.

[29] Das mecklenburg-vorpommersche „Rinderkennzeichnungs- und Rindfleischetikettierungsüberwachungsaufgabenübertragungsgesetz" v. 19.1.2000 (GVOBl. M-V, S. 22 – am 29.5.2013 außer Kraft getreten) war zeitweise die Heimat eines der längsten zusammengesetzten Hauptwörter der deutschen Sprache.

[30] Gesetz zu dem Vertrag vom 20.7.1977 zwischen der Bundesrepublik Deutschland und dem Staat Israel über die Ergänzung des Europäischen Übereinkommens vom 20.4.1959 über die Rechtshilfe in Strafsachen und die Erleichterung seiner Anwendung v. 29.9.1980 (BGBl. II, 1334).

[31] Gesetz zu dem Zusatzabkommen vom 2.11.1984 zum Abkommen vom 30.4.1964 zwischen der Bundesrepublik Deutschland und der Republik Türkei über Soziale Sicherheit und zu der Vereinbarung vom 2.11.1984 zur Durchführung des Abkommens vom 11.12.1986 (BGBl. II, 1038).

[32] Die biographischen Daten des SPD-Abgeordneten sind auf der Website des Bundestages einsehbar (bit.ly/3Dfiwin). Berühmt ist Mierscheid für seine regelmäßigen Verlautbarungen zur Entwicklung des nach ihm benannten Gesetzes. Nur wenigen Insidern bekannt ist hingegen seine Rolle in der Enquete-Kommission „Schutz des Menschen und

„Als Student, Rechtsreferendar und Doktorand überzeugte Nagelmann, geboren 1889, mit sonderbaren Noten wie ‚besonders befriedigend', ‚ganz gut' und ‚elegantissime'. Als Mitarbeiter des Bundesverfassungsgerichts glänzte er später mit wegweisenden Arbeiten wie ‚Jagdrecht im Stadtpark' oder ‚Der Asylanspruch von Asylbewerbern aus der Schweiz'."[33] Ferner ist sein „Alternativkommentar zum Reisekostenrecht von 1957 [...] wegen seiner Gedankenfülle und klaren Aussagen unübertroffen geblieben [und sein] grundlegender Artikel über Bedeutung und Tragweite von § 165 ZPO [Beweiskraft des Protokolls] im Ordensrecht hat der Zeitschrift für das gesamte Dekorationswesen 1953 den Weg von einem unbedeutenden rheinischen Verbandsblättchen zu einem der angesehendsten dekorationologischen Publikationsorgane geebnet."[34]

Als Running Gag ist Nagelmann „beinahe ein bisschen lustig"[35] und insoweit noch erfolgreicher als Karl Ranseier. Daher war es nur konsequent, Nagelmann nach seinem (vermeintlichen) Ableben 1984 mit einer qualitativ hochwertigen Gedächtnisschrift[36] zu ehren,[37] die auch heute noch gern zitiert wird.[38]

Hingegen nahezu in Vergessenheit geraten ist heutzutage der Rechtsanwalt Detlef Deal aus Mauschelhausen. Leider.

---

der Umwelt – Ziele und Rahmenbedingungen einer nachhaltig zukunftsverträglichen Entwicklung", bei der Mierscheid als Übersetzer des Werkes „Klima und Kaukasus" der Autoren *Aras Alibiew*, *Georg Phantomaschwili* und *Kari Katurian* mitgewirkt hat (vgl. BT-Drs. 13/11200, Abschlussbericht v. 26.6.1998, S. 57 Fn. c, 238).

[33] *Leffers*, Die Welt der Phantome, Spiegel-Online v. 9.4.2009.

[34] *Rudolf*, Zwischen Lust und Leistung – Das wahre Verfassungsrecht im Spiegel einer Gedächtnisschrift, NJW 1985, 1607.

[35] *Schimmel*, Phantomjuristen – Fiktiv und doch sehr lebendig, LTO v. 28.9.2013 a. E.

[36] Alles Witzige, was es zur Literurgattung der juristischen Fest- und Gedächtnisschrift zu sagen gibt, findet sich bei *Fleischer*, Ein Streifzug durch die Welt gesellschaftsrechtlicher Festschriften, NZG 2019, 1241.

[37] *Umbach u. a.* (Hrsg.), Das wahre Verfassungsrecht. Zwischen Lust und Leistung. Gedächtnisschrift für F. G. Nagelmann, 1984. Rezensionen: *N. N.*, Neuere Nebelkerzen, Spiegel 40/1984, bit.ly/3Qwzzzr; *Rudolf*, NJW 1985, 1607.

[38] Zum Beispiel vom VG Berlin, BeckRS 2004, 28789 Rn. 59.

I. In der Wissenschaft

Aus der Praxis
Der strafprozessuale Vergleich*
von Rechtsanwalt Detlef Deal, Mauschelhausen

„Ihm gelang, was jedes Wissenschaftlers Traum ist: durch einen einzigen kleinen Aufsatz berühmt zu werden, den er 1982 in der Zeitschrift ‚Strafverteidiger' veröffentlichte. Der Text handelte vom Wesen und Unwesen des Deals im Strafprozess. Die schockierenden Einzelheiten der dort erstmals enthüllten Prozesspraxis war zuvor den Fachkundigen ‚als Richter' und ‚als Rechtsanwälte' natürlich unbekannt, ‚als Mensch' jedoch vertraut, wie es Vorsatz und Gewissen halt so treiben, wenn der Mensch mit einem Bein in der Illegalität steht."[39]

Detlef Deal ist freilich ein Pseudonym. Dahinter steckt, wie man heute weiß, der Rechtsanwalt Hans-Joachim Weider.[40] Die unglaubliche wissenschaftliche Erfolgsgeschichte von Deal alias Weider ging aber noch weiter:

„Später fanden sich erste Dissertationen und ungläubige Erwähnungen des seltsamen Phänomens in Entscheidungen des Bundesgerichtshofs (zum Beispiel BGHSt 38, 102) und des Bundesverfassungsgerichts (zum Beispiel Neue Zeitschrift für Strafrecht 1987, Seite 419). Dann geschah: nichts – wenn man davon absieht, dass Tausende von illegalen Deals gemacht und Hunderte von Tagungsreferaten gehalten wurden mit den Themen, ob es a) Deals überhaupt gebe, b) sie so heißen dürften, c) sie gut oder schlecht seien und d) man etwas dagegen tun könne, dürfe oder gar solle. Im Jahr 1994 riss dem 4. Strafsenat des BGH der Glaubensfaden. Er ersann eine Art richterrechtliches Hilfsgesetz und formulierte Mindestanforderungen an eine halbwegs mit der geltenden Strafprozessordnung vereinbare Praxis des Absprechens von Verfahrensergebnissen (BGHSt 43, Seite 195); der Große Senat für Strafsachen tat später noch etwas süßen Senf dazu (BGHSt 50, Seite 40). Da war ein großes Aufregen und So-geht-das-nicht und Da-muss-der-Gesetzgeber-

---

[39] *Fischer*, Detlev [sic!] dealt noch immer, Spiegel-Online v. 27.11.2020.
[40] Bewiesen von *Kubik*, Die unzulässige Sanktionsschere, 2014, S. 11 mit Fußnote 59.

ran. Der schuf nach weiteren vier Jahren das Verständigungsgesetz von 2009."[41]

Jenes Verständigungsgesetz brachte – iudex non calculat[42] – neben einem kuriosen Zählfehler in der Strafprozessordnung[43] haufenweise Rechtsprobleme mit sich. Praktische Abhilfe schaffte alsbald eine „kenntnisreiche Kommentierung"[44]. Deren Autor? Na klar: Detlef Deal![45]

d) Restliches

Weitere Qualifikationsschriften auf dem Weg zum Erwerb eines „Dr. h. c. (doctor humoris causa)"[46] sind von unterschiedlicher Machart und qualitativ mal so, mal so.

Man kann zum Beispiel Rechtstexte in Gedichtform verfassen,[47] etwa das gesamte Bürgerliche Gesetzbuch[48] oder zumin-

---

[41] *Fischer*, Detlev dealt noch immer, Spiegel-Online v. 27.11.2020.

[42] Bzw. „auf deutsch: ‚ein Richter zählt nichts'" (Übersetzung: AG Köln, DAR 1991, 279, 280). Instruktiv *Gerhardt*, Wenn ein Richter sich verrechnet, 2. Aufl. 1993, S. 28 ff.

[43] Beim nachträglichen Einfügen von Vorschriften in ein bestehendes Gesetz gilt die Regel: Zwischen „§ 1" und „§ 2" kommt „§ 1a" usw. (Handbuch der Rechtsförmlichkeit [S. 19 Fn. 27], Rn. 593), d. h. zwischen die § 90 IRG und § 91 IRG kommen z. B. die „§§ 90a, 90b, 90c, 90d, 90e, 90f, 90g, 90h, 90i, 90j, 90k, 90l, 90m, 90n, 90o, 90p, 90q, 90r, 90s, 90t, 90u, 90v, 90w, 90x, 90y, 90z IRG". Seit dem Gesetz zur Regelung der Verständigung im Strafverfahren v. 29.7.2009 (BGBl. I, 2353) lautet die amtliche Reihenfolge in der StPO allerdings „... § 211, § 212a, § 212b, § 212 ...", vgl. dtv, StPO, 52. Aufl. 2016, S. 122. In neueren Gesetzesausgaben wird dieser immer noch bestehende Fehler meistens vertuscht (vgl. dtv, StPO, 57. Aufl. 2022, S. 134).

[44] So *Schäfer*, JR 2010, 319, 321.

[45] Als Mitautor und unter seinem richtigen Namen, vgl. *Niemöller/ Schlothauer/Weider*, Gesetz zur Verständigung im Strafverfahren, 2010.

[46] *Jahn*, NJW 1989, 377, 378.

[47] Die universitäre Juristenausbildung bietet dafür hinreichende Übungsgelegenheiten; Klausuren können ohne Weiteres auch in Reimform geschrieben (und bestanden) werden, vgl. *Werkmeister*, Straf-

dest die Kritik an der Rechtsprechung des Bundessozialgerichts zu Witwenrenten bei Ausländer- und staatsangehörigkeitsrechtlich gemischten Ehen[49]. Erfolgversprechender, aber sehr aufwändig herzustellen sind gutachterliche Würdigungen von Märchen („Der Fall Rotkäppchen"[50]), Kindergeschichten („Der Fall Max & Moritz – Juristisches Gutachten über die Umtriebe zweier jugendlicher Straftäter zur Warnung für Eltern und Pädagogen";[51] „Der Fall ‚Christkind' "[52]), Literaturklassikern („Strafakte Faust"[53]) oder Johnny Cash-Songs.[54] Ebenfalls möglich sind die humoristische Neuinterpretation gängiger Bestandteile rechtswissenschaftlicher Textgattungen (bspw. die *-Fuß-

---

rechtsklausur komplett gereimt, Juraexamen.info v. 3.3.2012 mit einem spektakulären Beispiel.

[48] Vgl. *Erdel*, BGB in Versen und Reimen. Ein kurzer Grundriss zur Einführung und Wiederholung für jedermann, besonders für Kriegsteilnehmer, 1919; *Günther*, BGB in Reimen: Richter als Dichter und Advokaten als Literaten, 1994 [= Fortführung des Werkes von Erdel]. Erdels Buch hat es über den Umweg durch Adolf Hitlers Privatbibliothek sogar bis in die National Archives in Washington gebracht, vgl. *Beaumont*, Gesetz und Recht – in Vers und Reim, NJW 1989, 372.

[49] Der von *Schmidt-Räntsch*, Fiat Iustitia?, JR 1981, 104 f. unternommene Versuch liest sich auszugsweise so: „Wenn Männer 'mal gestorben sind, | versorgt der Staat die Frau, das Kind. | Sind sie Deutsche alle drei, | so ist gar kein Problem dabei. | Berührt das Ausland diese Ehe, | dann wehe, wenn ich an das Ende sehe! […]".

[50] *Günther*, Der Fall Rotkäppchen, 1990.

[51] *Günther*, Der Fall Max & Moritz, 1988; rezensiert von *Jahn*, NJW 1989, 377.

[52] *Gieschen/Meier*, Der Fall „Christkind" – Juristisches Gutachten über die denkwürdigen Umstände von Zeugung und Geburt eines Glaubensstifters, 1997.

[53] *Gieschen/Meier*, Strafakte Faust – Goethes berühmte Triebtäter auf dem juristischen Prüfstand. Tathergang, Schuldfrage, Anklageschrift, 1993; s. auch *Fahl*, Strafrechtskino – Kino und Fernsehfilme als Klausuren, 2021.

[54] Vgl. *Knauer*, „I Shot a Man in Reno, Just to Watch Him Die" – Überlegungen zum Verhältnis von Strafrecht und Musik, vertieft am Beispiel zeitgenössischer Populärmusik von Johnny Cash, ZJS 2012, 413–431.

note[55] oder die Idiotenwiese[56]) oder das Aufführen einer juristischen Köpenickiade[57]. Ganz witzig sind ferner einige launige Professoren-Podcasts aus dem Bereich des Kriminalrechts,[58] JuraSlam-Comedy[59] und rechtswissenschaftliche Science-Fic-

---

[55] Vgl. *Kindhäuser*, Zur Alternativstruktur des strafrechtlichen Kausalbegriffs – Zugleich eine Entgegnung auf Puppes Kritik der condicio per quam, ZIS 2016, 574 Fn. *.

[56] Der Staatsrechtler Günter Dürig wird für den „genialischen Schachzug" der Erfindung des aphoristischen Index gerühmt (umfassende Würdigung bei *Rübenach*, Der aphoristische Index – eine neue Literaturgattung?, JZ 1981, 718 f.). Im Stichwortverzeichnis der von Dürig begründeten Loseblatt-Gesetzessammlung für das Landesrecht Baden-Württembergs verbargen sich neben hilfreichen Erläuterungen zu den Gesetzen (zum Ministergesetz und dem Gesetz über Staatssekretäre: „Wer keine Ambitionen hat, Minister zu werden, braucht beide Gesetze nicht zu lesen.") auch Lebensweisheiten, philosophische Bemerkungen und „Witzle" (so *Pöggeler*, Humor im Recht, JA 1997, 977, 981). Der entscheidende Vorteil des kommentierten Sachverzeichnisses gegenüber der konventionellen Art von Kommentarliteratur besteht laut Rübenach darin, „dass bereits demjenigen Erkenntnisse vermittelt werden, der die eigentliche Kommentierung gar nicht lesen wollte." Unglücklicherweise hat der Beck-Verlag das Ausscheiden Dürigs aus der Herausgeberrolle 1996 zum Anlass genommen, das Sachverzeichnis wieder in Richtung Konventionalität zu bereinigen.

[57] Zur absurden Karriere des Hochstaplers Ludger W., die mit der richterlichen Aufforderung „Lassen Sie die Finger endlich von der Juristerei!" endete (zit. nach *Klein*, Sicherungsverwahrung für betrügerischen Ex-Anwalt, General-Anzeiger v. 6.8.2004), s. (chronologisch) LG Bonn, Urt. v. 6.8.2004 – 27 W 6/03, bit.ly/3AWAR0L; *Rieble*, Das Wissenschaftsplagiat, 2010, S. 38 ff. (der den „Fall Ludger Wellkamp" ausdrücklich als „Köpenickiade" bezeichnet); LG Hamburg, openJur 2011, 14678; *Diehl*, Häftling soll im Knast Millionen ergaunert haben, Spiegel-Online v. 11.5.2011. Die komische Geschichte des Hochstaplers L.W. Voigt a.k.a. der Hauptmann von Köpenick in der Originalerzählung des LG Berlin II (Urt. v. 1.12.1906 – II 2 f L.3.Nr.58.06) findet sich als Anhang bei *Rosenau*, Der „Hauptmann von Köpenick" ..., ZIS 2010, 284, 294 ff.

[58] Sehr unterhaltsam ist z.B. *Nicolai/Oğlakcıoğlu*, Räuberischer Espresso, bit.ly/3qcicZL, seit 11/2020. Erstaunlicherweise noch populärer („Jura-Podcast des Jahres 2021"): *El-Ghazi/Zimmermann*, Das Letzte Wort – Strafrechts-Unterhaltung, bit.ly/3wYvVHk, seit 5/2020.

[59] Unübertroffen: *Kilian Wegner* mit dem Programm „Ekel, Angst und Schmerz" beim JuraSlam Hamburg 2016, bit.ly/3Qc1OTP.

tion-Geschichten.[60] Nicht völlig undenkbar wäre es schließlich, ein obskures Buch mit „Verrückten Strafrechtsfällen" wie diesem hier zu schreiben:

„Anna Maria Katharina Engefehr aus Havetoftloit in der Landschaft Angeln bringt in einer Garage in Bremerhaven ein Kind von einem fremden Matrosen zur Welt. | Der Tankstellenwart Hans Scholz legt den Knaben in einen Kotflügel und bettet ihn auf Werg. In verwirrter Verwunderung gießt er falsches Öl in den Motor eines Autos und verursacht dadurch einen Straßenverkehrsunfall. | Der amerikanische Neger John Smith vergißt im Anblick des Kindes eine Verabredung zum Mord. Sie fällt ihm auch nicht wieder ein. | Der Handlungsreisende Nowak sieht das Kind und telegraphiert seiner Bank, der von ihm eingereichte Scheck der Firma O. Brown & Co. sei gefälscht. Aber die Bank hat das Konto von O. Brown & Co. schon belastet. | Der arabische Student Abdel Nasser legt dem Kind einen gestohlenen Teppich zu Füßen. – Die Mutter läßt es geschehen.

Wie müßten wir den Fall strafrechtlich beurteilen?"[61]

[Anm. T. Z.: Der Autor, ein Professor für Strafrecht, weiß es offenbar selbst nicht so genau, denn das Buch enthält witzigerweise gar keine Lösungen der gestellten Fälle].

Solche Machwerke erfordern allerdings ein Höchstmaß an Kreativität, das nicht jede(r) hat. Autor(inn)en, die eher der Fraktion ‚fleißige Sammler' zuzurechnen sind, könnten es alternativ mit dem Genre des Überblicksaufsatzes in einer juristischen Ausbildungszeitschrift versuchen. Die studentische Leser-

---

[60] Vgl. *Gerhardt*, Menschen vor Gericht und an anderen unwirtlichen Orten, 1994, S. 94 (Retrospektive zum Untergang des BVerfG im Jahr 2026); *Oğlakcıoğlu*, Aktuelle Rechtsprechung: Materielles Strafrecht (Berichtszeitraum 1.1.2030 – 31.12.2030), in: Engelhart u. a. (Hrsg.), Festschrift für Ulrich Sieber, 2021, S. 791. Von deutschen Autor:innen bislang unerreicht ist allerdings *Fuller*, The Case of the Speluncean Explorers, Harvard Law Review 62 (1949), 616, bit.ly/3et2eIk, dessen Präsentation eines Trolley-Problems in Gestalt eines humorvollen Urteils des „Supreme Court of Newgarth" aus dem Jahr 4300 es in der amerikanischen Rechtsphilosophie zu einem besonders gehaltvollen Running Gag gebracht hat (näher *Zimmermann*, Rettungstötungen, 2009, S. 310 Fn. 1200).

[61] *Hall*, Verrückte Strafrechtsfälle (mit Zeichnungen von Ruth Knorr), 1971.

schaft weiß es zu schätzen, zwischen Pflichtlektüre-Beiträgen über „Die Bearbeitung öffentlich-rechtlicher Fallkonstellationen in der Assessorklausur" und „Zur Rechtswidrigkeit der Todesschüsse an der Mauer" Grundsätzliches über „Humor im Recht" vorzufinden.[62] Vergleichbares ist inzwischen aber auch für spezielle Rechtsgebiete erhältlich (Arbeitsrecht,[63] Nachbarrecht[64] usw.) oder zugeschnitten auf besondere Alltagssituationen (etwa „Jux oder Jus im Karneval?"[65]).

II. Witzige Gesetzgebung?

Früher, bevor das Recht in die Hände gelehrter Juristen geraten ist, war auch der Gesetzgeber ein rechter Witzbold.[66] Selbst im Kriminalrecht gab es vielerlei humoristische Elemente. Diese waren allerdings „von einem oft sehr grausamen Humor diktirt",[67] sodass sich aus heutiger Sicht nur noch schwer beurteilen lässt, ob eine bizarre Strafandrohung bloß als Witz gemeint war oder im Ernstfall tatsächlich Vollstreckung drohte. Einiges davon war einfach nur lächerlich: Delinquenten konnten vielerorts ge-

---

[62] Vgl. *Pöggeler*, Humor im Recht, JA 1997, 977; ähnlich gut gelungen ist der Beitrag von *Förster*, Der Einwendungs*dusch*griff – Humor im Recht, Jura 2005, 314.

[63] Grandios: *Bauer*, Jurisprudenz zum Lachen und zum Weinen – unter besonderer Berücksichtigung des Arbeitsrechts, NZA-Beil. 2011, 151.

[64] *Würdinger*, Humoristisches Nachbarrecht, NJW 2009, 732; *ders.*, Scherz und Ernst im Nachbarrecht?, NJW 2019, 1194.

[65] *Proppe*, JA 2001, 174; viel unterhaltsamer als der Titel vermuten lässt ist auch *Jahnke*, Karneval, Volksfeste und ihr rechtliches Umfeld, NZV 2019, 57; ausf. *Stader*, „Bei aller karnevalsbedingter Sorglosigkeit ..." – Die schönsten Prozesse um die Folgen entfesselter Heiterkeit während der Fünften Jahreszeit. Ein Vademecum für Juristen und ernüchterte Laien, 2002.

[66] Grundlegend *Gierke*, Humor im Recht, 1. Aufl. 1871, 2. Aufl. 1886 (bit.ly/3cOuZi6); vgl. auch *Fehr*, Humor im Recht, 1946, S. 27: „Die Neuzeit ist humorlos. Das hängt zusammen [...] mit der zunehmenden Macht der Juristen."

[67] *Gierke*, Humor im Recht, 2. Aufl., S. 64.

II. Witzige Gesetzgebung? 91

teert und gefedert werden[68] und im burgundischen Recht hatte der Hundedieb die Wahl: entweder fünf Schillinge Geldstrafe oder aber vor allem Volk dem Hund den Hintern küssen.[69] Anderes war dunkler Humor von der Sorte zum Tod Lachen, aber zum Glück wohl „nicht mehr ernsthaft gemeint", zum Beispiel diese Regel: Wer einen Grenzstein auspflügt, wird selbst an dessen statt bis zum Gürtel eingegraben und ihm der Kopf abgepflügt;[70] oder diese: „Wer einem Baum die Rinde abschält, dem wird dafür der Darm herausgeschält und um den Baum geschlungen, damit dem Baum so die Rinde ersetzt werde, bis sie wiederum wächst."[71] Rofl!

Heute muss man humoristische Gesetze mit der Lupe suchen. Im Lauf der Zeit hat sich nämlich die Überzeugung durchgesetzt, dass „[e]s dem Gesetzgeber nicht zu[steht], sich über den Bürger lustig zu machen".[72] Es gibt lediglich noch zwei ganz seltene Ausnahmefälle: Ironie, die so fein, und Dichtkunst, die so dezent ist, dass die glaubhafte Abstreitbarkeit jederzeit gewährleistet bleibt.

1. Beispiele feinster Ironie

Die amtliche Abkürzung für das Gesetz zur Therapierung und Unterbringung psychisch gestörter Gewalttäter ist „ThUG"[73] (Thug = engl. sinngem. für psychisch gestörter Gewalttäter).

---

[68] Nachweise bei *Jacob Grimm*, Deutsche Rechts Alterthümer, Bd. 2, 1828, S. 725.
[69] *Gierke*, Humor im Recht, 2. Aufl., S. 65.
[70] *Jacob Grimm*, Deutsche Rechts Alterthümer, Bd. 2, S. 547; weitere Nachw. bei *Knapp*, Humor im Würzburger Recht, ZStW 22 (1902), 1, 3.
[71] Vgl. die Nachweise *Gierke*, Humor im Recht, 2. Aufl., S. 67 Fn. 173.
[72] *Pöggeler*, JA 1997, 977, 979 Fn. 16; ähnl. *Carlen*, Recht zwischen Humor und Spott, S. 8.
[73] BGBl. 2010 I, 2300, 2305.

Die „Verarbeitungsverordnung Interventionsrindfleisch"[74] ist zur Feier ihres elfjährigen Bestehens in „Interventionsrindfleisch-Verarbeitungsverordnung" umbenannt worden.[75]

2. Beispiele feinster Dichtkunst

§ 923 des Bürgerlichen Gesetzbuchs, der vom „Grenzbaum" handelt, gilt gemeinhin als die poetischste deutsche Rechtsnorm.[76] Dessen Absatz 1 enthält große Dichtkunst:

> „Steht auf der Grenze ein Baum, so gebühren die Früchte und, wenn der Baum gefällt wird, auch der Baum den Nachbarn zu gleichen Teilen."

Umfassend gebildete Jurist:innen erkennen sofort: Die Norm ist im Hexameter verfasst, also dem klassischen Versmaß der epischen Dichtung.[77] Das ist auch deshalb besonders raffiniert, weil es in schönem Kontrast zum betont volksnah gestalteten Absatz 3 steht. Dieser verweist in Reimform wie folgt auf Absatz 1:

> „Diese Vorschriften gelten auch | für einen auf der Grenze stehenden Strauch".

Nur Absatz 2 der Vorschrift wird in der lyrischen Analyse fast immer verschwiegen. Dieser enthält langweilige Details, deren poetischer Gehalt bis heute nicht enträtselt werden konnte.

Ruiniert worden ist leider die altfriesische Tradition gesetzlicher Regelungen in Form von Stabreimen.[78] Neuere Ansätze in

---

[74] Verarbeitungsverordnung Interventionsrindfleisch v. 26.10.1977 (BGBl. I, 1915).

[75] Durch Art. 1 Abs. 1 der Zweiten Verordnung zur Änderung der Verarbeitungsverordnung Interventionsrindfleisch vom 9.6.1988 (BGBl. I, 993). Der Hinweis auf diese „besonders wertvolle Regelung" ist *Kollmer*, NJW 1997, 1129, 1132 zu verdanken.

[76] *Kollmer*, NJW 1997, 1129; *Würdinger*, NJW 2019, 1194.

[77] Der Verf. hat es *nicht* sofort erkannt, verlässt sich aber auf die Versicherung sachkundiger Personen.

[78] Dazu *Beaumont*, Gesetz und Recht – in Vers und Reim, NJW 1989, 372; näher *Borchling*, Poesie und Humor im friesischen Recht, 1908, S. 11 ff., noch näher *Heyne*, Formulae allitterantes – ex antiquis

III. Humor bei Gericht

diese Richtung sind recht armselig (vgl. § 1 Absatz 2 Satz 1 AdVermiStAnKoV: „*A*ntrag *a*uf *A*nerkennung *a*ls *A*doptivvermittlungsstelle *a*usschließlich *a*n ...").[79]

III. Humor bei Gericht

1. Zulässigkeit

Wie immer – zwei Juristen, drei Meinungen:

Das Oberlandesgericht München sagt: Von den Parteien eines Rechtsstreits kann Humor erwartet werden.[80] Andere sind anderer Auffassung: Im Prozess „ist für Humor [...] und künstlerische Betätigung kein Raum".[81] Insbesondere „[b]ei Urteilen hört jedenfalls der Spaß auf."[82]

Vermittelnde Ansicht (h. L.): „Nur die Umstände des Einzelfalles zusammen mit dem [humoristischen] Talent des Richters können maßgeblich sein."[83]

Streitentscheidung: Für die zuletzt genannte Ansicht spricht, dass es eben d'rauf ankommt; nämlich auf Wo?, Wie? und evtl. auch auf das Warum?. Für Einzelheiten bietet es sich an, das nächste Unterkapitel zu lesen.

2. Empirischer Befund

Bei Gericht wird mehr gespaßt als gedacht. Die Dunkelziffer humoristischer Vorkommnisse ist „schwer abzuschätzen", aber

---

legibus lingua Frisica conscriptis extractae et cum aliis dialectis comparatae, 1864 (mit hunderten Beispielen).
[79] Dieses und weitere Beispiele bei *Hamann*, NJW, 2009, 727.
[80] OLG München, NJW 2000, 748.
[81] *Steinberg/Rüping*, „Kumpane" im Gerichtssaal? – Bemerkungen zur stilistischen Fassung von Strafurteilen, JZ 2012, 182, 185.
[82] *Putzo*, Anm. zu AG München, Urt. v. 11.11.1986 – 28 C 3374/86, NJW 1987, 1426.
[83] *Sendler*, Über sog. humoristische Urteile, NJW 1995, 847, 849; ähnlich *Walter*, Kleine Stilkunde für Juristen, S. 184 f.

vermutlich hoch.[84] Die meisten der wenigen systematischen Darstellungen des bekannten Fallmaterials folgen entweder einem historischen Ansatz[85] oder der klassischen Kraut-und-Rüben-Methode.[86] Es ist aber wissenschaftstheoretisch allemal vorzugswürdig, den Ga(n)g der Untersuchung an dem Gang der Dinge auszurichten, das heißt am Gerichtsverfahrensablauf. Also der Reihe nach:

3. Schriftliches Vorverfahren

Die Erzählung vom Beginn eines Gerichtsprozesses ist immer die Gleiche: Am Anfang war der Schriftsatz einer Partei, und wenn der bei Gericht ist, ist die Schwelle zum jetzt-geht's-los überschritten. Voraussetzung ist neben anderen Kleinigkeiten lediglich die Angabe eines identifizierbaren Klagegegners[87] – sodass Klagen gegen „irgendwen" ebenso unzulässig sind[88] wie solche, die mangels Angabe einer ladungsfähigen Anschrift unzustellbar sind, also zum Beispiel Klagen gegen „Gott"[89] oder gegen „Satan und seine Spießgesellen".[90] Ist diese Hürde ge-

---

[84] Vgl. *Putzo*, NJW 1987, 1426; *Sendler*, NJW 1995, 847, 848.

[85] *Sendler*, NJW 1995, 847; *Beaumont*, Vom Amtsschimmel zum Pegasus – die Sprache des Rechts in Vers und Reim, NJW 1990, 1969.

[86] Überblicksartig: *van Lijnden*, Recht spaßige Richter und richtende Dichter, LTO v. 5.11.2011; umfassend: *Bauer*, Recht kurios.

[87] Vgl. § 253 Abs. 2 Nr. 1 ZPO, Nr. 110 Abs. 2 Buchst. a) RiStBV.

[88] Vgl. BGH, NJW-RR 2018, 1460 Rn. 11.

[89] Vgl. zur insoweit mit dem deutschen Recht übereinstimmenden Rechtslage in den USA aus der Begründung des Bundesrichters McGlynn vom Bezirksgericht Pennsylvania in der Sache Jones v. God Civ. A. No. 90-0742, 1991 WS 42399 (E.D. Pa. 1991, March 25, 1991): „In der Zivilklage werden als einzige Beklagte Gott und Jesus namentlich genannt. [...] [D]ie Klage [muss] abgewiesen werden, da es, abgesehen von der Frage der Zustellung an die Beklagten, keine Grundlage für die Ausübung der sachlichen Zuständigkeit dieses Gerichts gibt." Näher zu dieser Entscheidung *Henry*, The Truth (of the Matter Asserted) Is out There: Law and the Paranormal Outside the First Amendmend, Barry Law Review 21 (2016), 195, 208, bit.ly/3CZOHlA.

[90] In der Rechtssache U.S. ex rel. Gerald Mayo v. Satan & His Staff, 54 F.R.D. 282, 283 (W.D. Pa., Dec. 3, 1971), bit.ly/3KUsnfe, behauptete

III. Humor bei Gericht

meistert, folgt üblicherweise rege Korrespondenz zwischen den Beteiligten.

Bereits in dieser frühen Phase des Verfahrens können von den Prozessparteien die Weichen in Richtung eines humorvollen Fortgangs gestellt werden. Begründet etwa der Berufungskläger seinen [hier: abwegigen] Anspruch in Reimform,[91] könnte die Antwort des Gerichts (nach Rücknahme der Klage) so ausfallen:

„Die Richter in Mannheim haben beschlossen: | Die Kosten muss wieder der Kläger tragen. | Wer Rechtsmittel zurücknimmt, darf da nichts sagen. | 5.000 Mark wert ist in der Berufung der Streit. | Hierzu braucht es auch keine Begründung lang und breit: | Tausend sind zwar zu wenig, doch eine Million viel zu viel. | Krankenkassenbelange – nur Mut! – sind ohne Rolle im Spiel. | Das Interesse des Klägers scheint recht so gewichtet, | und damit ist dies unanfechtbar geschlichtet. | Beendet ist das Verfahren gegen das Land | um den Vollzug eines Aktes mit Rechtsbestand."[92]

---

der Kläger, der Satan und dessen Mitarbeiter hätten sein Leben durch teuflische Machenschaften ruiniert und ihn dadurch in seinem verfassungsmäßig verbrieften Recht auf Streben nach Glück verletzt. Bezirksrichter Weber wies das Prozesskostenhilfegesuch unter Verweis auf die fehlende örtliche Zuständigkeit zurück: „Die Klage enthält keine Behauptung über einen Wohnsitz in diesem Bezirk. [Es gibt lediglich] einen inoffiziellen Bericht über einen Prozess in New Hampshire, in dem [Satan] als Kläger eine Klage auf Zwangsvollstreckung einer Hypothek eingereicht hat [Anm. T. Z.: Gemeint ist die Kurzgeschichte „The Devil and Daniel Webster" von *Stephen Vincent Benét* aus dem Jahr 1936]. In jener Sache [erhob der damalige Beklagte] die Einrede, dass der Kläger ein ausländischer Fürst ist, der nicht berechtigt sei, vor einem amerikanischen Gericht zu klagen. [...] Aus den genannten Gründen müssen wir [...] den Antrag [engl.: *prayer*] des Klägers auf Prozesskostenhilfe zurückweisen." Näher zu dieser (und weiteren) irren Entscheidung(en) *Lebovits*, The Devil's in the Details For Delusional Claims, New York State Bar Association Journal 75 (October 2003), 64 ff., (wobei „ff." hier seltsamerweise auf die Seiten 60 und 61 verweist), bit.ly/3CY5jKo.

[91] Konkret: In einem Berufungsverfahren wegen der Androhung einer Ersatzvornahme hatte der Kläger die Begründung in Gedichtform verfasst. Darin hatte er u. a. zur Bestandskraft der Grundverfügung („Rechtsbestand") und zum Streitwert (Millioneninteresse des Nachbarn; Eigeninteresse [„Tausend"]; Kostenschätzung der „Kreiskasse") vorgetragen.

[92] VGH Baden-Württemberg, VBlBW 1985, 434; stilkrit. *Walter*, Kleine Stilkunde für Juristen, S. 182 („Julklapp-Niveau").

Wichtig ist allerdings, das Antragsgedicht möglichst ohne Beleidigungen abzufassen. Vergreift man sich im Ton („Die Richterin […] mit ihrem Engelsgesicht | in Wahrheit die wüste Tochter des Teufels ist"), kann es passieren, dass das Gericht nicht mitzieht, respektive in aller Humorlosigkeit mit der Verurteilung zu einer Geldstrafe in Höhe von 900 EUR antwortet.[93]

Jenseits solcher Stilfragen sollte bei der Vorkorrespondenz ein gewisses Augenmerk auf die Vermeidung dummer Anträge und quantitativer Exzesse gelegt werden. Anderenfalls ist auf der Richterbank schnell Schluss mit lustig. Die Neue Juristische Online-Zeitschrift dokumentiert dazu einen Hinweisbeschluss des Amtsgerichts Offenbach a. M. vom 22.4.2002:[94]

„Die Parteien werden darauf hingewiesen, dass dieses absolut ätzende ‚Horrorverfahren' bereits seit mehr als 1½ Jahren das *AG* beschäftigt und sämtliche Dimensionen eines amtsgerichtlichen Verfahrens sprengt; der Umfang von bisher 240 Seiten übersteigt schon ein normales OLG-Verfahren; die Parteien reichen ständig neue Schriftsätze ein, insoweit steht es inzwischen 16:11 für den Kl[äger]. Dadurch wird dem *Gericht* jede Möglichkeit einer endgültigen, zeitaufwendigen Durcharbeit dieser entsetzlichen Akte und für die Absetzung einer Entscheidung genommen.

Da die Sache nun wahrlich exzessiv ausgeschrieben ist, wird höflich darum gebeten, von weiteren Schriftsätzen Abstand zu nehmen, mit Ausnahme von konstruktiven Vergleichsvorschlägen, die allein noch sinnvoll wären. …"

---

[93] Vgl. die Meldung „Richter-Beleidigung in Reimform: Revision eingelegt" v. 16.2.2018, Becklink 2009096. In einem vergleichbaren Fall entging die Staatsanwaltschaft Augsburg – diese hatte den Beschuldigten in der Anklageschrift als „Arschloch" tituliert – misslichen Konsequenzen nur deshalb, weil die Sache restlos und überzeugend aufgeklärt werden konnte: „Versehentlich sei eine vorläufige Version ausgedruckt und zugestellt worden." (Spiegel-Online-Meldung „Landgericht verschickt Anklageschrift mit ‚Arschloch'-Vermerk" v. 9.9.2008, bit.ly/3qiFtcE).

[94] NJOZ 2005, 185; ebenfalls abgedruckt bei *Bauer*, Recht kurios, S. 200 f. Ob es den zitierten Beschluss in dieser Form wirklich gegeben hat, ist allerdings zweifelhaft (näher dazu S. 167 f.).

Vergleichbare Reaktionen sind auch aus dem Ausland überliefert. Der am Insolvenzgericht in San Antonio (Texas) tätige US-Bundesrichter Leif Clark hat einen „Antrag des Beklagten auf Freistellung von der Antwort auf die Antwort des Klägers auf die Antwort des Beklagten auf den Einspruch gegen die Entlastung" nicht bloß „wegen Unverständlichkeit" zurückgewiesen; der Richter bedient sich überdies eines Zitats aus dem Adam Sandler-Film „Billy Madison":

> „[W]as Sie gerade gesagt haben, ist eines der idiotischsten Dinge, die ich je gehört habe. An keiner Stelle Ihrer weitschweifigen, zusammenhanglosen Ausführung gab es irgendetwas, das auch nur als rationaler Gedanke betrachtet werden könnte. Jeder in diesem Raum ist jetzt dümmer, weil er Ihnen zugehört hat. Ich gebe Ihnen null Punkte, und möge Gott Ihrer Seele gnädig sein."[95]

4. Terminierung

Ist die Sache im schriftlichen Vorverfahren verhandlungsreif geschrieben, terminiert das Gericht die mündliche Verhandlung. Das ist in allen Rechtsgebieten ein rechtspraktischer Drahtseilakt, vor allem da ständig irgendetwas Unvorhergesehenes dazwischenkommt: Fußball,[96] Urlaub,[97] Kindergeburtstag,[98] Weihnachten[99] usw. Eine humorvolle Herangehensweise an die Ter-

---

[95] In re King, Case No. 05-56485-C, Feb. 21, 2006, bit.ly/3CXYPLD. Die Entscheidung beschließt mit diesen Worten: „Die Dechiffrierung von Anträgen wie dem hier vorliegenden vergeudet wertvolle Zeit der Kammermitarbeiter und lädt zu dieser Art von Fußnote ein."

[96] Beachte aber die absurd lebensfremde Entscheidung FG Sachsen, BeckRS 2006, 26022751: „Die Gelegenheit des Prozessbevollmächtigten, ein Spiel der deutschen Fußballnationalmannschaft bei der Weltmeisterschaft im eigenen Land zu besuchen, rechtfertigt nicht die Verlegung des Termins zur mündlichen Verhandlung."

[97] Vgl. OLG Naumburg, BeckRS 2014, 2883. Das gilt vor allem seit Abschaffung der Feriengerichte durch das Gesetz zur Abschaffung der Gerichtsferien v. 28.11.1996 (BGBl. I 1546).

[98] VerfG Brandenburg, BeckRS 2008, 30062.

[99] Zur Errichtung einer Weihnachtshilfskammer für die Dauer von drei Tagen s. BGH, NJW 2000, 1580 m. Anm. *Katholnigg*, NStZ 2000, 443.

minierung erfordert daher ein gewisses Fingerspitzengefühl. Das gelingt nicht immer.

Praxisbeispiel: Der Familienrichter ist ein Clown und terminiert die Sitzung am 11.11. um 11:11 Uhr. Die Beklagte meint: nicht lustig! Das Oberlandesgericht München (!) meint: doch![100] Das Schrifttum ist unsicher: Hohloch findet, eine andere Art der Terminierung wäre wohl besser gewesen („auch im Interesse des Ansehens der Gerichtsbarkeit").[101] Stackmann kann darüber nur lachen, „sofern der zu verhandelnde Streitfall [...] etwas mit Karneval zu tun hat".[102] Das war in dem Streit – es ging um den Unterhalt für ein behindertes Kind – aber schon deshalb nicht der Fall, weil in München niemand „Karneval" feiert (allenfalls „Fasching", aber das ist eine kaum vergleichbare und eher traurige Veranstaltung).[103] Konstruktiv ist die von Schneider erwogene Lösung: Wenn der Richter schon von sich aus eine „Karnevals-Sitzung" veranstaltet, dann könnten die Beklagte und ihr behindertes Kind „am 11.11. um 11.11 Uhr auch mit aufgesetzten Narrenkappen zum Termin erscheinen".[104]

Legt man den Stackmannschen Witz-Maßstab zugrunde, war dieser hier besser: Kommt eine Frau zu Gericht und verklagt den Wetterbericht. Grund: Die Klägerin ist schon alt und fühlt sich durch die Verwendung des Begriffs „Altweibersommer" beleidigt. Einleitend heißt es in der Entscheidung des Landgerichts Darmstadt: „Mit am 2.2.1989, also an ‚Altweiberfastnacht' verkündetem Urteil hat das LG die Klage abgewiesen."[105]

---

[100] OLG München, NJW 2000, 748: „kleiner Scherz".
[101] *Hohloch*, Anm.: Terminierung einer Familiensache auf den 11.11. um 11 Uhr 11, JuS 2000, 498, 499.
[102] MüKo-ZPO/*Stackmann*, 6. Aufl. 2020, § 42 Rn. 38.
[103] Vgl. *Kratzer*, Fasching in und um München – „Es ist gestattet zu lachen", SZ v. 20.2.2020.
[104] *Schneider*, Karnevals-Sitzung, NJW 2000, 708, 709.
[105] LG Darmstadt, NJW 1990, 1997.

III. Humor bei Gericht

5. In der Verhandlung

Ein erfahrener BGH-Richter packt aus: Die mündliche Gerichtsverhandlung ist ein „‚Kammerspiel mit vielen Unbekannten', das vom Situativen lebt. [...] Entscheidend kommt es in einer solchen Situation darauf an, dass man [...] trotz des ernsten Themas gute Stimmung verbreiten und [...] mit Humor reagieren [kann]."[106] Das Landesarbeitsgericht Hamm kommt letztlich zu demselben Ergebnis,[107] musste dafür aber erst in einem alten Buch nachlesen:

„In der mündlichen Verhandlung [...] kann auch für Witz und Humor Gelegenheit sein (vgl. Scheuerle, Vierzehn Tugenden für vorsitzende Richter, 1983, S. 218 ff.)".

Jedenfalls passieren in der mündlichen Verhandlung bei guten Richter:innen und humorvollen Streitparteien die komischsten Sachen; unter Umständen gebietet dann die richterliche Fürsorgepflicht sogar den erdenden Hinweis: „Das Lachen wird Ihnen noch vergehen. Sie werden nach der Verhandlung noch weinen."[108]

Der Verfasser würde gerne saftige Details dazu berichten. Leider gilt das ungeschriebene Verbot der Rekonstruktion der Hauptverhandlung,[109] was so viel bedeutet wie: *What happens in court, stays in court!* Infolge dieser Regel kann später niemand sagen, was wirklich passiert war. Das ist schon im Allgemeinen misslich: Oft stellt die erfahrene Rechtsanwältin bei der Überprüfung ihrer schriftlichen Aufzeichnungen über das, was in der Hauptverhandlung gesprochen worden und im Übrigen geschehen ist, fest, „dass der Tatrichter ausweislich der Feststellungen im schriftlichen [U]rteil an einer *anderen* Hauptverhandlung teilgenommen haben muss."[110] Das heißt im Speziellen: Es gibt keine Quellen. Wer also etwas erleben will, muss selbst hinge-

---

[106] *Mosbacher*, NJW 2017, 1288, 1290.
[107] LAG Hamm, BeckRS 2008, 53988.
[108] Vgl. BGH, WKRS 1960, 11845.
[109] KK-StPO/*Ott*, 8. Aufl. 2019, § 261 Rn. 191.
[110] *Döhmer*, Rekonstruktion der Hauptverhandlung im Revisionsverfahren, SVR 2009, 47, 48.

hen; der Spaß ist kostenlos (vgl. § 169 Gerichtsverfassungsgesetz), solange man sich nur ordentlich anzieht.[111]

6. Im Urteil

Der Glanz einer humorvollen Hauptverhandlung ist flüchtig und lässt sich leider nicht einfangen (s. o.). Wer als humoristischer Richter zu Ruhm und Ehre gelangen will, muss daher sein Können im Entscheidungstext verewigen. Das ist bereits im Hinblick auf die formellen Konventionen nicht einfach.

a) Stilfragen

Eines der größten Hindernisse auf dem Weg zu einem kreativ-humoristischen Urteil ist der gute Urteilsstil (im Gegensatz zum schlechten Urteilsstil). Das 1895 begründete Standardwerk von Meyer-Goßner/Appl (früher Kroschel) zeigt insoweit die Grenzen auf: „Ein gelungenes Urteil zeichnet sich [...] durch einen guten Stil aus. [...] Das erste Erfordernis des Stils ist die Klarheit."[112] Klar, das ist schwierig. Folgendes ist unterhaltungstechnisch denkbar:

aa) Einsatzmöglichkeit

„Klarheit", fährt der Meyer-Goßner/Appl fort, „hängt mit Knappheit eng zusammen. Der Richter soll keine endlosen [...] Schachtelsätze, sondern kurze, leicht verständliche Sätze schreiben."

Das Landesarbeitsgericht Chemnitz nimmt diese Stil-Hürde mit Humor – und erlaubt sich mit dem im Folgenden ungekürzt wiedergegebenen Urteil einen ungeheuerlich-kunstvollen Scherz. Am meisten Spaß hat damit derjenige, der tief Luft holt und die

---

[111] Vgl. S. 69. Generell zur „Kleiderordnung" im Gerichtssaal *Zuck*, NJW 1997, 2092.
[112] *Meyer-Goßner/Appl*, Die Urteile in Strafsachen, 30. Aufl. 2021, Rn. 207–210.

III. Humor bei Gericht

Meyer-Goßner/Applsche Erkenntnismethode beherzigt, dass der „beste Prüfstein, das Satzungeheuer zu erkennen, ist, das Geschriebene langsam sich selbst vorzulesen":[113]

„In Anbetracht dessen, daß die am 25.10.1939 geborene, geschiedene Klägerin seit Oktober 1966 bei der Beklagten als Hortnerin tätig war, ihr am 31.3.1992 zum 30.9.1992 mit Wirkung ab 1.10.1992 eine Änderungskündigung mit dem Angebot einer Weiterbeschäftigung mit 30 Wochenstunden ausgesprochen wurde, sie dies nur unter Vorbehalt annahm und am 14.4.1992 hiergegen Klage erhob, weil der Personalrat nicht ordnungsgemäß gehört sei sowie die Sozialauswahl falsch sei, sie demgemäß beantragt hat, | die Änderungskündigung für ungerechtfertigt zu erklären, und | Abweisung der Klage von der Beklagten beantragt worden ist, | weil die Zahl der zu betreuenden Kinder von 35 auf 20 gesunken sei und entweder eine Hortnerin hätte entlassen werden oder beide auf 30 Stunden hätten herabgesetzt werden müssen und das im Einverständnis des Personalrats geschehen sei, die Beklagte am 12.1.1993 Berufung gegen das am 23.12.1992 zugestellte, der Klage wegen unzureichenden Vortrags zur Anhörung des Personalrats stattgebende Urteil des Arbeitsgerichts eingelegt und am 11.2.1993 – nach Verlängerung der Frist bis zum 12.3.1993 – begründet hat unter Wiederholung ihres Vorbringens nunmehr beantragt, | unter Abänderung des angefochtenen Urteils, die Klage abzuweisen, und | Zurückweisung der Berufung von der Klägerin beantragt wird, | weil die Sozialauswahl falsch sei, da sie ältere Rechte als die erst seit 13 Jahren beschäftigte 32 Jahre alte Kollegin habe, war nach Beweiserhebung durch Vernehmung der Personalrätin Zeugin B. zu entscheiden, daß die Klage unbegründet ist, nachdem auf Grund der Beweisaufnahme feststeht, daß die Personalratsanhörung rechtzeitig, vollständig und deshalb ordnungsgemäß war, der starke Rückgang der Kinderzahl eine Herabsetzung der Betreuungskräfte auch aus Kostengründen erforderlich machte und nach der Bedarfskündigungsregelung des Einigungsvertrages Anlage I Kapitel XIX Sachgebiet A Abschnitt III Nr. 1 Abs. 4 Nr. 2 bis zum 31.12.1993 eine Herabsetzung der Arbeitskräfte im öffentlichen Dienst erleichtert möglich ist, diese Regelung auch für die Änderungskündigung gilt und § 1 KSchG ersetzt sowie eine gleichmäßige Herabsetzung der Arbeitszeit für beide Hortnerinnen einer vernünftigen Auswahl und Regelung entspricht, zumal die Klägerin zwar älter und länger beschäftigt, die Kollegin aber verheiratet ist und zwei Kinder hat, so daß unter Aufhebung des angefochtenen Urteils die

---

[113] *Meyer-Goßner/Appl*, Die Urteile in Strafsachen, Rn. 210.

Klage mit der Kostenfolge des § 91 ZPO abzuweisen und die Revision nicht zuzulassen war, da es sich um einen besonders gelagerten Einzelfall handelt, und folglich nur auf die Nichtzulassungsbeschwerde des § 72a ArbGG hinzuweisen ist."[114]

Die Redaktion der Zeitschrift „Betriebsberater" hat den Urteilsabdruck mit einer Anmerkung versehen:

„Die Besonderheit dieser Entscheidung besteht darin, daß sie lediglich aus einem Satz besteht. Damit hat sich der zum 30.4.1993 *erneut* in den Ruhestand tretende Präsident des LAG Chemnitz, *Dr. Neumann*, einen lang gehegten Wunsch zum Ende seiner langen Richter-Laufbahn erfüllen können, daß es auch hierzulande (entsprechend den französischen Urteilen) möglich ist, ein Urteil in einem Satz zu fassen."

bb) Epik

Weiter heißt es im Meyer-Goßner/Appl: „Die Ausdrucksweise des Richters soll schlicht und würdig sein, frei von Ziererei, Schwulst, Ironie und tönendem Wortschwall, von niedrigen mundartlichen Ausdrücken [und] von scherzhaften Wendungen."[115] Auch das macht die Angelegenheit für humoristische Urteilsverfasser nicht einfacher. Beispiele:

(1) Krimi

Gerichtsurteile sollen nach Ansicht Stilkundiger beim Leser möglichst auch Spannung erzeugen.[116] Die von echten Könnern formulierten Sachverhaltsfeststellungen zu einem Kriminalfall im Drogenmilieu können deshalb zum Beispiel so formuliert sein:

„North Philly, 4. Mai 2001. Officer Sean Devlin, Sondereinsatzkommando, arbeitete in der Morgenschicht. Verdeckte Überwachung. Die Nachbarschaft? So hart wie ein Drei-Dollar-Steak. Devlin hatte es

---

[114] LAG Chemnitz, BB 1993, 941.
[115] *Meyer-Goßner/Appl*, Die Urteile in Strafsachen, Rn. 214.
[116] *Möllers*, Juristische Arbeitstechniken und wissenschaftliches Arbeiten, 8. Aufl. 2016, § 4 Rn. 30 m.w.N.

III. Humor bei Gericht 103

einfach im Gefühl. Fünf Jahre auf Streife, neun Monate bei der Sondereinheit. Er hatte fünfzehn, zwanzig Drogenrazzien in der Nachbarschaft gemacht.

Devlin entdeckte ihn: ein einsamer Mann an der Ecke. Ein anderer näherte sich. Ein kurzer Wortwechsel. Übergabe von Bargeld, Rückgabe von kleinen Gegenständen. Dann ging jeder Mann schnell seiner Wege. Devlin war sich sicher, dass der Mann keine Token für den Bus kaufte. Er gab über Funk eine Beschreibung durch und Officer Stein nahm den Käufer fest. Und tatsächlich: drei Beutel Crack in der Tasche des Mannes. Fahr in die Stadt und nimm ihn fest. Ein ganz normaler Tag im Büro. […]"

Das liest sich sehr spannend, und man würde gerne erfahren, wie der Arbeitstag von Officer Devlin weitergegangen ist. Das Beispiel stammt übrigens vom höchsten Gericht der USA, dem Supreme Court.[117] In Deutschland gelten indes andere, nämlich die Meyer-Goßnerschen Maßstäbe. Für den Versuch einer Strafkammer des Landgerichts Bochum, das Urteil über einen Raubmord in Form eines Kriminalromans zu erzählen,[118] hatte der 4. BGH-Strafsenat (Vorsitz: Meyer-Goßner) entsprechend kein Verständnis:

„Urteilsgründe haben weder lustig noch satirisch zu sein. Eine einem Kriminalroman nachempfundene Erzählform ist weder mit der Würde des Gerichts vereinbar, noch wird sie der Tragik des abgeurteilten Kapitalverbrechens gerecht."[119]

Dabei waren die beanstandeten Urteilspassagen vielleicht etwas geschwätzig, ansonsten aber dank des Spannungsbogens gut lesbar und im Übrigen weitgehend harmlos (jedenfalls im Vergleich zu den Produkten der BGH-Kollegen vom United States Supreme Court). Der Anfang der Bochumer Geschichte, der vom Bundesgerichtshof als besonders unwürdig gescholten wird, liest sich so:

---

[117] Pennsylvania v. Dunlap, 129 S. Ct. 448 (Oct. 14, 2008), bit.ly/3QqfrPq.
[118] LG Bochum, Urt. v. 23.12.1997 – 7 Ks 30 Js 53/97 (unveröff.).
[119] BGH, BeckRS 1998, 5725; gegen diese Vorgehensweise NK-StPO/*El-Ghazi*, 2023, § 267 Rn. 20: „Die Revisionsgerichte dürfen den Tagerichten keine Lektion in Sachen ‚Schreib- und Stilkunde' erteilen; ihre Aufgabe ist [nur] die Kontrolle der Gesetzesanwendung."

„Am 10. Oktober 1996 gegen 13:00 Uhr wurde in H.-W. der Juwelier S. hinterrücks erstochen. Der Täter entkam unerkannt. S. beschrieb ihn noch am Tatort als Mann türkischer Herkunft, etwa 30 Jahre alt. [...] Kurz darauf verstarb der Juwelier an den Folgen der Stichverletzung.

Die Kriminalpolizei nahm fieberhafte Ermittlungen auf. Sie sicherte die Spuren am Tatort, überprüfte Hinweise der Bevölkerung und ging jedem [...] Verdacht nach. Doch mehr als 3 Monate vergingen und alle Spuren verliefen im Nichts. Eine Ergreifung des Täters erschien immer unwahrscheinlicher.

Da meldete sich ein junger Türke bei der Polizei. Er versprach, gegen angemessene Belohnung sachdienliche Angaben zum Mordfall S. machen zu können.

Dieser Mann war der Angeklagte K."

Auch die Beschreibung des eigentlichen Tatvorgangs missfiel dem Bundesgerichtshof:

„Der Angeklagte hielt sich nun schon geraume Zeit im Geschäft des Juweliers S. auf. [...] Nun war es Zeit, an die Ausführung der geplanten Tat zu denken. War der Juwelier erst tot, dann würde er ungehindert Schmuck und andere Wertsachen an sich bringen und später verkaufen können. Von dem Geld [...] ließen sich die drückenden Schulden abbauen, fällige Kreditraten könnte er begleichen. Seine ihm zürnende Ehefrau könnte er versöhnlich stimmen, wenn er ihr [...] das eine oder andere schöne Stück aus der Beute zukommen ließ. Endlich auch könnte er sich jenen großzügigen Lebensstil leisten, den er schon lange glaubte, sich schuldig zu sein.

Welche dieser Gedanken K. durch den Kopf gingen, mag niemand bis auf ihn selbst zu sagen. Die Verlockungen des Geldes müssen jedoch so verführerisch gewesen sein, daß sie den ängstlichen kleinen Mann zu dem befähigten, was er dann in Angriff nahm.

[...] Er faßte sich ein Herz, ergriff das mitgeführte Messer und stach es dem Juwelier mit großer Wucht bis ans Heft in den Rücken. [...] Doch dann entwickelte sich das Geschehen anders, als der geltungssüchtige überhebliche Mann sich den Ablauf eines perfekten Verbrechens vorgestellt haben mag. S. brach nicht mit einem leisen Seufzer zusammen, er war nicht auf der Stelle tot, er vermochte noch, sich aufzurichten, sich umzudrehen, vielleicht gar seinem Mörder ins Gesicht zu schauen.

III. Humor bei Gericht 105

Aller Mut, der den Angeklagten so beherzt hinterrücks auf sein Opfer hatte einstechen lassen, wich nun von ihm. Er nahm die Beine in die Hand und ergriff, ohne noch an die im Ladenlokal lagernde kostbare Beute zu denken, die Flucht.

Einen Mann, dem ein Messer im Rücken steckt, übersieht man nicht und wer in Todesangst um Hilfe ruft, wird auch gehört.

Der Gemüsehändler C. stand bei den Auslagen vor seinem Geschäft, als er aus der Richtung des gegenüberliegenden Ladenlokals seines Freundes S. Hilferufe hörte und kurz darauf sah, daß dem Juwelier ein Messer im Rücken steckte. [...]"

K. wurde letztlich wegen Habgiermordes in Tateinheit mit versuchtem Raub mit Todesfolge zu lebenslanger Haft verurteilt. Als Inspirationsquelle für seine literarisch ambitionierte Darstellung hatte dem Landgericht vermutlich der Angeklagte selbst gedient. Der Mann war vom „Typus eines pseudologen Phantastikers" und hatte vor seinem freiwilligen Auftritt bei der Polizei offenbar den 1995er-Filmhit „Die Üblichen Verdächtigen" studiert. K. glaubte tatsächlich, der Polizei den Gemüsehändler C. „als Täter aufschwatzen und dafür auch noch eine saftige Belohnung kassieren zu können"; er selbst, so dachte K., werde nicht in Verdacht geraten, weil die Polizei denken müsse „niemand könne so dumm sein, sich selbst ans Messer zu liefern". Falsch gedacht. Im Unterschied zum unzuverlässigen Erzählgenie Keyser Söze aus den „Üblichen Verdächtigen" fehlte K. nämlich „die Fähigkeit, wie sie etwa Schachspielern eigen [ist], mehrere Züge vorauszudenken." Entscheidender Fehler während der Vernehmung durch die Kripo: Bei seiner mit Täterwissen gespickten Schilderung der angeblich von C. begangenen Tat war K. versehentlich „immer wieder [...] in die Perspektive eines Ich-Erzählers gewechselt."

(2) Märchen

Unbeanstandet geblieben ist die 1960 vom Amtsgericht Idar-Oberstein märchenhaft schön erzählte Geschichte vom tragischen

Tode Gretchens.[120] Tatbestand und Entscheidungsgründe des milden Urteils – Verurteilung der Missetäter zur Zahlung von Schadensersatz in Höhe von 2,25 DM – kommen ohne jeden §§-Firlefanz aus:[121]

„Es war einmal eine Schildkröte, die hieß Gretchen. Sie lebte zuletzt bei den Eheleuten B. in Idar-Oberstein auf Ezenichs Buckel. Der Ehemann B. hatte Gretchen gekauft. Während er arbeiten ging, überließ er Gretchen seiner Ehefrau. Eines Tages wurde Gretchen vermißt. Alles Suchen blieb vergeblich, bis der Nachbar L. sich meldete und sagte, die Schildkröte sei in seinen Garten eingedrungen. Gretchen war nun zurück, aber die Freude der Eheleute B. hielt nicht lange an. Der Nachbar L. nannte Gretchen ein Reptil, das in seine Endivien-Einpflanzung eingefallen sei. Gar schrecklich habe Gretchen dort gehaust. Sage und schreibe 200 Endivienpflänzchen habe das böse Tier verschlungen. Die Eheleute B. müßten ihm den entstandenen Schaden ersetzen. Er wolle jedoch nicht 200 Endivienpflanzen vergütet erhalten, sondern stelle nur 100 in Rechnung. Eine Pflanze habe einen Wert von 45 Pfennigen gehabt. Da die Eheleute B. den Schaden nicht anerkannten, ging man zu Gericht. Nachbar L. wiederholte seine Forderung und bat den Richter, | die Eheleute B. zur Zahlung von 45,– DM zu verurteilen.

Die Eheleute B. ihrerseits sprachen die Bitte aus, | der Richter möge die Klage abweisen. [...]

Der Ehemann sagte, es sei ausgeschlossen, daß Gretchen so viele Endivien in einer Nacht habe fressen können.

---

[120] AG Idar-Oberstein, Schieds-Urteil v. 9.6.1960 – 3 C 491/59 (unveröff.).
[121] Obacht! Das Weglassen von §§ bzw. die Fallentscheidung ohne Gesetz ist ein gefährlicher juristischer Stunt, dessen Gelingen größte Erfahrung voraussetzt. Zuletzt ist das 2008 dem OLG München gelungen (NJW-RR 2009, 242): In dem verzwickten Rechtsstreit eines Autobesitzers gegen seine Kfz-Werkstatt wegen angeblich schlampiger Reparaturarbeiten hat das Gericht dem Kläger statt der begehrten 36.808,88 € nur (aber immerhin) 1.463,34 € zugesprochen – ohne zur Begründung des Anspruchs wenigstens einen einzigen Paragrafen heranzuziehen. Vor Nachahmung werden angehende Assessoren in der Ausbildungsliteratur dringend gewarnt: „Wenn Sie das Examen hinter sich haben, können Sie sich so was auch erlauben. Vorher eher nicht." (*Kaiser*, Aktuelle examensrelevante Rspr. zum materiellen Zivilrecht aus 2009, 31.12.2009, S. 6, bit.ly/3ehycXD).

III. Humor bei Gericht 107

Das Gericht konnte den Streit nicht ohne die Vernehmung von Zeugen und Einholung eines Gutachtens von einem berühmten Gelehrten entscheiden:

Es vernahm zu der Frage, wie lange Gretchen sich dem unerlaubten Genuß fremden Gemüses hingegeben hatte, die Ehefrau Ba. und wie die Endivien des Nachbars L. aussahen, nachdem das Reptil in seinen Garten eingefallen war, den Gärtner H. Schließlich bat es den Direktor des Zoologischen Gartens in Frankfurt a. M. um Auskunft, von wie vielen jungen Endivienpflanzen eine handgroße Schildkröte binnen 24 Stunden das sogenannte Herzstück der Pflanzen herausfressen kann.

Nachdem alles dies geschehen war, wußte das Gericht […], daß Gretchen nur einen Tag und nicht mehrere Tage in Nachbar's Garten war. Es wußte auch auf Grund der Auskunft des Gelehrten, daß Gretchen unmöglich 100 Endivienpflanzen in einer Nacht gefressen haben konnte. […]

Der Richter vermochte daher nicht der Bitte des Nachbars L. zu entsprechen und die Eheleute B. zu Zahlung von 45,– DM, das heißt des Ersatzes von 100 Endivienpflanzen, zu verurteilen. Da Gretchen aber ganz sicherlich die eine oder andere Pflanze angenagt hat, – es mögen wohl fünf gewesen sein – müssen die Eheleute B. 2,25 DM an den Nachbarn L. zahlen. […]

Im Übrigen war die Klage abzuweisen. […]

Auf die Frage, ob Gretchen, wie die Eheleute B. sagten – wohl aus Kummer über die teuren Endivien – inzwischen gestorben ist, kam es nicht mehr an. Wenn Gretchen nicht gestorben ist, so lebt sie noch heute."

(3) Parabel

Das Amtsgericht Leverkusen hat 2020 ein Parabel-Urteil gefällt. Sachverhältig war eine Anwaltsrechnung in Höhe von 226,10 €, die die Beklagte nicht bezahlen wollte; die Kostennote erschien ihr unangemessen hoch, weil der Anwalt nur so kurz an der Sache gearbeitet hatte. Dem Gericht erschien aber nur die Zahlungsverweigerung unangemessen, was es so begründete:

„Es kam einmal ein chinesischer Kaiser zu einem Maler in einem Bergdorf und bat ihn darum, ihm einen Hahn zu malen. Der Kaiser reiste weiter und kam nach 30 Jahren wieder in das Dorf. Da erinnerte er sich an den Auftrag und fragte den Maler nach dem Bild. Der setzte sich hin, nahm ein Blatt und malte mit wenigen Pinselstrichen einen wunderschönen Hahn. ‚Wieviel kostet das?', fragte der Kaiser. ‚Drei Goldstücke', antwortete der Maler. ‚Findest Du das nicht ein wenig zu viel für fünf Minuten Malerei?'. Da sprach der Maler: ‚Edler Kaiser, Du hast nur die fünf Minuten gesehen. Aber bedenke, dass ich 30 Jahre lang geübt habe für diesen Hahn.'

So verhält es sich auch mit der Vergütung des Rechtsanwalts, welcher nicht für die Zeit der Beratung, sondern die Inanspruchnahme seines Wissens angemessen vergütet wird."[122]

Das Urteil überzeugt im Stil und in der Sache.[123] Zu ergänzen ist lediglich, dass Anwälte nicht notwendigerweise für ihr „Wissen" vergütet werden. Unter Umständen können sie auch für ihr Nichtwissen Vergütung beanspruchen, das heißt Schweigegeld verlangen.[124] Wenn zum Beispiel vor dem Landgericht Saarbrücken um 13.157,60 DM gestritten wird und der Anwalt der siegreichen Partei im Prozess kein Wort sagt, darf er anschließend der Gegenseite, die die Anwaltskosten tragen muss, für die „Erörterung der Sache" eine Gebühr in Höhe von 735 DM in Rechnung stellen.[125]

---

[122] AG Leverkusen, NJW-RR 2020, 876.

[123] Die Bezahlung von Anwälten richtet sich nicht nach dem Aufwand, sondern nach den Streitwert-abhängigen Mindesttarifen des Rechtsanwaltsvergütungsgesetzes (RVG). Beispiel: Hat das Finanzamt einem Rentner versehentlich einen um 238 Mio. € zu hoch angesetzten Steuerbescheid geschickt und den Betrag – trotz Einspruchs – von dessen Konto abzubuchen versucht, kann der dann eingeschaltete Anwalt dem Finanzamt wegen des hohen Streitwerts für seinen dreiseitigen Beschwerdebrief nach RVG 2,3 Mio. € in Rechnung stellen (dazu *Klein*, Tippfehler im Finanzamt Sankt Augustin wurde teuer, General-Anzeiger-Online v. 2.7.2005).

[124] Für die Mafia tätige Strafverteidiger können sogar *nur bei Nichtwissen* Honorar verlangen, § 261 Abs. 1 Satz 3 StGB.

[125] OLG Saarbrücken, BeckRS 2010, 19432.

III. Humor bei Gericht

cc) Lyrik

Früher gab es eine gewisse Tradition gereimter Richtersprüche.[126] In Köln ist diese, wenig überraschend, nie untergegangen.[127] Wie aber steht es im modernen Rechtsstaat um dieses Rechtshumor-Genre?

(1) Gerichtswürde

Dazu nochmal Meyer-Goßner/Appl: „Urteile in Gedichtform abzufassen ist mit der Würde des Gerichts nicht zu vereinbaren."[128] Diese Ansicht erscheint allerdings nicht zwingend; „denn es ist in keinem Gesetz verleimt, daß immer ein Urteil sei ungereimt."[129] Es wird daher auch die entgegengesetzte Ansicht vertreten – zum Beispiel vom Amtsgericht Lahnstein. In einem jedenfalls für Nicht-Lahnsteiner etwas seltsam anmutenden Urteil aus der Vor-Karnevalswoche 1985,[130] das einen rufmörderischen Vorfall bei der berüchtigten Schlauchboot-Regatta auf der Lehner Kirmes zum Gegenstand und die damit im Zusammenhang stehende Frage zu klären hatte, ob die Bezeichnung eines bestimmten Lokals als „Sex- [oder vielleicht auch: Sechs-]Memmen-Tempel" auf die „Anzahl der Brüste" bzw. die „Sechs-Arschbacken" dreier „wohlgeformter Töchter" des ehemaligen Kneipen-Pächters zurückzuführen sei, heißt es beiläufig:

---

[126] Nachw. bei *Beaumont*, Vom Amtsschimmel zum Pegasus – die Sprache des Rechts in Vers und Reim, NJW 1990, 1969.
[127] Vgl. nur LG Köln, DNotZ 1970, 310 Ls.: „‚Jupp' für ‚Josef' in des Einkaufmanns Firmennamen ins Register einzutragen, liegt in des Gesetzes Rahmen." (Die gesamte Entscheidung ist in Reimform abgefasst; abrufbar unter bit.ly/3cIRAwt).
[128] *Meyer-Goßner/Appl*, Die Urteile in Strafsachen, Rn. 217.
[129] So *Beaumont*, Gesetz und Recht – in Vers und Reim, NJW 1989, 372 (der aber den unrichtigen Eindruck vermittelt, es handele sich um ein Zitat aus einem OLG-Urteil).
[130] Zur Berechnung der Karnevalstage instruktiv ArbG Köln, BeckRS 2019, 9784.

„(Der Richter meint, noch ganz zum Schluß, | Justitia nicht nur ernst sein muß. | Auch ein Urteil in Versen kann sie ertragen, | zumal so kurz vor den ‚tollen Tagen')"[131]

Im Folgenden werden außer dem Hinweis auf die Gerichtswürde weitere Einwände gegen Reimurteile erörtert.

(2) Menschenwürde

Unantastbar ist jedenfalls die *Menschen*würde (Art. 1 Absatz 1 GG). Inwiefern *diese* durch ein gereimtes Urteil beeinträchtigt wird, hat bereits 1956 das Oberlandesgericht Karlsruhe ausführlich untersucht.[132] Dabei ging es um eine Berufungsentscheidung des Landgerichts Baden-Baden zum beleidigungsrechtlichen Vergeltungsschlag nach § 199 StGB,[133] bei der es wiederum um den dort wie folgt festgestellten Sachverhalt ging:

---

[131] AG Lahnstein, Urt. v. 11.2.1985 – 2 C 637/84 (unveröff.); Tatbestand und Entscheidungsgründe sind vollständig in Versform gefasst.

[132] OLG Karlsruhe, Urt. v. 26.4.1956 – 2 Ss 27/56, NJW 1990 [sic!], 2009.

[133] Die Kenntnis der Retorsionsnorm gehört auch zum nützlichen Examenswissen. *Bauer*, NZA-Beil. 2011, 151, 154, berichtet dazu „eine wahre Geschichte aus [s]einer Zeit an der Universität Freiburg": „Im Wintersemester 1971/72 hatte ein Kandidat […] das Pech, in der mündlichen Prüfung im Öffentlichen Recht auf den gefürchteten Prüfer M. B. zu stoßen. Dieser fand die Antworten zu seinen Fragen wenig überzeugend, was in folgender Bemerkung gipfelte: ‚Ich frage mich, wie Sie es überhaupt in die mündliche Prüfung geschafft haben!' Darauf antwortete der Prüfling […]: ‚Und ich habe Ihre Habilschrift ‚Die Mineralölfernleitungen' gelesen und mich gefragt, wie Sie sich überhaupt habilitieren konnten.' Das sardonische Lächeln des Prüfers erstarrte, während der noch renommiertere mitprüfende Strafrechtler H[ans]-H[einrich] J[escheck] lakonisch meinte: ‚Ein klassischer Fall der in der Regel für beide Seiten straffreien wechselseitig begangenen Beleidigungen nach § 199 StGB.' Die Gesamtexamensnote des Kandidaten fiel übrigens durchaus ordentlich aus, weil die schlechte Note im Öffentlichen Recht durch wohlwollende Benotung in den anderen Fächern ausgeglichen wurde." [Anm. *T. Z.*: Das Werk „Die Mineralölfernleitungen, 1962" von *Martin Bullinger* ist nicht dessen Habilitations*schrift*, sondern nur die Schriftfassung des Habilitations*vortrags*.]

III. Humor bei Gericht 111

„Nach heftigem Streit [äußerte die Angeklagte] laut und barsch: Leck mich am A … ." Die Privatklägerin, voller Empörung, hatte daraufhin die Tür „aufgeklinkt" und entgegnete sogleich: „Mein A … nicht stinkt, doch dem wo sein A … riecht nach üblen Düften, der hänge ihn zum Fenster hinaus zum Lüften."[134]

Auch die Entscheidungsgründe waren in Versform gehalten:

„Wenn eine Beleidigung gleich auf der Stelle | erwidert wird mit des Mundwerks Schnelle, | dann kann es der Richter den beiden gewähren, | kann beide Beleidiger für straffrei erklären. | So tats mit Recht das Amtsgericht, | und so die Strafkammer auch spricht: | Das Wort des Götz von Berlichingen | ist keines von den feinen Dingen, | wenn man dies wechselseitig sagt, | am besten niemand sich beklagt! | Wer stets vom Recht das Rechte dächte | und sich nicht rächte, | dächte rechte. | Die Kostenlast dabei ergibt sich: | StPO-vierdreiundsiebzig."[135]

Zum gereimten Beleidigungsurteil des Landgerichts stellte das Oberlandesgericht fest, dieses stelle seinerseits keine Beleidigung dar:

„Der Persönlichkeitswert der Beteiligten wird […] durch die Reimform nicht berührt. […] Bedenken gegen die Beachtlichkeit des angefochtenen Urteils wegen eines Verstoßes gegen die Menschenwürde können daher aus der Reimform nicht hergeleitet werden."[136]

(3) Akzeptanz gereimter Entscheidungen im Strafrecht

Die reimrechtliche Leitentscheidung des Oberlandesgerichts Karlsruhe hatte Konsequenzen in fast allen Rechtsgebieten, darunter folgendes Strafurteil des Amtsgerichts Höxter:[137]

„Am 3.3.95 fuhr mit lockerem Sinn | der Angeklagte in Beverungen dahin. | Daheim hat er getrunken, vor allem das Bier | und meinte, er könne noch fahren hier. | Doch dann wurde er zur Seite gewunken. |

---

[134] LG Baden-Baden, Urt. v. 19.12.1955 – Ps 7/55 (hier zit. nach OLG Karlsruhe, NJW 1990, 2009; Originalfassung unter bit.ly/3KKiQXS).
[135] Zitiert nach *Beaumont*, NJW 1989, 372.
[136] OLG Karlsruhe, NJW 1990, 2009, 2010; a.A. *Steinberg/Rüping*, „Kumpane" im Gerichtssaal? – Bemerkungen zur stilistischen Fassung von Strafurteilen, JZ 2012, 182, 185.
[137] AG Höxter, NJW 1996, 1162.

Man stellte fest, er hatte getrunken. | Im Auto tat's duften wie in der Destille. | Die Blutprobe ergab 1,11 Promille. | Das ist eine fahrlässige Trunkenheitsfahrt, | eine Straftat, und mag das auch klingen hart. | Es steht im Gesetz, da hilft kein Dreh, | § 316 I und II StGB. So ist es zum Strafbefehl gekommen. | Auf diesen wird Bezug genommen. | Der Angeklagte sagt, den Richter zu rühren: | ‚Das wird mir in Zukunft nicht wieder passieren!' | Jedoch es muß eine Geldstrafe her, | weil der Angeklagte gesündigt, nicht schwer. | 30 Tagessätze müssen es sein | zu 30,- DM. Und wer Bier trinkt und Wein, | dem wird genommen der Führerschein. | Die Fahrerlaubnis wird ihm entzogen, | auch wenn man menschlich ihm ist gewogen. | Darf er bald fahren? Nein, mitnichten. | Darauf darf er längere Zeit verzichten. | 5 Monate Sperre, ohne Ach und Weh, | §§ 69, 69a StGB.

Und schließlich muß er, da hilft kein Klagen, | die ganzen Verfahrenskosten tragen, | weil er verurteilt, das ist eben so, | § 465 StPO."

Der poetische Gehalt der Verurteilung ist umstritten; Bauer mutmaßt, Richter Hohendorf habe sie bei einem Glas Wein verfasst.[138] Aber sie belegt zumindest, dass Reimentscheidungen, entgegen anderslautenden Befürchtungen, selbst von der unterlegenen Partei goutiert werden können. Hier die anwaltlich vorgetragene Reaktion des Bestraften:

„Der Mandant, einerseits zufrieden, | andererseits ein wenig beklommen, | hat den Urteilsspruch vernommen. | Im Hinblick auf die Sach- und Rechtslagen, die allseits bekannten, | und nach Rücksprache mit dem Mandanten | tu ich hiermit kund | für alle in der Rund', | für Staatsanwaltschaft und Gericht: | Rechtsmittel einlegen – tun wir nicht.

(Holle) Rechtsanwalt".[139]

Gereimte Haftbefehle kommen in den Betroffenenkreisen allerdings weniger gut an; darauf deutet zumindest die verhaltene Reaktion auf folgende vom Amtsgericht Darmstadt stammende Begründung eines U-Haftbefehls gegen einen der Verhandlung ferngebliebenen Angeklagten hin:[140]

---

[138] *Bauer*, Recht kurios, S. 224.
[139] NJW 1996, 1163.
[140] AG Darmstadt, Beschl. v. 4.5.2011, bit.ly/3Qd1kwr (Az. n.bek.; wiedergegeben bei MüKo-StPO/*Oğlakcıoğlu*, 2018, § 184 GVG Rn. 8

III. Humor bei Gericht 113

„Der Angeklagte macht Verdruss, | weil er nicht kommt, doch kommen muss. | Und weil er heut ist nicht gekommen, | wird in U-Haft er genommen. | Zu diesem Zwecke nehmen wir | ein Stück Papier, | rot, DIN A4 | und sperren ihn dann sofort ein | ins Staatshotel zu Preungesheim."

(4) Beispiel aus dem Zivilrecht

Auch im Zivilrecht wird gelegentlich gedichtet, beispielsweise vom Amtsgericht Northeim in einer merkwürdigen Entscheidung aus dem Jahr 1995.[141] Zwar sind hier nur die Urteilsgründe in Versform gehalten, aber auch der Sachverhalt ist komisch:

„Der Kl. beruft sich auf einen Schadensersatzanspruch und trägt dazu folgendes vor: Am Sonntag, den 11.9.1994 sei es geschehen, daß sich eine Kuh des Bekl. verselbständigt hatte und […] mehr oder minder verstört herumgeirrt sei. Es habe sich um eine schwarzbunte Kuh gehandelt. […] Für den Kl. und seine Ehefrau sei sofort klar gewesen, daß diese Kuh […] ihrem Herrn offenkundig davongeeilt gewesen sei. […] Der Kl. habe daraufhin die Polizei angerufen und dieser gegenüber sein sonntägliches beunruhigendes Ereignis von der am Wegesrand sich selbst überlassenen Kuh berichtet. Die Polizei habe ihm telefonisch empfohlen, daß er doch so freundlich sein möge, nach Möglichkeit das Tier dingfest zu machen […] [Dann] habe der Kl. bei dem ihm bekannten Ka eine Kuhkette organisiert. Mit dieser Kuhkette sei er zurück […] gegangen, um die streunende Kuh gewissermaßen dingfest zu machen. […] Es sei nun nicht so einfach gewesen, die Kuh zu bändigen. Schließlich sei es ihnen doch gelungen. Die Kuh sei mit vereinten Kräften an die Kette gelegt und die Kette am Pkw des Kl. befestigt worden. Alsdann habe man mit dem Pkw samt der hinten angeketteten Kuh, wie auch unter Zuhilfenahme menschlicher Schubkraft – das Anschieben einer sich weigernden Kuh müsse auch gelernt sein – den Feldweg […] zurückgelegt, wo man erfreulicherweise ohne wesentliche Zwischenfälle den Hof des Bauern K erreicht habe. Der Kl. habe nun gehofft, die inzwischen ihm schon lästig gewordene Kuh loszuwerden. Leider habe der Landwirt K in seinen Stallungen keinen Platz mehr frei gehabt. […] Man habe sich schließlich dahingehend geeinigt, daß die Kuh […] erst

---

Fn. 31). Zur ablehnenden Reaktion auf die Entscheidung in den einschlägigen Kreisen *Behr*, Der Richter als Dichter, FR v. 26.8.2011.
[141] AG Northeim, NJW 1996, 1144.

einmal auf einer nahe [...] gelegenen Rasenfläche angepflockt werden könne. Sie hätten allerdings vergessen, die Kuh rechtzeitig in die Planung mit einzubeziehen. Die Kuh habe etwas dagegen einzuwenden gehabt. [...] Als jedenfalls der Zeuge Ka die Kuh vom Fahrzeug des Kl. [...] habe abbinden wollen, habe diese sich plötzlich wie toll gebärdet. Sie habe ihren Kopf und Oberkörper wild bewegt und mit ihren Hufen in Richtung des Zeugen Ka geschlagen, der sich gerade noch habe in Sicherheit begeben können. Der Pkw des Kl. indessen sei den überraschenden Angriffen der Kuh ausgesetzt worden und habe einiges ertragen müssen. Der Pkw des Kl. sei dabei an einigen Stellen eingebeult worden. Damit sei für den Kl. dieser Sonntag ‚gelaufen' gewesen. [...] Aufgrund einer im Ohr der Kuh befindlichen Ohrenmarke habe man den Bekl. als Halter der Kuh ermitteln können. Er, der Kl., habe dem Bekl. gegenüber seinen Schaden angemeldet. Die Haftpflichtversicherung des Bekl. weigere sich doch, seinen Schaden auszugleichen. [...] Aufgrund der Schadensschätzung betrage der Schaden am Pkw des Kl. 1187,98 DM. Mehr wolle der Kl. auch nicht geltend machen, obschon er, wie er meint, dazu berechtigt sei. Man müsse auch einmal daran denken, daß ihm die sonntägliche Freude jedenfalls für den Rest des Tages gänzlich vergrellt gewesen sei; schließlich habe er, wie er vorträgt, am Sonntag sicherlich etwas Besseres zu tun gewußt, als unnützen Zeitaufwand für eine fremde Kuh zu investieren."

Amtsrichter Menge lässt sich von der Skurrilität der Angelegenheit inspirieren und entscheidet, erstens, sich im Interesse der Gleichberechtigung der Tiere für eine Hommage an die berühmte Brauereigaul-Entscheidung des Amtsgerichts Köln (bei der es ebenfalls um Kühe, Schadensersatz für einen infolge von Huftritten eingeblötschten Pkw und richterliche Dichtkunst ging)[142] und, zweitens, wie folgt:

---

[142] Vgl. AG Köln, NJW 1986, 1266, 1267 f., wo es heißt: „Anläßlich des hier zu entscheidenden Falles bleibt [...] mit Betrübnis festzustellen, daß die Gleichberechtigung der Tiere untereinander in der juristischen Fachliteratur noch nicht hinreichend Berücksichtigung gefunden hat. Insbesondere das Rindvieh wird von den Autoren [...] offensichtlich bevorzugt. Das kann aber rechtlich fürderhin nicht hingenommen werden. Der weiblichen Form dieser Spezies ist sogar nach Heinz Erhardt mit Q ein eigener Buchstabe im Alphabet gewidmet: ‚Die Q ist allgemein betrachtet, | derart beliebt und auch geachtet, | daß einst ein hochgelehrter Mann, | für unsere Q das Q ersann' [...]. Das Brauereipferd ist in der Fachliteratur, soweit ersichtlich, bislang überhaupt noch

III. Humor bei Gericht

Wie man es auch dreht und windet, | die Klage, sie ist nicht begründet. | Zwar hat der Kl., | wie man sieht, | sich redlich um die Kuh bemüht. | Nun ist jedoch in dem Geschehen | nicht zu erkennen und zu sehen, | was der Jurist Geschäfte nennt, | die ohne Auftrag man auch kennt, | wenn sie geführt von fremder Hand, | Gefahr zu bannen, die bekannt | (§§ 677, 680 BGB). | Der Tatbestand läßt deutlich werden, | man macht sich selber oft Beschwerden. | Eine Kuh am Wegesrand, | wiederkäuend sich vergnügend, | sonntäglichen Frieden liebend, | wird vom Kl. hier verkannt. | Wo ist die Gefahr ersichtlich, | die der Kl. hier gerichtlich | festzustellen sich bemüht? | Ach, es ist ein altes Lied! | Die Polizei war informiert, | nur kurzfristig nicht orientiert, | sie hätte aber unumwunden | die Kuh am Wegesrand gefunden, | und Rat gewußt, wie man das Tier | befrieden kann im Felde hier. | Warum nun Pkw und Kette, | warum des Schiebens große Müh? | Dabei gibt es doch ganz nette | Transportgeräte für das Vieh. | Die Kuh, vielleicht mit Namen Liese, | träumte noch von jener Wiese, | wo sie der Kl. aufgespürt, | nun fremdem Hofe zugeführt. | [...] | Sie ist verschreckt, geschockt, verstört | und reagiert, sie ist empört. | Nur deshalb regt sich Kopf und Klaue, | die Kuh hat Angst, daß man sie haue. | Denn alles, was bisher geschehen, | es war nicht gut, es war

---

nicht gewürdigt worden, obwohl schon sein schöner Rücken sowie auch die von ihm gezogene Last einiges Entzücken verdient hätte. ‚Das Sesterpferd heißt Sesterpferd | weil's in die Südstadt sich verfährt', vermag in diesem Zusammenhang noch nicht völlig zu befriedigen. Trotz der offensichtlichen rechtlichen Bevorzugung der Kuh kann das Gericht der Bekl. nicht empfehlen, ihr Fuhrwerk auf den Kuhbetrieb umzustellen. Einmal ließ sich auf einer Konferenz ‚sämtlicher zivilisierter Nationen Europas, sowie Bayerns' (Ludwig Thoma) eine Verordnung zur Einführung eines allgemeinen Kuh-Bier-Kutschenbetriebes politisch nicht durchsetzen. Die Bekl. würde sich auch weiter durch die Benutzung von Milchkühen für ihre Werbung sozusagen selber Konkurrenz machen. [...] Schließlich sprechen auch einige Bedenken gegen die Verkehrstauglichkeit und Verkehrsgängigkeit des Rindviehs insgesamt. Einmal bleibt ein Ochse vor jedem Berge stehen (Simrock, Nr. 7631). Er weist zwar weiter mehr als die erforderliche Zahl von ‚Einrichtungen für Schallzeichen' auf. Er besitzt nämlich zwei Hupen bzw. Hörner (§ 55 StVZO). Diese sind jedoch nicht funktionstüchtig [...]. Daher ist kein echtes Bedürfnis erkennbar, das Rindvieh im Straßenverkehr zu vermehren. Die Einführung einer allgemeinen Betriebserlaubnis für Kühe ist daher bislang weder vom Bundesminister für Verkehr noch vom Bundesminister für Ernährung, Landwirtschaft und Forsten ernsthaft in Erwägung gezogen worden, obwohl letzterem selbst seine Gegner ein negatives Verhältnis zu Ochsen und Kühen nicht nachsagen können."

nicht schön. | Wer kennt die Psyche einer Kuh, | wenn sie aus sonntäglicher Ruh' | auf einen fremden Hof gebracht, | ja, wer kennt da des Rindviehs Macht. | Sie spürte, wie die fremden Stimmen | in ihr Kuhgemüt eindringen, | sie fürchtete nur um ihr Leben, | dies muß man doch der Kuh vergeben! | Deshalb die Tritte und das Weh | am frischpolierten PeKaWe. | Der Kl. hätte nichts verbockt, | hätt' er die Kuh dort angepflockt, | am Wegesrand, am Wiesenrain, | des Nachmittags im Sonnenschein. | Sein Pkw in altem Glanz | wär nicht verbeult, er wäre ganz. | Der Kl. hat, wie's oft passiert, | ein wenig überreagiert. | Er hat es sicher gut bedacht, | als er die Kuh ins Dorf gebracht. | Doch tat ihm dieses gar nichts nützen, | er bleibt jetzt auf dem Schaden sitzen | und muß, das bleibt auch ohne Fragen, | für diesen Fall die Kosten tragen | (§ 91 ZPO)."

(5) Reim und Ernstlichkeit

Noch einmal zurück zum Oberlandesgericht Karlsruhe. Dieses hatte seine Akzeptanz gereimter Entscheidungsgründe noch einer weiteren Einschränkung unterworfen:

„[W]enn die in Reimen abgefaßten Urteilsgründe unter den Lesern [...] überhaupt nicht als ernst gemeinte Begründung einer gerichtlichen Entscheidung in einer Rechtssache aufgefaßt werden können, also die in der Absetzung der Gründe liegende Prozeßhandlung erkennbar nicht ernstlich gemeint ist, sind diese unbeachtlich."[143]

Ein Vierteljahrhundert später nutzte das Landgericht Frankfurt die Gelegenheit zur Konkretisierung dieses Ernstlichkeitsmaßstabs. Im Frankfurter Urteil klagte ein Makler auf seinen Lohn und es ging um die Frage, ob er vor Klageerhebung auch ordnungsgemäß gemahnt hatte; unstreitig war lediglich, dass der Schuldner zuvor eine Rechnung erhalten hatte:

„Bezahlt jedoch habe der Beklagte nicht. | Deshalb habe er an ihn ein Schreiben gericht'. | Darin heißt es unter anderem wörtlich | (und das ist für die Entscheidung erheblich): | ‚Das Mahnen, Herr, ist eine schwere Kunst! | Sie werden's oft am eigenen Leib verspüren. | Man will das Geld, doch will man auch die Gunst | des werten Kunden nicht verlieren. | Allein der Stand der Kasse zwingt uns doch, | ein kurz' Gesuch bei Ihnen einzureichen: | Sie möchten uns, wenn mög-

---

[143] OLG Karlsruhe, NJW 1990, 2009, 2010.

III. Humor bei Gericht 117

lich heute noch, | die unten aufgeführte Schuld begleichen.' | Da der Beklagte nicht zur Sitzung erschien, | wurde auf Antrag des Klägers gegen ihn | dieses Versäumnisurteil erlassen. | Fraglich war nur, wie der Tenor zu fassen. | Der Zinsen wegen! Ist zum Eintritt des Verzug' | der Wortlaut obigen Schreibens deutlich genug? | Oder kommt eine Mahnung nicht in Betracht, | wenn ein Gläubiger den Anspruch in Versen geltend macht? | Die Kammer jedenfalls stört sich nicht dran | und meint, nicht auf die Form, den Inhalt kommt's an. | Eine Mahnung bedarf nach ständiger Rechtsprechung | weder bestimmter Androhung noch Fristsetzung. | Doch muß der Gläubiger dem Schuldner sagen, | das Ausbleiben der Leistung werde Folgen haben. | Das geschah hier! Trotz vordergründiger Heiterkeit | fehlt dem Schreiben nicht die nötige Ernstlichkeit."[144]

Die Entscheidung wurde rechtskräftig[145] – und setzte damit den bis heute gültigen Maßstab für die Ernstlichkeit humoristischer Willenserklärung, zum Beispiel durch Comic-Zeichnungen: Noch im selben Jahr konnte das Amtsgericht Gütersloh befinden, ein mit „Mahnung" betiteltes Schreiben einer Kfz-Werkstatt begründe auch dann rechtswirksam Verzug, wenn es „neben der Abbildung eines pazifistisch eingestellten Soldaten, der offensichtlich als Anhänger der Friedensbewegung den Lauf seines Gewehres mit einer Blume geschmückt hat und seine Dienstzeit damit verbringt, Aktzeichnungen in den Sand zu malen, die Überschrift [enthält]: ‚Die meiste Zeit des Lebens wartet der Soldat vergebens'."[146]

(6) Falsch gereimt

Als bestgereimtes Fehlurteil aller Zeiten gilt gemeinhin die Entscheidung im Oldenburger Schweinemastprozess:[147]

„Tatbestand

Die Klägerin liebt Schweinebraten – | besonders, wenn er billig ist –, | drum hat der Onkel ihr geraten: | ‚Kauf dieses süße Ferkelchen | von

---

[144] LG Frankfurt, NJW 1982, 650 f.
[145] LG Frankfurt, NJW 1982, 1167.
[146] AG Gütersloh, NJW 1983, 1621.
[147] AG Oldenburg, SchlHA 1987, 115.

mir für hundert Märkelchen – | wenn das nicht superbilligist! – | ich mäste es im Koben hier | und du ersetzt das Schrotgeld mir!' | Der Freund, befragt, hält's auch für billig | und einen guten Tip führwar, | und ohne Murren zahlt er willig | zweihundert Mark gleich schon in bar.

Das Ferkelchen bleibt lange klein, | will garnicht gerne schlachtreif sein, | statt nur vier Monat, wie gedacht, | benötigt es beinahe acht. | Ums Schrotgeld nun für diesen Braten | ist man sich in die Haar' geraten. | Für's Angebot, das sie gemacht, | hat sie der Onkel ausgelacht: | ‚Noch zwanzig Mark, das reicht nicht aus, | dann bleibt das Schwein bei mir im Haus. | Ich werd es für mich selber schlachten | und in die Tiefkühltruh' verfrachten!' | so spricht der Onkel, der besagte, | im Rechtsstreit nunmehr der Beklagte. | Gesagt, getan, das fette Schwein, | paßt grad noch in die Truhe rein!

Die Klägerin, nun voller Groll, | beantragt: Der Beklagte soll | ihr gutes Geld ihr wieder geben, | nachdem das Schwein nicht mehr am Leben! | Doch der Beklagte wendet ein: | ‚Die Klag' wird abzuwenden sein. | Den Preis hat mir der Freund entrichtet | und ihm allein bin ich verpflichtet, | und außerdem rechne ich auf | mit meinem Schaden aus dem Kauf! | Viel Arbeit und der Schlachterlohn, | das kost' zweihundert Märker schon.'

Von all den Zeugen, die gekommen | hat das Gericht nur drei vernommen. | Sie wußten alle gut Bescheid | und dienten der Gerechtigkeit.

Entscheidungsgründe

Lang dacht' ich nach und angespannt | und hab' alsdann für Recht erkannt:

Zur Hälfte ist wohl gerade eben* | dem Klagantrag hier stattzugeben.

Die Klägerin war mit dabei, | bei Schweinekauf und -mästerei, | die Geldhingabe nun allein | kann doch wohl nicht entscheidend sein. | Es muß ihr unbenommen bleiben, | das Geld nun wieder einzutreiben (§ 428 BGB).

Sie hat ja auch ein Recht darauf, | weil er erfolglos blieb, der Kauf (§ 812 BGB). | Doch dem Beklagten umgekehrt, | ist es mit Recht dann nicht verwehrt, | zu rechnen auf mit dem Verluste, | den er dabei hinnehmen mußte: | denn Fleischbeschau und Schlachterkosten | das sind ja wohl die beiden Posten, | die eigentlich und immerhin | bezah-

---

* 104 DM.

III. Humor bei Gericht 119

len müßt die Klägerin. | Hätt' die Vertragspflicht sie gewahrt, dann hätte er das Geld gespart."

Für diese dichterische „Glanzleistung" erntete das Amtsgericht Oldenburg im rechtswissenschaftlichen Schrifttum Lob und Anerkennung.[148] Unfreiwillige Pointe: Es hat den Streit trotz des „langen Nachdenkens" eindeutig falsch entschieden. Sympher lobt das Urteil daher zwar für seine besonders klausurgeeignete Formulierung des Tatbestands, äußert jedoch berechtigte Kritik an den Entscheidungsgründen:[149]

„Schade, daß der Schweine-Zwist | nicht berufungsfähig ist. | Wenn man die Sache recht betrachtet, | hat B. der Kläg'rin Schwein geschlachtet (§ 930 BGB) | und hat aus diesem Grunde eben | das Schweinefleisch herauszugeben. | 950 greift nicht ein; | es gilt der Grundsatz: Schwein bleibt Schwein.

Geld gibt's auch sonst nicht, B. steht's zu | für Kauf nebst Dienstvertrag dazu; | er hätt's mit Recht selbst dann kassiert, | wär's Ferkelchen am Schlag krepiert. | Drum wird der Einwand nicht geduldet, | B. habe 'nen Erfolg geschuldet; | im alten Rom schon galt der Schluß, | daß ‚Casum sentit dominus'. | Auch hat B. nicht das Schwein beschädigt (§ 249 BGB), | es ward programmgemäß erledigt; | auch deshalb schuldet B. nur Fleisch."

Zusammengefasst: Das Amtsgericht Oldenburg hatte zwar in zulässiger Weise sehr ansprechend gereimt, aber rechtlich danebengelegen. Derselbe Fehler war dann Jahre später auch dem Arbeitsgericht Detmold in der spektakulären Russenpuff-Entscheidung[150] passiert – nur umgekehrt: Entscheidung richtig, Reimung unzulässig. Hintergrund war ein argumentativ aus dem Ruder gelaufener Prozess um die Kündigungsschutzklage einer Spielhallenmitarbeiterin. Der Ex-Arbeitgeber hatte in der Güteverhandlung erklärt: „Die Klägerin, so wurde mir zugetragen, hat mehrfach sexuelle Handlungen […] in der Spielhalle auf dem Hocker vorgenommen" – und er verwies diesbezüglich auf

---

[148] *Bauer*, Recht kurios, S. 197 („Glanzleistung"); *Walter*, Kleine Stilkunde für Juristen, S. 181 („lässt sich sehen"); *Beaumont*, NJW 1989, 372 („besonders hübsch").
[149] *Sympher*, SchlHA 1987, 131.
[150] ArbG Detmold, NJW 2008, 782. Autor ist mutmaßlich der NJW-Einsender, Arbeitsrichter Hempel.

einen abgetrennten Stoff von dem Hocker, auf dem entsprechende Körperflüssigkeiten sich befinden sollen. Die Gekündigte verlangte daraufhin zusätzlich 3.000 € Schmerzensgeld und Unterlassung weiterer Beleidigungen in einem zweiten Prozess, der schließlich so beurteilt wurde:

„Zum Sachverhalt:

Der Streit entstand, weil der Beklagte | im Rechtsstreit (ArbG Detmold – 1 Ca 1129/06) vorzutragen wagte, | was nun der Klägerin sehr missfällt. | Sie fordert deshalb Schmerzensgeld. | Dass der Beklagte schweigen soll | verlangt sie ferner voller Groll. | Was ist der Grund für ihre Klage? | Nun, der Beklagte hat in X. | einst einen Spielbetrieb besessen. | Die Klägerin ihrerseits indessen | erhielt – als Aufsicht eingesetzt – | für diese Tätigkeit zuletzt | als Stundenlohn, wie man das kennt | nur 7 Euro und 11 Cent. | Oft kamen dorthin manche Kunden | erst in den späten Abendstunden, | um sich – vielleicht vom Tagesstress – | beim Spielen auszuruh'n. Indes | behauptet nunmehr der Beklagte, | dass es die Klägerin dann wagte, | so neben ihren Aufsichtspflichten | noch andere Dinge zu verrichten: | So habe sie sich nicht geniert | und auf dem Hocker masturbiert. | Was dabei auf den Hocker troff, | befände sich im Hockerstoff. | Die Spielbar sei aus diesem Grunde | als ‚Russenpuff' in aller Munde. | Er habe zwar nun dies Geschehen | nicht selbst vor Ort mitangesehen. | Doch hätten Zeugen ihm beschrieben, | was dort die Klägerin getrieben. | [...] | Was die Parteien noch so sagen, | ist in den Akten nachzuschlagen.

Aus den Gründen:

Die Klage – wie die Kammer findet – | ist vollumfänglich unbegründet. | 1. Auch wenn's der Klägerin missfällt: | Es gibt für sie kein Schmerzensgeld; | denn der Beklagte durfte hier | sich äußern, wie er's tat. Dafür | gilt dies hier nur in den Verfahren – | sonst darf er auch nichts offenbaren. | Er hat – um auf den Punkt zu kommen – | insoweit etwas wahrgenommen, | was der, der die Gesetze kennt | ‚berechtigtes Interesse' nennt (vgl. § 193 StGB).

[...] | 2. Auch unbegründet – ohne Frage – | ist hier die Unterlassungsklage. | Die Klägerin hat nicht vorgetragen, | dass der Beklagte sozusagen | nun coram publico beschrieben, | was auf dem Hocker sie getrieben. | Nur im Prozess hat er erklärt, | was jetzt die Klägerin empört. | Das durfte er – wie dargestellt, | womit natürlich das entfällt, | was letztlich Grund der Klage war: | die zu befürchtende Gefahr, | dass der Beklagte überall | herumerzählt den ‚Hockerfall', | bestrebt ist, unter allen Leuten | was man ihm zutrug zu verbreiten."

III. Humor bei Gericht 121

Das Urteil war reimtechnisch ordentlich, aber das übergeordnete Landesarbeitsgericht Hamm mit der Entscheidung trotzdem unzufrieden: Der Detmolder Rechtsspruch verletze den maßgeblichen Karlsruher Grundsatz,[151] wonach Gedichtsurteile keine Beleidigung der Verfahrensbeteiligten enthalten dürfen:

„[D]ie vom Arbeitsgericht gewählte Form des Urteils [ist] als grob unangemessen und damit verfahrensfehlerhaft anzusehen, weil hiermit eine persönliche Herabwürdigung der Klägerin verbunden ist, ohne dass hierfür legitime Verfahrensziele angeführt werden können."[152]

Das nutzte der Klägerin (also der Frau mit dem Hocker) im Ergebnis aber herzlich wenig,[153] weil sie nicht vom Beklagten, sondern nur vom Gericht selbst beleidigt worden war. Dieses wiederum konnte sie ebenfalls nicht verklagen. Denn nach einem anderen maßgeblichen Karlsruher Grundsatz[154] können Richter nicht wegen Beleidigung belangt werden, sofern sie sich nicht zugleich auch einer Rechtsbeugung schuldig gemacht haben.[155] Und nach einem weiteren Karlsruher Grundsatz[156] macht sich ein Richter nur dann einer Rechtsbeugung schuldig, wenn er Justitia (also die Frau mit der Augenbinde, → S. 128) absichtlich mit dem Schwäbischen Gruß beleidigt. Das war im Detmolder Fall aber ausgeschlossen, weil das Gericht ja nur die Frau mit dem Hocker beleidigt hatte.

(7) Die richtige Gedichtssprache

Dichtende Richter müssen schließlich noch die Amts- und Gerichtssprache beachten, also die deutsche (§ 184 Satz 1 Gerichtsverfassungsgesetz und § 23 Absatz 1 Verwaltungsverfahrensgesetz). Fraglich ist, ob nur Prosa Deutsch im Sinne des

---

[151] OLG Karlsruhe, NJW 1990, 2009, 2010.
[152] LAG Hamm, BeckRS 2008, 53988.
[153] Vgl. § 68 ArbGG.
[154] BGHSt 10, 294.
[155] *Steinberg/Rüping*, JZ 2012, 182, 187f.; LG Neubrandenburg, AnwBl 2019, 616.
[156] BGHSt 38, 381.

Gesetzes ist. Diese Interpretation wäre aber zu engherzig.[157] Die Vorschriften meinen nur, dass die Justiz keine Geheimsprache verwenden und mit den Betroffenen nicht „Ich sehe was, was du nicht siehst" spielen darf.[158] In Gerichtsentscheidungen dürfen deshalb auch geläufige Fremdwörter und Fachausdrücke benutzt werden, deren Bedeutung allen normalen Menschen ohne weiteres klar ist,[159] also zum Beispiel „‚Blow-Job' oder ‚Doggy-Style'"[160] sowie die gesamte lateinische Sprache.[161] Aus demselben Grund sind Reimentscheidungen nach zutreffender Ansicht des Finanzgerichts Köln[162] auch unter diesem Gesichtspunkt prinzipiell rechtskonform:

> „Im Vorbescheid ist ‚Vers' als Form | gestattet nach Gesetzesnorm, | denn deutsch ist Sprache des Gerichts | (§ 184 GVG) | und deutsch auch Sprache des Gedichts. | So sprechen in der streit'gen Sache | Gedicht und Spruch die gleiche Sprache."

Irgendwo hört die formelle Rechtmäßigkeit des Spaßes allerdings auf. Mundart und noch Schlimmeres (etwa Friesisch) sind unter dem Gesichtspunkt der Verständlichkeit vielleicht gerade noch akzeptabel.[163] Gewiss rechtswidrig sind hingegen Bußgeldbescheide in einer merkwürdigen Computersprache, zu der man „niemanden finde[t], der das lesen kann."[164] Im Übrigen verläuft die Grenze des Zulässigen ungefähr bei der Entscheidung des Ambtsgerichts Schoeneberg vom 14 um Julii A:D: MCMLXXXIX[165] über „eynen ungezognen hund", der „in

---

[157] Zutr. MüKo-StPO/*Oğlakcıoğlu*, 2018, § 184 GVG Rn. 8.
[158] *Hennemann*, Die Gerichtssprache ist Deutsch oder der Rotlauf der Justiz, NZA 1999, 413.
[159] Vgl. OVG Münster, NJW 2005, 2246.
[160] BGH, FamRZ 2018, 720.
[161] Vgl. *Hennemann*, NZA 1999, 413. Nach BSG, AP GVG § 184 Nr. 1 sind lateinische Begriffe allerdings gar keine Fremdwörter.
[162] FG Köln, EFG 1988, 131.
[163] OLG Oldenburg, HRR 1928, Nr. 392 (str.). Für eine augenzwinkernd im Südstaaten-Slang verfasste US-amerikanische Gerichtsentscheidung s. State v. Knowles, 739 S.W.2d 753 (Mo. Ct. App. 1987), bit.ly/3Rh1YKJ.
[164] AG Hersbruck, NJW 1984, 2426.
[165] AG Schöneberg, NJW 1990, 1972.

nachbaurs garten scheyßt". Nicht einmal Fachleute können mit Sicherheit sagen, um was für ein Kauderwelsch es sich dabei handelt;[166] möglicherweise sind sogar Anleihen beim Vogonischen enthalten.[167] Jedenfalls hatte der Amtsrichter Rittner „in dem rechtsstreyt" wie folgt die Niederlage der Klägerin „verkuendt", die eine einstweilige Verfügung gegen ihre Nachbarin auf Entfernung eines Grenzzauns beantragt hatte:

„als inhaber der abtheylung 16 am Schoeneberger Ambtsgericht, krafft meines ambtes und meiner pflicht […] fuer recht ich folgendes erseh: […] der Antrag auf Erlaß einer einstweiligen Verfügung [wird] zurückgewiesen."

Gründe:

„Eyn kurtzweylig spil von zwo fraw'n | die sich vor gericht thun haun | und dorch merer hau | kament in die hoechste noth | Wer auff dem lande oder in der stadt | eynen hund zu halten hat, | der sey wol darauff bedacht, | daß das thier keyn unru macht, | wer aber hierzu nit bereyt, | der hat nur groz schad und leyt. | […] | Und die moral des spils nun werd kund, | wer sich haltet eynen hund, | der muß in gar wol erziehn, | und auch reychlich gassi gehn, | dann wird das thier verrichten seyn geschefft, | wo es nit den andren nachbaurn trefft."

Über die Hintergründe des merkwürdig formulierten Gedichts kann man nur spekulieren. Vermutlich musste der Richter angesichts des unerträglichen „parteygeczaencks" zweier Besserwisserinnen – „Die parteyen lerer sind, | und lerer habent immer recht, | wenn aber zween irer andrer meynung sind, | so geht das leyder schlecht" – irgendwie seinem Ärger Luft machen.

---

[166] Die NJW-Redaktion vermutet, es handele sich um eine Art „Frühhochdeutsch", *Beaumont*, NJW 1990, 1969, 1970 tippt auf „Altdeutsch in der Orthographie aus der Zeit vor dem Duden", *Steinberg/ Rüping*, JZ 2012, 182, 183 Fn. 9 sehen „Pseudo-Althochdeutsch" am Werk.

[167] Die vogonische Dichtkunst ist bekanntlich die drittschlechteste im Universum, näher *Adams*, Per Anhalter durch die Galaxis, 1981, Kap. 7.

(8) Exkurs: Richterliche Dichtkunst im Rechtsvergleich

Die zentrale Erkenntnis der Rechtsvergleichswissenschaft hat kein Geringerer als F. G. Nagelmann (zu diesem → S. 83) präzise auf den Punkt gebracht: „Manches ist anders, manches genauso!"[168] Das gilt auch für Rechtshumor und Urteilslyrik;[169] insbesondere Gedichtsentscheidungen gibt es anderswo auch.[170]

Besonders lohnend ist ein Blick in die USA, wo man den Deutschen popkulturell und daher auch auf dem Gebiet des Rechtshumors um mehrere Schritte voraus ist. Natürlich gibt es auch in den USA Reimurteile[171] (mitsamt der Kontroverse um deren Statthaftigkeit[172]). Hier zwei populäre Exemplare:

Bundesrichter Jay Cristol vom Bezirksgericht für Konkurssachen in Florida war mit einer aus seiner Sicht „ungewöhnlichen und verwirrenden" gesetzlichen Bestimmung über eine Verfahrenseinstellung vom Amts wegen nach Verstreichen einer 46-Tage-Frist („the case shall be automatically dismissed effec-

---

[168] *Leffers*, Die Welt der Phantome, Spiegel-Online v. 9.4.2009.

[169] Rechtshumorvergleichend *Vorpeil*, Urteilssprache im internationalen Vergleich, NJW 1994, 1925.

[170] Vgl. *Beaumont*, Reim oder Nicht-Reim, JurBüro 1992, 583 (u. a. zu Österreich und Argentinien); eine über alle Instanzen hinweg gereimte schweizerische Strafsache dokumentiert *Delaquis*, Pegasus und die Autofalle – Ein Beitrag zum Automobil-Strafrecht der Gegenwart, ZStrR 42 (1929), 123 ff.

[171] Stilprägend: Wheat v. Fraker, 130 S.E.2d 251 (Ga. Ct. App. 1963), bit.ly/3KL8LKl. Näher *Rüfner*, Richter – schlechte Dichter?, ZEuP 2003, 475 (mit einem weiteren berühmten Beispiel).

[172] Als Reaktion auf ein anzügliches Gedichtsurteil des Bezirksrichters Rome (abgedruckt bei *Hori*, Bons Mots, Buffoonery, and the Bench: The Role of Humor in Judicial Opinions, UCLA Law Review Disclosure 60 [2012], 16, 34) zitierte der Oberste Gerichtshof von Kansas (In re Rome, 542 P.2d 676 [Kan. 1975], bit.ly/3BdOQQV) ein humorloses Machtwort: „Gerichtlicher Humor ist weder gerichtlich noch humorvoll. Ein Rechtsstreit ist für die Beteiligten eine ernste Angelegenheit. Wenn ein Richter seine […] Position ausnutzt, um witzig zu erscheinen, ist das so verachtenswert, wie wenn man einen Mann schlägt, der schon am Boden liegt.").

III. Humor bei Gericht 125

tive on the 46th day") konfrontiert[173] – und sah sich daher zu folgender rechtspolitischer Stellungnahme veranlasst:

„I do not like dismissal automatic, | It seems to me to be traumatic. | I do not like it in this case, | I do not like it any place. | As a judge I am most keen | to understand, What does it mean? | How can any person know | what the docket does not show? | What is the clue on the 46th day? | Is the case still here, or gone away? […]".

Der Oberste Gerichtshof von Pennsylvania musste sich 1993 mit einem Fall von der Sorte „believe it or not" auseinandersetzen:[174] Der allein aus Prinzip geführte Streit drehte sich um den Minderwert eines suboptimal zubereiteten Würstchens in einem Fast Food-Laden. Angesichts des geringen Streitwerts von 2,02 $[175] (Restsumme für ein nicht bezahltes Frühstück im Gesamtwert von 3,20 $) sah sich Richter Cercone aus Prinzip zu einer gereimten Sachverhaltsdarstellung veranlasst:

„Sausage and eggs! | Sausage and eggs! | $ 2.02 he refused to pay | So now in court it's for us to say. | Sausage and eggs! | It wasn't the price | The parties contend | It's the principle, they pretend. | Sausage and eggs! $ 2.02 involved | A sum so easily resolved | But no give or take here | They insist on a legal atmosphere. | Oh, in Uncle Sam's land | Any person in court may protest | But, dear Lord, the Judge says | From this test, please give me rest."

Allerdings gelten Gedichtsurteile in den USA inzwischen als lahmes Zeug von gestern. *State of the art* sind aktuell Gesangsurteile[176] und umgetextete Edgar Allan Poe-Gedichte.[177] In der

---

[173] In re Riddle, 344 B.R. 702, 703 (Bankr. S.D. Fla., July 17, 2006), bit.ly/3wZJSox.
[174] Amicone v. Shoaf, 620 A.2d 1222 (Pa. Super. Ct. 1993), bit.ly/3Qd6AjH.
[175] Zum Problem der Billigkeit s. auch S. 27 ff.
[176] Richter Buchmeyer vom US-Bezirksgericht in Dallas hatte über eine Klage der Popsängerin LeAnn Rimes gegen ihre Plattenfirma zu entscheiden. Sein Urteil – Rimes v. Curb Records, Inc., 129 F. Supp. 2d 984 (N.D. Tex. 2001), bit.ly/3CYptUx – ist nicht bloß gereimt, sondern muss auch entsprechend der Anweisungen im Urteil abschnittsweise auf Melodien verschiedener LeAnn Rimes-Songs gesungen werden („To be sung to the tune of LeAnn Rimes, …"). Die Entscheidung Suboh v. Borgioli, 298 F.Supp. 2d 192 (D. Mass. 2004), bit.ly/3D6VtWy kann in Abschnitten zu „Happy Together" von den Turtles intoniert werden, das

deutschen Gerichtsbarkeit wäre also in Sachen Urteilslyrikniveau noch Luft nach oben (oder – je nach Sehweise – unten).

Aber auch jenseits der richterlichen Dichtkunst ist die amerikanische Urteilshumorkultur deutlich ausgeprägter als die unsrige. Die Gründe dafür sind vielfältig. Einer dürfte sein, dass es in deutschen Urteilsausfertigungen traditionell keine Fußnoten gibt (sondern lediglich Klammereinschübe). Das ist unter rechtshumorwissenschaftlichen Gesichtspunkten bedauerlich. Denn in Rechtskulturen *mit* Urteilsfußnoten, vor allem eben in den USA, verbergen sich dort neben aufschlussreichen Erläuterungen zu den Hintergründen von Reimurteilen[178] oftmals die wunderlichsten Dinge – beispielsweise Kochrezepte,[179] Wutanfälle,[180] vergessene Regieanweisungen,[181] Simon & Garfunkel-Interpretationen[182] oder sporthistorische Almanache[183].

Sondervotum von Richter *Eakin* in der Entscheidung Commonwealth v. Noel, 857 A.2d 1283, 1291 (Pa. 2004), bit.ly/3eo3eNQ zum Pferdelied „Mr. Ed" von *Livingston/Evans*.

[177] In re Love, 61 B.R. 558 (Bankr. S.D. Fla. 1986), bit.ly/3Qg3trl, ist eine gekonnte Umdichtung von The Raven.

[178] In seiner Gedichtsentscheidung Brown v. State, 216 S.E.2d 356 (Ga. Ct. App. 1975), bit.ly/3TGy1W9, erklärt Richter Evans (in einer Urteilsfußnote): „Diese Stellungnahme ist in Reimform verfasst, weil vor etwa einem Jahr […] bei einer sehr geselligen Feier der angesehene Richter Dunbar Harrison […] aufstand, sich an die Versammelten wandte und verlangte, dass, sollte Richter Randall Evans, Jr. jemals wieder so anmaßend sein, eine seiner Entscheidungen zu revidieren, die Stellungnahme in Gedichtform verfasst werden muss. […] Es war keine leichte Aufgabe, meine Stellungnahme in Reimform zu verfassen."

[179] Siehe S. 58 Fn. 127.

[180] Siehe S. 97 mit Fn. 95.

[181] In ICTY, Case No. IT-02-60-T, Urt. v. 17.1.2005, bit.ly/3egdVSk, hat der Internationale Strafgerichtshof für das ehemalige Jugoslawien die Angeklagten Blagojević und Jokić wegen Völkermordes zu 18 bzw. 9 Jahren Haft verurteilt. Für den Schuldspruch beruft sich das Gericht im Urteils-Absatz Nr. 898 auf die Aussage von insgesamt 85 Zeugen. In Fußnote 2425 des Urteils steht allerdings: „Prüfen, ob es nicht vielleicht bloß 35 Zeugen waren!"

[182] In der seerechtlich geprägten Strafsache U.S. v. McPhee, 336 F.3d 1269 (11th Cir., July 8, 2003), bit.ly/3er0Qpy, ging es im Allgemeinen um den Zuständigkeitsbereich des Küstenwache Floridas zur Auf-

III. Humor bei Gericht 127

b) Tenorierungshumor

Das Wichtigste an jeder Gerichtsentscheidung ist neben der einwandfreien Form ihre Formel. Denn aus dem Tenor ergibt sich, was Recht, also jetzt Sache ist und zu geschehen hat. Da sich die Rechtslage nach den humorlosen Gesetzen (s. o. S. 90 ff.) richtet, ist es kaum möglich, an dieser buchstäblich entscheidenden Stelle im Urteil Witziges zu platzieren.

Einigen Spezialisten gelingt es dennoch, zum Beispiel dem Arbeitsgericht Kiel in einem Zeugnisstreit.[184] Darin ging um das Arbeitszeugnis des Klägers, das – wie allgemein üblich – in einer ironischen Geheimsprache verfasst war.[185] Der beklagte Ar-

---

bringung von Schmuggelschiffen und im Speziellen um die Frage, ob der zu den Bahamas gehörende „Saint Vincent Rock" rechtlich als bloßer Felsen (*rock*) oder schon als Hoheitsgewässer-erweiternde Insel (*island*) zu qualifizieren sei. Der Regierungsvertreter hielt ersteres für richtig („If it was an island, it would be called Saint Vincent Island, not Saint Vincent Rock."). Das Gericht meinte aber (in Fußnote 9 des Urteils), es sei prinzipiell kein Grund zu erkennen, warum etwas nicht gleichzeitig ein Fels *und* eine Insel sein könne. Zum Beweis folgt eine komplette Textwiedergabe und Interpretation des Simon & Garfunkel-Songs „I am a Rock" vom Sounds of Silence-Album aus dem Jahr 1966; darin heißt es u. a.: „I am a rock, I am an island." Im Ergebnis entschied das Gericht aber trotzdem zugunsten der Regierung, denn „natürlich sind weder Simon noch Garfunkel als nautische Experten bekannt."

[183] Der US-Bundesrichter Terence Evans hatte Pech, denn am 29.9.1994 musste er die Sache Hunt's Generator Committee v. Babcock & Wilcox Co., 863 F. Supp. 879 (E.D. Wis. 1994), bit.ly/3eoj5Mn, entscheiden, obwohl er eigentlich andere Pläne gehabt hatte, nämlich „als Baseball-Liebhaber die World Series anzuschauen." Die war aber streikbedingt ausgefallen, also „gilt meine Aufmerksamkeit heute nicht dem Baseball, sondern diesem Fall." Der eingangs vorausgeschickten Warnung („Bitte entschuldigen Sie, wenn ich bei der Erörterung des Falles ein wenig zu Dingen abschweife, die hätten sein können.") folgt ein Urteil, das in seinen sechs Fußnoten mehr Baseball-Anekdoten enthält, als man an einem langen Abend in der Sportsbar zum Besten geben könnte.

[184] ArbG Kiel, LAGE § 630 BGB 2002 Nr. 7.
[185] Vordergründig ist das zwar verboten, § 109 Abs. 2 Satz 2 GewO; die Vorschrift wird aber ironisch ausgelegt. Eine Übersetzungshilfe

beitgeber hatte zudem in seine Unterschrift einen „Smiley mit heruntergezogenem Mundwinkel" eingebaut, wollte aber nicht zugeben, dass auch der Smiley Teil der Geheimsprache war.[186] Also tenorierte das Arbeitsgericht:

> „Der Beklagte wird verurteilt, dem Kläger ein neues [...] Zeugnis [...] zu erteilen, [bei dem] die Unterschrift des Beklagten [...] einen ‚Smiley mit einem lachenden Gesicht' [enthält]."

Eine ungewöhnlich sarkastische Verfügung ist auch vom US-Bezirksgericht in Orlando (Florida) überliefert. Nachdem sich zwei Anwälte in einem erbittert geführten Zivilprozess nicht einmal darauf einigen konnten, an welchem Ort eine eidesstattliche Versicherung getätigt werden sollte (obwohl ihre Büros nur vier Stockwerke voneinander entfernt in demselben Gebäude lagen), erließ Bundesrichter Gregory Presnell folgende Zwischenentscheidung:

> „Die Anwälte müssen sich am Freitag, den 30. Juni 2006 um 16:00 Uhr auf den Treppen des Gerichtsgebäudes treffen und eine Runde ‚Schnick, Schnack, Schnuck' spielen (*rock, paper, scissors*). Der Gewinner darf dann den Ort für die eidesstattliche Versicherung bestimmen."[187]

Die Entscheidung war angesichts der Umstände allerdings fahrlässig unpräzise, denn sie enthielt keinerlei Information, ob mit oder ohne Brunnen zu spielen war.

c) Humoristische Feststellungen (sog. Lachverhalt)

Die Augen der Justitia (*lady justice*) sind verbunden, denn sie entscheidet ohne Ansehen der Person. Weil aber das Bundesverfassungsgericht mahnt: ohne Wahrheit keine Gerechtigkeit!,

---

Deutsch↔Zeugnissprache bietet *Löw*, Aktuelle Rechtsfragen zum Arbeitszeugnis, NJW 2005, 3605.
[186] Faustformel: Im Zweifel ist *alles* Zeugnisgeheimcode, vgl. LAG Hamm, BeckRS 2016, 74518 (übertriebene Übertreibung); LAG Rheinland-Pfalz, BeckRS 2018, 19174 Rn. 37 (fehlendes Komma); 2017, 140033 (Tackerklammer als Geheimzeichen).
[187] Avista Management, Inc. v. Wausau Underwriters Insurance Co, No. 6:05-cv-1430-Orl-31JGG (M.D. Fla.) v. 6.6.2006, cnn.it/3THJS6k.

III. Humor bei Gericht 129

muss sich das Gericht im Prozess bemühen, die Wahrheit herauszufinden, indem es ganz genau hinschaut.[188] Die Augenbinde ist dabei, wie Kirchhof im Dürig/Herzog/Scholz herausgefunden hat,[189] allerdings sehr hinderlich. Deshalb darf das Gericht die Personen, die vor ihm stehen, doch ansehen. Das Gesehene und Gehörte wird anschließend im Entscheidungstext dokumentiert (Feststellungen) und bewertet (Beweiswürdigung). An dieser Stelle im Urteil kommt es gelegentlich zu regionalspezifischen Humoresken. Beispiele:

aa) Köln

Das Amtsgericht Köln hatte über die Schuld an einem Verkehrsunfall an Wieverfastelovend mit Jeckenbeteiligung zu entscheiden:

„Am Weiberfastnachtstage, dem 1.3.1984 – es war bereits 14.05 Uhr – befuhr die Zeugin S mit dem Kleinbus des Kl. voller ‚Treuer Husaren' in voller Montur die linke Fahrspur der Apostelnstraße, um nach rechts [ab]zubiegen. Es kam zum Zusammenstoß mit dem schwarzen Pkw der Bekl. (japanisches Fabrikat), der sich auf der rechten Fahrspur befand."[190]

Für die Entscheidung kam es maßgeblich auf die Zeugenaussagen an. Was im Rahmen der Beweiswürdigung geschehen ist, war bei diesem Setting praktisch unvermeidbar. Das Amtsgericht (mutmaßlich Richter Eugen Menken) führte also aus:[191]

„Obwohl die absolute Mehrheit der vom Gericht wie auch seinerzeit von der Fahrerin des Kl. geladenen Zeugen aus Treuen Husaren bestand, kann der Kl. den Prozeß nicht gewinnen. Nach dem Ergebnis der Beweisaufnahme hat seine Fahrerin [...] den Unfall durch

---

[188] BVerfGE 133, 168 (zum Strafprozess). Im Zivilrecht dagegen spielt die Wahrheit nur eine untergeordnete Nebenrolle, vgl. *Brand*, Grenzen zivilprozessualer Wahrheit und Gerechtigkeit, NJW 2017, 3558.
[189] Dürig/Scholz/Herzog/*Kirchhof*, GG, Art. 3 Abs. 1, 75. Lfg. (09/2015), Rn. 43.
[190] So die Sachverhaltsdarstellung durch das LG Köln, NJW 1987, 1421.
[191] Wörtlich wiedergegeben bei LG Köln, NJW 1987, 1421.

[...] verkehrswidriges Abbiegen alleine verursacht und verschuldet (§§ 7 IV, 9 I 2 StVO). Die Treuen Husaren G, K, M und W haben zwar in historisch bewährter Einmütigkeit der Bekl. die Schuld an dem Verkehrsunfall in die Schuhe geschoben, obwohl diese ein Mädchen war und damit schon nach Cöllnischem Recht an Wieverfastelovend [...] die Vorhand und das Recht hatte. [...] An sich kann man sich auf die Treue von Husaren [...] verlassen. [...] Dem Gericht schienen jedoch ihre Aussagen ausnahmsweise nicht recht verläßlich. [...] Wie der Zeuge H [...] bekundet hat, haben die Treuen Husaren die Bekl. [...] ziemlich hilflos alleine zurückgelassen, ein Verhalten, das an Weiberfastnacht nicht gerade die Regel darstellt. Vielleicht geschah dies alles, weil die Bekl. in einem Schwarzen Japaner saß (Zeuge G), vielleicht aber auch, weil sie den Nachweis nicht erbringen konnte, des richtigen Umgangs mit Kölsch gewöhnt zu sein, den man zugunsten der Treuen Husaren unterstellen muß. [...]

Unter diesen Umständen erschien es dem Gericht verläßlicher, sich auf die Zeugen M und H zu verlassen. [...] Nach der Bekundung des Zeugen M [...] muß die Bekl. nämlich eine nicht unerhebliche Zeit rechts auf der Spur gestanden haben. Die Zeugin S hat auch selbst bekundet, daß sie beim Anfahren überhaupt nicht nach rechts geschaut hat. Sich links einzuordnen, um dann überraschend nach rechts abzubiegen, ist aber im Kölner Stadtgebiet selbst Fahrern aus GL oder EU nur bei Tiefffliegerangriffen erlaubt."

Dem vor dem Amtsgericht erfolglosen Kläger waren das offenbar zu viele kölsche Kalauer. Aber er war schlecht beraten und brachte die Sache auch noch zum Kölner Landgericht – selbstverständlich mit durchschlagendem Misserfolg:

„Die Berufungsangriffe gehen fehl. Nach dem Ergebnis der – recht gewürdigten – Beweisaufnahme erster Instanz muß die Kammer davon ausgehen, daß die Zeugin S mit dem Kleinbus des Kl. gegen das stehende Fahrzeug der Bekl. [...] gefahren ist. Das ergibt sich eindeutig aus den Bekundungen der Zeugen M und insbesondere H. [D]ie Aussagen beider Zeugen [können] auf den übereinstimmenden Kern zurückgeführt werden, daß der Wagen der Bekl. [...] gestanden hatte und der Bus des Kl. dagegen gefahren ist. Diese Übereinstimmung entspricht der alten Volksweisheit: ‚Durch zweier Zeugen Mund wird allerwärts die Wahrheit kund', die auch der gelernte Jurist Goethe seinem Mephistopheles Frau Marthe Schwerdtlein gegenüber in den Mund legt (vgl. Goethe, Faust I, Verse 3013, 3014).

III. Humor bei Gericht

Daraus läßt sich durch Umkehrschluß ableiten, daß den Aussagen von mehr als zwei Zeugen nicht notwendigerweise ein gleicher oder gar größerer Wahrheitsgehalt zukommt. So liegt auch hier die Annahme nahe: ‚Viele gaben falsch Zeugnis, aber ihr Zeugnis stimmte nicht überein' (Markus 14, 56), wobei sich die Kammer vor der Annahme hütet, die übrigen Zeugen hätten bewußt falsch ausgesagt, denn es heißt in 2. Mose 20, 16 (beifällig wiederholt in 5. Mose 5, 20). ‚Du sollst kein falsch Zeugnis reden wider deinen Nächsten', und außer einander dürfte den Zeugen die Bekl. […] örtlich am nächsten gewesen sein. […]

Die Kammer hütet sich indes vor der Annahme, daß allein die Tatsache die Unglaubwürdigkeit der Zeugen indiziert, daß sie als Mitglieder der Karnevalsgesellschaft ‚Treuer Husar' an Wieverfastelovend im Bus waren. Es ist nämlich gerichtsbekannt, daß – abweichend von den Überzeugungen mancher Nicht-Rheinländer – Karneval in Köln eine todernste Sache ist, die keineswegs leicht genommen werden darf (es sei in diesem Zusammenhang daran erinnert, daß, unter beträchtlicher sittlicher Entrüstung, das Tanzmariechen L – der Name ist dem Gericht bekannt – nicht mehr beim Tanzcorps ihre Beine schwingen durfte, nachdem ruchbar geworden war, daß sie diese und andere Körperteile in unbekleidetem Zustand hatte ablichten und die Bilder in einem, horribile dictu, Kalender verbreiten lassen). […]

Die rechtlichen Konsequenzen, die das AG aus dem bewiesenen Sachverhalt gezogen hat, die Zeugin S sei mit dem Bus des Kl. gegen den stehenden Pkw der Bekl. […] gefahren, sind nicht zu beanstanden. Die Kammer schließt sich ihnen an."

1991 ist der Kölner Karneval dann kriegsbedingt ausgefallen. Das hat das Amtsgericht Köln (mutmaßlich Amtsrichter Menken) aber nicht daran gehindert, um die Karnevalszeit herum wieder eine Beweiswürdigung ähnlichen Kalibers abzuliefern.[192] Abermals ging es um einen Verkehrsunfall. Streitentscheidend war diesmal jedoch die Würdigung der Sachverständigengutachten:

„Die Parteien streiten sich um […] Schadensersatz aus einem Verkehrsunfall. […] Als Streitgegenstand wurde dem Gericht – wie so oft – eines der heißesten Eisen im Versicherungsrecht vorgelegt, damit es sich daran möglichst die Finger verbrennt. Es geht um den

---
[192] AG Köln, DAR 1991, 279 (gekürzte Wiedergabe; Langfassung unter bit.ly/3TSPlrh).

Minderwert. Der Kläger meint, gestützt auf seinen Sachverständigen, ihm stünden 500,00 DM zu. Die Beklagte meint, gestützt auf ihren Sachverständigen, ihm stünden nur 250,00 DM zu. Diese sind auch gezahlt. Die Klage ist teilweise begründet. [...] Beide Sachverständige haben, obwohl von verschiedenen Parteien beauftragt, ihr Gutachten ‚nach bestem Wissen und Gewissen' erstattet. Demgemäß kommen sie zu völlig entgegengesetzten Ergebnissen. Deshalb sieht sich das Gericht genötigt, das beschworene beste Gewissen der Sachverständigen als Kriterium der Wahrheitsfindung vorsorglich außer Betracht zu lassen.

Ein Zeuge ist nämlich nicht schon deshalb glaubwürdiger, weil er als Zeuge der Wahrheitspflicht unterliegt, weil er den Betroffenen angezeigt hat. Ansonsten müßte er ja selbst verurteilt werden, wenn der Betroffene ihn zuerst angezeigt hätte (so zutreffend und mit überraschend gesundem Menschenverstand OLG Bremen NZV 91, 41).

Ebensowenig ist ein Mensch vor irdischen Gerichten nicht bloß deshalb glaubwürdiger, weil er gläubig ist und darüber hinaus auch noch die Kirche besucht, vermutlich um sich so ein gutes oder sogar besseres Gewissen zu erwerben. Bekanntlich können sich nämlich gutgläubige Menschen am schlimmsten irren, so daß sie die Unwahrheit sagen, wenn sie auch nicht lügen (vgl. dazu Busch Willi: ‚Der Beste muß mitunter lügen – Zuweilen tut er's mit Vergnügen').

Im Gegensatz dazu trägt der Sachverständige seine Argumente gedruckt vor: ‚Denn was man schwarz auf weiß besitzt, kann man getrost nach Hause tragen' (Der Schüler in: Faust, Heini, von Goethe, Johann, Wolfgang, Amadeus). Deshalb kann es bei der Bewertung technischer, um nicht zu sagen wissenschaftlicher Probleme nicht auf die Treuherzigkeit des Sachverständigen ankommen. Zur Entscheidung bedarf es vielmehr objektiver Kriterien.

Insofern ergibt die gründliche Auswertung der beiden Gutachten, daß der von der IHK öffentlich bestellte und von der beklagten Versicherung beauftragte Sachverständige prima facie weitaus ausführlicher zum Minderwert Stellung genommen hat. Sein Gutachten vom 08.11.1990 umfaßt 34 Zeilen, die auf 2 Seiten verteilt sind. [...] Im Ringen um einen gerechten Ausgleich, kommt er aber nur auf einen Minderwert von 250,00 DM. Das ergibt 7,35 DM pro Zeile. Demgegenüber ist der Sachverständige des Klägers Diplom-Ingenieur. Sein Gutachten umfaßt [...] nur 9 Zeilen, die zu einem Minderwert von 500,00 DM führen. Das sind 55,55 DM pro Zeile. Also mehr als das Quadrat von 7,35 DM.

III. Humor bei Gericht 133

Eine solche Auswertung der beiden Gutachten könnte sich aber natürlich den Vorwurf zuziehen, zu oberflächlich zu sein. Maßgebend kann nämlich nicht das äußere Erscheinungsbild sein, sondern nur der Gehalt. Insofern ist das Gutachten des Sachverständigen des Klägers nach tiefer Überprüfung gehaltvoller. Er bringt nämlich in einer Zeile genau 90 Anschläge unter, während der Sachverständige der Beklagten in sehr unterschiedlich langen Zeilen insgesamt nur rund 1200 Anschläge unterzubringen vermochte. Daraus folgt, daß das Gutachten des Sachverständigen des Klägers eine größere spezifische Dichte aufweist. Hätte der Sachverständige der Beklagten genau so konzentriert geschrieben, dann hätte er nur 13 ⅓ Zeilen benötigt.

Damit schrumpft aber der Zeilenvorsprung des Sachverständigen der Beklagten von 277,77 % auf einen Anschlagsvorsprung von nur noch 33,33 % zusammen. […] Im übrigen unterscheiden sich die beiden Gutachten […] im fachlichen Kern nicht im geringsten […]. Dem Gericht […] bleibt daher nichts anderes übrig als im Wege der freien Schadensschätzung (§ 287 ZPO) den Minderwert selbst festzulegen. […]".

bb) Bayern

In Bayern gibt es keinen Karneval. Dafür aber Fasching. Und viel juristisches Gottvertrauen.[193] Das könnte erklären, warum der berühmte Münchener Richter und Literaturgelehrte Herbert Rosendorfer am 11.11.1986 anlässlich einer Schadensersatzklage nach einem Autobums[194] die Zeugenaussage des Fahrers so gewürdigt hat wie geschehen:[195]

---

[193] Im *Ziegler/Tremel*, Verwaltungsgesetze des Freistaates Bayern, findet sich gleich bei Art. 1 der Verfassung eine *-Fußnote mit der Bayernhymne: „Gott mit dir, du Land der Bayern …".
[194] Terminologische Klarstellung: Gemeint ist ein Unfall im *Straßenverkehr* (näher zu den Spielarten des „Autobumsens" *Born*, Der manipulierte Unfall im Wandel der Zeit, NZV 1996, 257); zum Schadensersatzanspruch beim Autobumsen i.e.S. siehe AG Weiden, o. Datum und Az., LTO v. 16.10.2013, bit.ly/3TJVUvR und die SZ-Meldung „Sex auf fremdem Auto – Teurer Quickie auf Motorhaube" v. 16.10.2013 („Das Auto hatte einen Riss in der Motorhaube, eine abgebrochene Stoßstange und ein herunterhängendes Kennzeichen.").
[195] AG München, NJW 1987, 1425. Zur Urheberschaft Rosendorfers siehe *Heussen*, „Im ganzen Schönfelder kommt das Wort Gerechtigkeit

„Das AG hat die Klage [aus folgenden Gründen] abgewiesen:
Das Gericht war in seiner bisherigen Praxis schon mit ca. 2.000 Straßenverkehrsunfällen beschäftigt und hat es noch niemals erlebt, daß jemals einer der beteiligten Fahrer schuld gewesen wäre. Es war vielmehr immer so, daß jeweils natürlich der andere schuld gewesen ist. Bekanntlich sind Autofahrer ein Menschenschlag, dem Fehler grundsätzlich nie passieren, und wenn tatsächlich einmal ein Fehler passiert, dann war [...] es grundsätzlich der andere.

Das Gericht hat auch noch nie erlebt, daß jemals ein Fahrer, der als Zeuge oder Partei vernommen wurde, eigenes Fehlverhalten eingeräumt oder zugestanden hätte. Wenn dies einmal tatsächlich passieren sollte, dann müßte man schlicht und einfach von einem Wunder sprechen. Wunder kommen aber in der Regel nur in Lourdes vor, wenn beispielsweise ein Blinder wieder sehen kann oder ein Lahmer wieder gehen kann, oder aber in Fatima, wenn sich während der Papstmesse eine weiße Taube auf den Kopf des Papstes setzt, und sogar in den dortigen Gegenden sind Wunder ziemlich selten, in deutschen Gerichtssälen passieren sie so gut wie nie, am allerwenigsten in den Sitzungssälen des AG München. Jedenfalls ist in Justiz- und Anwaltskreisen nichts davon bekannt, daß in der Pacellistr. 2 in München schon jemals ein Wunder geschehen wäre. Möglicherweise liegt das daran, daß der liebe Gott, wenn er sich zum Wirken eines Wunders entschließt, gleich Nägel mit Köpfen macht und sich nicht mit einem banalen Verkehrsunfall beschäftigt. Vielleicht liegt aber die Tatsache, daß trotz der Unfehlbarkeit aller Autofahrer gleichwohl so viele Verkehrsunfälle passieren, schlicht und einfach daran, daß unsere Gesetze so schlecht sind. Dies hinwiederum wäre allerdings kein Wunder.

Aus dem vorstehend Gesagten vermag nun der unbefangene Leser des Urteils schon unschwer zu erkennen, was die Zeugenaussage eines Fahrers eines unfallbeteiligten Fahrzeuges vor Gericht wert ist: nämlich gar nichts."

Die Beweiswürdigung ist „bajuwarisch derb",[196] aber in der Sache vermutlich gar nicht unwahr und, jedenfalls nach kölschen Maßstäben, auch keineswegs unseriös. Trotzdem fielen die Be-

---

nicht vor" – Zum Tod des Richters und Schriftstellers Herbert Rosendorfer, NJW 2012, 3142. Andere Quellen schreiben das Urteil allerdings dem Amtsrichter Herbert Paul zu, *N.N.*, Vom Pferd getroten, Spiegel 25/1987, 44, 48; *Hamann*, NJW 2020, 713, 717.

[196] *N.N.*, Vom Pferd getroten, Spiegel 25/1987, 44, 48.

III. Humor bei Gericht 135

sprechungen im juristischen Feuilleton verheerend aus. Der Sachse Horst Sendler, Präsident des Bundesverwaltungsgerichts, meinte, das Niveau dieses Urteils sei dermaßen „bekümmernd niedrig angesiedelt", dass „von Niveau kaum mehr gesprochen werden kann".[197] Ähnlich äußerte sich Hans Putzo, Vize-Präsident des Bayerischen Obersten Landesgerichts („geschmacklos"), der aber fairerweise darauf hinwies, dieses Urteil „in [s]einer Eigenschaft als Bayer" gefällt zu haben.[198]

cc) Kurpfalz

Weil seine Tante aus Amerika zu Besuch komme, beantragte Herr V Urlaub. Die Sache verlief nicht ganz reibungslos und landete über Umwege – Kündigung, Sozialgericht, Staatsanwalt – als Berufungsstrafsache beim Landgericht Mannheim, das über die Bestrafung von Vs Ex-Chef wegen Falschaussage entscheiden musste. Hauptbelastungszeuge V wollte ihn hinter Gittern sehen, doch das Landgericht Mannheim kennt seine Pappenheimer:[199]

> „Das AG Mannheim hat den Angekl. wegen falscher uneidlicher Aussage verurteilt. Die hiergegen gerichtete Berufung führte zum Freispruch des Angekl. [...] [D]er Vorwurf konnte nach dem Ergebnis der Berufungshauptverhandlung nicht aufrechterhalten werden. [...]
>
> Der Zeuge V hat zwar wieder [...] bekräftigt, der Angekl. habe [gelogen]. An der Wahrheit dieser Behauptung hegt jedoch die Kammer Zweifel. [...] [Es gibt] Bedenken, die man gegen den Zeugen V haben muß. Er gab sich zwar betont zurückhaltend [...] und vermied es geradezu betont, Belastungstendenzen gegen den Angekl. hervortreten zu lassen, indem er in nebensächlichen Einzelheiten Konzilianz, ja geradezu Elastizität demonstrierte, im entscheidenden Punkt, der – für ihn vorteilhaften – angeblichen mündlichen Genehmigung des beantragten Urlaubs aber stur blieb wie ein Panzer. Man darf sich hier aber nicht täuschen lassen. Es handelt sich hier um eine Erscheinung, die speziell für den vorderpfälzischen Raum typisch und häufig

---

[197] *Sendler*, NJW 1995, 847, 848.
[198] *Putzo*, NJW 1987, 1426.
[199] LG Mannheim, NJW 1997, 1995.

ist, allerdings bedarf es spezieller landes- und volkskundlicher Erfahrung, um das zu erkennen – Stammesfremde vermögen das zumeist nur, wenn sie seit längerem in unserer Region heimisch sind. Es sind Menschen von, wie man meinen könnte, heiterer Gemütsart und jovialen Umgangsformen, dabei jedoch mit einer geradezu extremen Antriebsarmut, deren chronischer Unfleiß sich naturgemäß erschwerend auf ihr berufliches Fortkommen auswirkt. Da sie jedoch auf ein gewisses träges Wohlleben nicht verzichten können – sie müßten ja dann hart arbeiten –, versuchen sie sich ‚durchzuwursteln' und bei jeder Gelegenheit durch irgendwelche Tricks Pekuniäres für sich herauszuschlagen. Wehe jedoch, wenn man ihnen dann etwas streitig machen will! Dann tun sie alles, um das einmal Erlangte nicht wieder herausgeben zu müssen, und scheuen auch nicht davor zurück, notfalls jemanden ‚in die Pfanne zu hauen', und dies mit dem freundlichsten Gesicht. Es spricht einiges dafür, daß auch der Zeuge V mit dieser Lebenseinstellung bisher ‚über die Runden gekommen ist'. Mit Sicherheit hat er nur zeitweise richtig gearbeitet. Angeblich will er nach dem Hinauswurf durch den Angekl. weitere Arbeitsstellen innegehabt haben, war jedoch auf Nachfrage nicht in der Lage, auch nur eine zu nennen!

Und wenn man sieht, daß der Zeuge schon jetzt im Alter von noch nicht einmal 50 Jahren ernsthaft seine Frühberentung ansteuert, dann bestätigt dies nur den gehabten Eindruck. Daß er auch den Angekl. angelogen hat, als er ihm weiszumachen versuchte, er brauche den begehrten Urlaub, weil seine Erbtante aus Amerika komme, bedarf keiner näheren Erörterung – auf nähere Nachfrage konnte er nicht einmal angeben, wo diese angebliche Tante in Amerika wohnt. Auf einen solchen Zeugen, noch dazu als einzigem Beweismittel, kann verständlicherweise eine Verurteilung nicht aufgebaut werden.

Auch der Zeuge K war nicht geeignet, den Angekl. einer bewußt unwahren Aussage zu überführen. […] Sein Antwortverhalten war geradezu windig. […] Letztlich brauchte dem aber nicht mehr nachgegangen zu werden, denn bereits die dargelegten bedenklichen Umstände müssen auch bei diesem Zeugen zu dem Schluß führen: Gewogen und zu leicht befunden!"

d) Gründe zum Lachen

Nach den Beweisen kommt die rechtliche Würdigung, also die Anwendung des materiellen Rechts. *This is where the legal magic happens* – denn hier wird aus der zuvor festgestellten Wahr-

III. Humor bei Gericht 137

heit Gerechtigkeit gemacht. Die Magie funktioniert allerdings nur, wenn der Richter nicht „ohne Gehirn und Seele" ist, das heißt kein bloßer Subsumtionsautomat[200] oder denkfauler Plagiator.[201] Zur Gewährleistung dessen wurde die richterliche Unabhängigkeit erfunden. Danach ist der Richter ein in jeder Hinsicht freier Geist, der zur Rechtsfindung ungestört so argumentieren darf, wie es ihm in den Kopf kommt. Der Bundesgerichtshof kann daher hundertmal sagen: „Die Ausdrucksweise des Richters in den Urteilsgründen hat nicht ‚lustig' oder gar ironisch zu sein";[202] aber wenn der Richter ein Quatschkopf ist, steht der BGH auf verlorenem Posten bzw. Komisches im Urteil. Phänomenologisch gilt dabei die Drei-Eskalationsstufen-Theorie: fein, grob und krass (bzw. nach den BGH-Maßstäben: viel, zu viel und viel zu viel). Im Einzelnen:

---

[200] *Kotsoglou* feat. *PJA Feuerbach*, „Subsumtionsautomat 2.0" reloaded? – Zur Unmöglichkeit der Rechtsprechung durch Laien, JZ 2014, 1100, 1103.

[201] Mit rechtskulturübergreifender Gültigkeit heißt es in Bright v. Westmoreland County, 380 F.3d 729, 732 (3rd Cir. May 12, 2004), bit. ly/3RB7iIS: „Wir sind mit einer Stellungnahme des Bezirksgerichts konfrontiert, die […] eine wortwörtliche Kopie der von den Beschwerdeführern vorgeschlagenen Stellungnahme ist. Die Urteilsgründe (*opinions*) sind das zentrale Arbeitsergebnis von Richtern […]; sie stellen die logischen und analytischen Erklärungen dar, warum ein Richter zu einer bestimmten Entscheidung gelangt ist. Sie sind ein greifbarer Beweis für die Prozessparteien, dass sich der Richter aktiv mit ihren Forderungen auseinandergesetzt und eine wissenschaftliche Entscheidung auf der Grundlage seiner eigenen Vernunft und Logik getroffen hat. Wenn ein Gericht die von einer Partei vorgeschlagene Stellungnahme als seine eigene annimmt, untergräbt es die […] Zwecke, die mit richterlichen Stellungnahmen verfolgt werden."

[202] BGH, NStZ-RR 2000, 289, 293 Rn. 16. Was in dem konkret gescholtenen Urteil des LG Oldenburg v. 22.3.1999 (136 Js 43974/98 – 1 KLs 29/98) steht, ist leider geheim. Wer dort nachfragt, erhält als Antwort: „Kein Verfahren gefunden!" (so jedenfalls am 8.10.2019 der Verf. durch die LG-Geschäftsstelle).

aa) Stufe eins: Feinster Humor

In homöopathischen Dosen eingestreuter Witz stört niemanden. Gerichte, die sich nur einen klitzekleinen Jokus erlauben wollen, verpacken diesen am besten so, dass er gar nicht auffällt. Praktisch unsichtbarer Geheimwitz ist in Urteilen aber naturgemäß schwer zu finden und bislang nur aus dem anglo-amerikanischen Rechtsraum bekannt. Beispiele:

- Der britische High Court-Richter Peter Smith hatte 2006 einen Plagiatsprozess um den Dan Brown-Bestseller „The Da Vinci Code" (dt. Titel: Sakrileg) zu entscheiden. Weil er „nicht wüsste, warum ein Urteil nicht auch Spaß machen sollte",[203] hat Smith in dem 70-seitigen Urteil[204] ein höllisch schweres Rätsel nach Art der Vigenère-Verschlüsselung versteckt. Der über vereinzelte Kursivbuchstaben im Urteilstext mitgeteilte „Smithy Code" lässt sich nur durch einen kryptischen Hinweis im 52. Absatz und die Kenntnis von Browns Da Vinci Code entziffern.[205]

- In einer amerikanischen Strafsache hatte sich der Angeklagte vorab für schuldig und auf die Frage, welche Strafe das Gericht seiner Meinung nach nun verhängen sollte, schriftlich erklärt: „Wie die Beetles [sic!] sagen: ‚Let It Be'." Richter Todd aus Montana, Fan der „greatest band in rock history", war außer sich. Die Entscheidungsbegründung integriert deshalb 39 Songtitel der Beatles; Auszug:

  „Later when you thought about what you did, you may have said *I'll Cry Instead*. Now you're saying *Let It Be* instead of *I'm A Loser*. As a result of your *Hard Day's Night*, you are looking at a *Ticket To Ride* that *Long and Winding Road* to Deer Lodge. Hopefully you can say both now and *When I'm 64* that *I Should Have Known Better*."[206]

---

[203] BBC-Meldung „Judge creates own Da Vinci code" v. 27.4.2006, bbc.in/3BoBSjL.
[204] Baigent v. Random House [2006] EWHC 719, bit.ly/3wXrxZi.
[205] Die Lösung findet sich z.B. bei Spiegel-Online v. 28.4.2006, „Anwalt knackt Geheimcode", bit.ly/3qvovYN.
[206] State v. McCormack, No. DC06-0323, Montana 13th Judicial District, Yellowstone County, Feb. 26, 2007, bit.ly/3D0WNdS.

III. Humor bei Gericht 139

- Die Entscheidung U.S. v. Syufy Enterprises, Inc., 903 F.2d 659 (9th Cir., May 9, 1990) handelt von einem Kartellrechtsverstoß durch eine Multiplexkino-Kette. Nach unterschiedlichen Zählungen hat Bundesrichter Kozinski bis zu 215 Filmtitel in die Entscheidungsgründe geschmuggelt.[207]

- In einem floridianischen Schadensersatzprozess um zerstörte Yachten erließ der Bezirks-Bundesrichter Paine nach diversen Verweisungsanträgen einen (nur) für Insider unzweifelhaft als Wayne's World-Hommage formulierten Vorlagebeschluss, in dem es abschließend heißt: „Kurz gesagt: Der windige Versuch [der Beklagten], den Prozess [auf Bundesebene] zu verlagern, ist ‚nicht würdig' und die Beklagten müssen vor einem bundesstaatlichen Gericht ‚weiterfeiern' [engl.: *party on*]."[208]

Ein deutsches Beispiel von immerhin eleganter Beiläufigkeit enthält die Schmähgedicht-Entscheidung des Oberlandesgerichts Hamburg. Die Sache selbst war ungemein krawallig: Nachdem der ehrpusselige türkische Präsident Erdoğan bei sich zu Hause die Meinungsfreiheit abgeschafft hatte, schlug der Satiriker Böhmermann im deutschen Fernsehen mit einer Lehrstunde über Art. 5 Grundgesetz in Versform zurück. Das von Böhmermann zu diesem Zweck vorgetragene Gedicht hieß „Schmähkritik",[209] hatte zehn Verse, türkische Untertitel und war nach Einschätzung des führenden Rechtssatireexperten Reinhard Merkel „vollkommen ohne Witz, Esprit und ohne irgendeinen Funken von durchdachtem Geistreichtum."[210] Eine derartige Beleidigung kann ein „feiger Mädchenschläger" wie Erdoğan natürlich nicht auf sich sitzen lassen. Unter Berufung auf seine Despotenwürde erklagte er daher vor dem Oberlandesgericht ein Verbot von 7½ Gedichts-

---

[207] Vgl. *N.N.*, The *Syufy* Rosetta Stone, Brigham Young University Law Review 1992, 457, bit.ly/3TCLG0x.
[208] Noble v. Bradford Marine, Inc., 789 F. Supp. 395 (S.D. Fla. April 17, 1992), bit.ly/3Rxll1O.
[209] Vollständige Wiedergabe bei *Fahl*, Böhmermanns Schmähkritik als Beleidigung, NStZ 2016, 313 Fn. 1.
[210] *Merkel*, Interview in: Milieu v. 15.8.2016, bit.ly/3eqU437. Merkel ist Autor des juristischen Buches des Jahres 1996: Strafrecht und Satire im Werk von Karl Kraus (von 1994).

zeilen,[211] darunter auch der, in der es heißt: „Jeden Türken hört man flöten, die dumme Sau hat Schrumpelklöten". An dieser Stelle im Urteil kommt es zum Äußersten in Sachen hanseatischer Coolness: In einem lässig-beiläufigen Klammerzusatz bemerkt das Oberlandesgericht, es komme zwar rechtlich überhaupt nicht darauf an (*obiter dictum*[212]), aber eine Sau mit Klöten sei „nicht notwendig ein in sich widersprüchliches Bild", da in einem reproduktionsmedizinischen Fachaufsatz aus dem Jahr 1985 tatsächlich über den Fall einer Sau mit Schrumpelklöten berichtet worden ist.[213]

bb) Stufe zwei: Gröberer Humor

Gut gemachte Spaßurteile können auch *durchgängig* locker-humorvoll gestaltet und trotzdem präzise sein. Ein lesenswertes Exemplar ist vom Amtsgericht Aachen produziert worden.[214] In der Entscheidung geht es um die Schadensersatzklage eines Opernbesuchers. Dieser war mit Ehefrau, gültigen Eintrittskarten und geringfügiger Verspätung zur Nabucco-Vorstellung im Aachener Stadttheater angereist – und als Nachzügler von einer Ordnungskraft auf den Pauseneinlass verwiesen worden. Nach dem Austausch von Unfreundlichkeiten verließ der Kläger nebst

---

[211] Übrig geblieben ist nach OLG Hamburg, BeckRS 2018, 8374 nur noch: „Sackdoof, feige und verklemmt, ist Erdogan, der Präsident. | [...] Er ist der Mann der Mädchen schlägt, und dabei Gummimasken trägt. | Am liebsten mag er [...] Minderheiten unterdrücken, Kurden treten, Christen hauen, [...] | [...]." Das BVerfG hatte dem nichts hinzuzufügen (BeckRS 2022, 1484).

[212] Exkurs: Exkurse sind in der Jurisprudenz ein Instrument, um dasjenige zu sagen, was man schon immer einmal sagen wollte, auch wenn es darauf im konkreten Zusammenhang gar nicht ankommt. In Gerichtsurteilen heißen Exkurse „obiter dicta" und „sagen, was sein soll, wenn es so wäre, wie es nicht ist." (*Fischer*, Kunst der Fehler, Zeit-Online v. 12.4.2016). Sie kommen sehr häufig vor, sind aber vielleicht verfassungswidrig (näher *Bechtel*, Das obiter dictum ..., NStZ 2022, 1, 6 ff.).

[213] OLG Hamburg, BeckRS 2018, 8374 Rn. 53 unter Verweis auf *Bösch/Hohn/Rieck*, Hermaphroditismus verus bei einem graviden Mutterschwein, Reproduction in Domestic Animals 20 (1985), 161 ff.

[214] AG Aachen, NJW 1997, 2058 m. Anm. *Deckers*, JuS 1999, 1160.

III. Humor bei Gericht 141

Gattin das Haus und kehrte nicht bzw. erst viel später mit einer Klage auf Ersatz der Kosten für den Eintrittspreis und die unnütz aufgewandten Fahrtkosten zurück. Das Amtsgericht wies die Klage mit folgender Begründung ab:

„Der Kl., der ungeachtet der erheiternden Aspekte des Falles eine ernstzunehmende und nicht einfache Rechtsfrage zur Entscheidung gestellt hat, kann von der Bekl. unter keinem rechtlichen Gesichtspunkt Erstattung des Eintrittsgeldes nebst Fahrtkosten verlangen. [...] Eindeutig zu beantworten ist [...] noch die Vorfrage, ob die Mitarbeiter der Bekl. berechtigt waren, dem Kl. nach Beginn der Vorstellung den Zutritt zu seinen angemieteten Plätzen zu versagen: nämlich mit einem klaren Ja. Zu Recht verweist die Bekl. insoweit auf eine jahrhundertealte und internationale Gepflogenheit, die dem Vertragsverhältnis zwischen Opernveranstalter und Besucher immanent ist und die auf die Kurzformel gebracht werden kann: Vorhang auf – Türen zu. [...] [Das Publikum wird] nicht, wie beispielsweise im Kino, klaglos hinnehmen, daß Nachzügler geräuschvoll hinter dem Lichtkegel der Taschenlampe eines Platzanweisers herstolpern, um sich dann unter vielen ‚Entschuldigung' und ‚Darf ich mal' auf ihren Platz drängeln, wobei sie unter den bereits sitzenden Zuschauern den aus Fußballstadien bekannten ‚La-Ola-Effekt' auslösen. [...]

Steht aufgrund der obigen Erwägungen mithin fest, daß die Bekl. den verspäteten Kl. nebst Begleitung nicht einzulassen brauchte, so hat sie zunächst nicht aus Schadensersatzgesichtspunkten dem Kl. Fahrtkosten zu erstatten. Abgesehen davon kann eine Anfahrt nach A. schlechterdings nicht vergebens sein, insbesondere dann nicht, wenn sie von G. aus unternommen wird, und es steht auch keinesfalls fest, daß es dem Kl. nicht doch noch gelungen ist, an dem besagten Abend sich in der umliegenden Gastronomie oder den übrigen Unterhaltsstätten [sic!] der A.-Innenstadt einen vergnüglichen Abend zu machen.

Wesentlich schwieriger ist jedoch die hier vorrangig interessierende Frage zu beantworten, ob der nicht in den Genuß der Aufführung gekommene Kl. das Eintrittsgeld zurückverlangen kann. Ausgangspunkt der rechtlichen Überlegungen ist die Qualifizierung des Zuspätkommens als Auslöser der Leistungsstörung. Die Pflicht zum pünktlichen Erscheinen bei Aufführungsbeginn ist keine vertragliche Hauptpflicht, wie der Kl. zu recht ausführt. Kein Inhaber einer Opernkarte muß sich der Aufführung tatsächlich aussetzen, was sich schon an der guten alten Tradition des ‚Opernschläfchens' erweist; einer sanktionslos möglichen Verweigerung des Kunstgenusses von schätzungsweise im Durchschnitt 10 % des Publikums. Richtigerweise ist das pünktliche Erscheinen des Opernbesuchers, ähnlich wie das Antreten zu einer Operation, der Anprobe für einen Maßanzug oder einer Porträtsitzung auch keine Pflicht, sondern eine nicht klagbare reine Gläubigerobliegenheit, für die das Gesetz in § 642 BGB des Werkvertragsrechts eine besondere Regelung vorsieht. Unterläßt der Besteller einer Werkleistung eine Mitwirkungshandlung und kommt er dadurch in Gläubigerverzug, kann der Unternehmer eine angemessene Entschädigung ,als summarische Abgeltung für das Bereithalten wirtschaftlicher Kraft' […] verlangen.

Auf den konkreten Fall bezogen bedeutet das: Vereitelt der Opernkarteninhaber durch Zuspätkommen (oder aber, um das Beispiel zu Kontrollzwecken weiterzuführen, durch Einschlafen) das Zustandekommen des Werkes, nämlich zwar nicht der Aufführung als solcher, wohl aber der Interaktion zwischen Bühnenakteuren und lauschendem Publikum, darf der Veranstalter als billige Entschädigung für das Bereithalten eines geheizten und beleuchteten Saales sowie eines wohl präparierten Ensembles das vorausentrichtete Eintrittsgeld behalten. Wesentlich ist noch die Tatsache, daß der Annahmeverzug des Opernbesuchers im Rahmen des § 642 BGB nicht schuldhaft sein muß […], es mithin nicht darauf ankommt, ob der Kl. möglicherweise Opfer der (absehbaren) Verzögerung bei seiner oder der Gattin Garderobenauswahl bzw. der (ebenso absehbaren) Parkplatznot in der Innenstadt von A. oder aber einer (unvorhersehbaren) Autopanne geworden sein sollte."

Ähnlichen Unterhaltungswert (aber geringere Präzision) hat eine Entscheidung des Landesarbeitsgerichts Baden-Württemberg,[215] in der es um eine „außergewöhnliche Streitigkeit ohne grundsätzliche Bedeutung" geht, nämlich um folgenden Fall:

„Auf einer Betriebsversammlung sprach der Betriebsratsvorsitzende über die Zahlung von Zuschlägen. Er kündigte an, dass der Betriebsrat die Angelegenheit zur Prüfung einem Rechtsanwalt übergeben wolle. Ein Gewerkschaftssekretär der IG Metall führte dazu aus, dass er es mit Tucholsky halte, der bereits gesagt habe: ,Er war Jurist und auch sonst von mäßigem Verstand.' Der ,beleidigte' Rechtsanwalt klagte auf Unterlassung vor dem Arbeitsgericht."[216]

---

[215] LAG Baden-Württemberg, BeckRS 2007, 45252.
[216] Darstellung nach *Würdinger*, Literarisches vor Gericht: Tucholsky oder Thoma?, NJW 2008, 735.

III. Humor bei Gericht

Das Landesarbeitsgericht stellte daraufhin fest, dass, erstens, das Zitat gar nicht von Tucholsky stammt (sondern von Ludwig Thoma) und dass, zweitens, das Landesarbeitsgericht auch gar nicht zuständig sei:

„Der Rechtsstreit war [daher] an das zuständige Gericht der ordentlichen Gerichtsbarkeit zu verweisen. Funktional ist das AG zuständig. [...] Entgegen der Auffassung des Kl. kommt nur ein Streitwert von 4.000,00 € [...] in Betracht, der ggf. eine Zuständigkeit des AG Oberndorf begründen würde, was den Vorteil hätte, dass die dortigen Richter ortsnäher residieren und mit lokalen Gepflogenheiten besser vertraut sind als das LG Freiburg.

Der Streitwert von 4.000,00 € ist [...] ausreichend und angemessen. Der beleidigende Inhalt der behaupteten Ausführungen des Bekl. hält sich in Grenzen. Einen Grund beleidigt zu sein, hätte vor allem Dr. jur. Kurt Tucholsky, dem ein Zitat von Ludwig Thoma in den Mund bzw. den literarischen Nachlass geschoben wurde. Aber auch Ludwig Thoma könnte sich ebenso mit Recht gekränkt fühlen, denn seine ironische Sprachschöpfung wurde durch die unvollständige Zitierung durch den Bekl. ihres selbstkritischen Witzes beraubt. Schließlich heißt es bei Ludwig Thoma, der selbst Rechtsanwalt war: ‚Der königliche Landgerichtsrat Alois Eschenberger war ein guter Jurist und auch sonst von mäßigem Verstand.' Eschenberger hatte nämlich ‚im Staatsexamen einen Brucheinser bekommen'. (Das Ganze ist nachzulesen in der Erzählung ‚Der Vertrag' auf der Internetseite http://gutenberg.spiegel.de/thoma/muenchnr/mnch205.htm).

Der Kl. selbst mag ebenfalls Anstoß daran nehmen, dass der Bekl. das Wort ‚guter' hat entfallen lassen. Es mag auch eine grobe Ungehörigkeit sein, über den Kl. zu behaupten, ‚er sei von mäßigem Verstand'. Das Ganze entschärft sich allerdings dadurch, dass es sich dabei um eine in Bezug auf Juristen häufiger anzutreffende Redensart handelt. Jedenfalls ist es uns Juristen im Allgemeinen bekannt, dass wir ob unseres gewählten Berufes und einer damit verbundenen geistigen Prägung gelegentlich als Objekt des Spottes herhalten müssen. Ludwig Thoma hat dereinst davon noch mehr über unser aller Haupt ergossen (nachzulesen in ‚Der Münchner im Himmel – Von Rechts wegen' auf jener o. g. Internetseite – die Annahme ‚von mäßigem' Verstand zu sein, erscheint da noch harmlos). Das lässt sich jedenfalls aushalten; es ist [...] nicht mehr als 4.000,00 € wert. Das Ganze wird noch dadurch unterstrichen, dass man sich ob der kampferprobten Persönlichkeit des Kl. nicht recht vorstellen kann, dass ihn eine solche hingeschnäuzte Bemerkung gewissermaßen 50.000,00 € tief verletzen kann.

Örtlich ist zuständig das AG in Oberndorf in dessen Bezirk der Betrieb der Firma S. E. AG liegt. Hierbei handelt es sich um den Gerichtsstand der unerlaubten Handlung nach § 32 ZPO. Selbst wenn man mit dem Kl. auf den Gerichtsstand des Erfolgsortes abstellt, so ist dieser Erfolg auf der Betriebsversammlung der Firma S. E. an deren Firmensitz [in Sch.] eingetreten, nicht jedoch in F. Im Übrigen erscheint es sehr zweifelhaft, den Gerichtsstand des Erfolgsortes in F. schon deswegen anzusiedeln, weil der Kl. hier seinen Arbeitsplatz hat. Erstens ist der Kl. bedingt durch seine berufliche Tätigkeit und auch sein Hobby, an einer Vielzahl von verschiedenen Orten – wenn auch noch nicht gleichzeitig – in Baden-Württemberg anzutreffen. Darüber hinaus hat nach allgemeinem Verständnis ein Mensch – auch ein Verbandsfunktionär in leitender Stellung – seinen gewöhnlichen Aufenthaltsort immer noch in seiner Wohnung und nicht in seinem Büro. Von daher wäre als Gerichtsstand des Erfolgsortes allenfalls noch L. im Schwarzwald heranzuziehen, nicht aber wie vom Kl. gewünscht F. Wie oben dargestellt, ist Erfolgsort allerdings Sch., was sich bereits daraus ergibt, dass der Bekl. mit seiner Äußerung – wie es der Zeuge H. so plastisch formuliert hat –, dort eine Pointe gelandet hat."

Schließlich noch ein Beispiel aus der Strafjustiz. Diese ist bekanntlich aus strukturellen Gründen immer auch Klassenjustiz.[217] Viele ihrer Klient:innen beziehen Sozialleistungen nach dem von Peter Hartz entwickelten Weihnachtsgesetz (dem „Vierten Gesetz für moderne Dienstleistungen am Arbeitsmarkt" vom 24.12.2003).[218] Soziologisch alerte Strafrichter:innen haben all das mit auf der Rechnung. Also rang das Amtsgericht Hannover-Münden um die gerechte Strafe für eine Fleischereifachverkäuferin und einen zum Koch umgeschulten Maler, die, obwohl von Arbeitslosengeld II („Hartz IV") lebend, im Internet über Gebühr eingekauft hatten (= gemeinschaftlicher Betrug in 55 Fällen). Das milde Urteil – Haftstrafen zur Bewährung – erging volksnah und mit einem Anflug von Sarkasmus:[219]

„Bei der Strafzumessung bezüglich beider Angeklagter hat das Gericht auch berücksichtigt, dass in unserem Strafrechtssystem offen-

---

[217] Vgl. *Steinke*, Vor dem Gesetz sind nicht alle gleich – Die neue Klassenjustiz, 2022.
[218] BGBl. I, 2954.
[219] AG Hannover-Münden, StV 2012, 158.

III. Humor bei Gericht 145

sichtlich Täter, die weitaus höhere Schäden anrichten, von den Gerichten geschont werden. So hat Herr ... Millionen von Steuern hinterzogen und ist nur zu einer Freiheitsstrafe von 2 Jahren mit Bewährung verurteilt worden. Von Herrn ...[220], der in dem VW Skandal verwickelt war, will das Gericht gar nicht sprechen. In früheren Zeiten ist ein ehemaliger Pressesprecher der Bundesregierung und Bildzeitungschef namens ...[221] wegen Steuerhinterziehung von einer Million DM mit einem Strafbefehl und einer Geldstrafe davon gekommen. Stellt man solchen Urteilen den Schaden von ca. 10.000,00 € gegenüber, den die Angeklagten [...] gemeinschaftlich verursacht haben, dann wird deutlich, dass ein Unterschied zu den vom Gericht gemachten Fällen gemacht werden muss, sonst kann der Gerechtigkeit nicht genüge getan werden. Mit den Straftaten, die die Angeklagten begangen haben, könnten sie bis an ihr Lebensende fortfahren und hätten dennoch nicht den von Herrn ... angerichteten Schaden in Höhe von einer Million erreicht."

cc) Stufe drei: Durchgeknallter Slapstick

Stufe drei ist Humor mit der Brechstange. Urteilsbegründungen dieser Kategorie bestehen zu weiten Teilen aus Klamauk. Beispiele:

(1) Rheinische Straßenverkehrs-Rechtsprechung

Die Maßstäbe setzt bis heute der humanistisch-liberale[222] Kölner Amtsrichter Eugen Menken († 2008).[223] Menken wusste, wo der Holzhammer hängt.

---

[220] Gemeint ist offenkundig Peter Hartz.
[221] Gemeint ist der „Bravo"-Erfinder Peter Boenisch, vgl. BT-Drs. 10/4492.
[222] Menken hielt bspw. die Erzwingungshaft in Bußgeldsachen für verfassungswidrig (vgl. AG Köln, NJW 1976, 344; Ist die Erzwingungshaft verfassungswidrig?, DAR 1976, 180) und hatte auch ansonsten einen wachen sozialkritischen Blick (vgl. AG Köln, NJW 1980, 645).
[223] Näheres zu Eugen Menken findet sich bei *Walter*, Kleine Stilkunde für Juristen, S. 182 ff.

(a) Sesterpääd

Berühmt ist vor allem sein Sesterpääd-Urteil aus dem Jahr 1984,[224] das sogleich ausgiebig zitiert werden muss. Darin hatte Menken über die Beschädigung eines Pkw in der Kölner Südstadt durch den Tritt eines namenlosen Pferdes zu entscheiden, das zu Werbezwecken eine Bierkutsche der Brauerei „Sester" hinter sich hergezogen hatte. Die Brauerei meinte indes, der Pferdewagen sei am fraglichen Dienstag anderswo unterwegs gewesen.

---

[224] AG Köln, NJW 1986, 1266.

III. Humor bei Gericht

Menken verurteilte die Brauerei aus folgenden Gründen zur Zahlung von 1.950,– DM:

„Die Bekl. haftet als Halterin des Pferdefuhrwerks insgesamt, weil dieses das Auto der Kl. beschädigt hat.

Die Bekl. haftet allerdings nicht schon als Halterin des Fahrzeugs selbst. Ein Pferdefuhrwerk, das zweifelsfrei nicht zu den ‚Rodelschlitten, Kinderwagen, Rollern und ähnlichen Fortbewegungsmitteln' gehört, ist zwar ein richtiges Fahrzeug im Sinne der Straßenverkehrsordnung (§ 24 I StVO). Es ist nämlich ein zweispuriges, nicht an Gleise gebundenes Landfahrzeug, dessen Bauart die Gewähr dafür bietet, daß die Höchstgeschwindigkeit auf ebener Bahn nicht mehr als 6 km/h und die Drehzahl des Motors nicht mehr als 4.800 Umdrehungen pro Minute beträgt, weshalb es auch führerscheinfrei ist (vgl. § 4 I StVZO). Es wird jedoch trotz einiger PS nicht durch Maschinenkraft bewegt, so daß ihm rechtlich die Anerkennung als vollwertiges Kraftfahrzeug versagt ist (§ 1 II StVG).

Die Bekl. haftet aber als Halterin des Pferdeteiles des Fuhrwerkes (§ 833 BGB). Das Pferd, rechtlich für sich betrachtet, ist nämlich ein Haustier, auch wenn es am Straßenverkehr teilnimmt und nicht zu Hause wohnt. Zu den Haustieren zählen nämlich alle die Tiere, die jemand ‚in seiner Wirtschaft' hält ([...] insoweit genießt lediglich die Biene einen rechtlichen Sonderstatus, weil sie sich der Verfügungsgewalt des Imkermeisters entziehen kann, um Soldatenpferde zu stechen: RGZ 158, 388). Das schließt die Haftung der Bekl. aber nicht aus, weil die Pferde ihr nicht ‚zum Berufe, der Erwerbstätigkeit oder dem Unterhalt' dienen (§ 833 S. 2 BGB). Wie der Angestellte der Bekl. Z bekundet hat, dienen sie nämlich lediglich der Reklame, indem sie leere Bierfässer herumfahren, was dem Umsatz nicht gerade förderlich ist. Die Pferde der Bekl. sind daher rechtlich ein liebenswerter Luxus, der wie vieles andere zum Kölner Lokalkolorit gehört.

Nach dem Ergebnis der Beweisaufnahme hat auch eines der beiden Pferde mit einem der 8 Hufe das Auto der Kl. getreten. Damit hat sich die von dem Gesetz verlangte typische Tiergefahr verwirklicht. Daß sich auch Menschen ab und zu so verhalten (vgl. dazu das Holzweg-Urteil des erkennenen Gerichts vom 4.12.1981 – 266 C 284/81 – Brigitte Nr. 18 v. 29.4.1982 sowie Expreß v. 7.4.1982) ist unerheblich, weil es hier auf die Unberechenbarkeit tierischen Verhaltens ankommt. Unberechenbar ist aber alles, auf das man sich leider nicht verlassen kann. [...]

148 2. Kap.: Jura-Comedy

Die Pferde sind auch am 31.1.1984 pünktlich um 12.00 Uhr ('High Noon') vor der Postschänke zur Attacke angeritten, um das dort befindliche Auto der Kl. einzutreten, auch wenn die genauen Umstände, wie sie dahin gelangt sind, im einzelnen nicht mehr restlos aufgeklärt werden konnten. Kutscher W war nämlich als alter Fuhrmann der festen Überzeugung, daß er freitags mit den Pferden die Südstadt heimsuche, dienstags aber E. Der Zeuge Z hingegen, der für die Bekl. den Fahrplan für die Pferdekutsche aufstellt, war fest der Überzeugung, daß die Kutsche grundsätzlich dienstags die Südstadt besuche und freitags nach E. fahre. Der Kutscher W schüttelte darauf merklich seinen Kopf. Der Zeuge Z fügte jedoch hinzu, am Dienstag, den 31.1.1984, sei der zweite Kutscher krank gewesen. Deshalb habe er dem Zeugen W gesagt, er möge die kleinere Tour nach E. machen. Diese Anordnung erging auch völlig zu Recht, heißt es doch schon seit je: '2 Pferde, ein Kutscher, 4 Bestien' (vgl. dazu Simrock, Die Deutschen Sprichwörter, gesammelt, Frankfurt, 1846, Nr. 7867). Andererseits heißt es aber auch, was der Angestellte der Bekl. vielleicht nicht genügend berücksichtigt hat: 'Alte Gewohnheit soll man nicht brechen' (vgl. dazu Simrock, Nr. 3642). Weiter heißt es auch: 'Nimmt Gewohnheit überhand, kommt sie über all das Land' (Simrock, Nr. 3640).

Deshalb und weil die Fähigkeit, an zwei Orten gleichzeitig in Erscheinung oder sonstwohin zu treten, auch bei Pferden nur selten anzutreffen ist, ist das Gericht zur Überzeugung gelangt, daß das Gespann der Bekl. bei seiner Reise über das Kölner Land am Dienstag, den 31.1.1984, auf der B-Straße an der Postschänke angelangt ist, wo es auch von dem Zeugen S deutlich wahrgenommen wurde, dem insoweit eine besondere Kölsche Sachkunde zugesprochen werden muß. Er erkannte nämlich nicht nur den Kutscher, sondern sogar auch die Pferde wieder, wobei allerdings die Möglichkeit nicht von der Hand zu weisen ist, daß ihm die Firmenaufschrift auf dem Fuhrwerk der Bekl. bei der einwandfreien Identifizierung geholfen hat. Der Zeuge konnte sich auch an den 31.1.1984 als einen besonderen Tag noch sehr gut erinnern. Es regnete nämlich, und er hatte sogar den Schirm auf. Er konnte auch nach vollbrachtem Arztbesuch den Rest des Tages unbeschwert von jeder Arbeit genießen, so daß seine Aufmerksamkeit durch nichts getrübt war. Das beweist schon die Tatsache, daß er in aller Ruhe 'ein paar Minuten lang' zuschaute, wie das eine Pferd der Bekl. 'immer wieder gegen die Stoßstange des Fahrzeuges der Klägerin trat', bis der Kutscher der Bekl. seinerseits zwar nicht gegen den Wagen, wohl aber vorzeitig in Erscheinung trat. Offenbar hatte der Kutscher den alten Rat befolgt: 'Wer

III. Humor bei Gericht 149

weiter will als sein Pferd, der sitze ab und gehe zu Fuß' (Simrock, Nr. 7871). Auch wenn man nicht der heute weit verbreiteten Rechtsansicht huldigt, Tiere seien bessere Menschen (vgl. dazu schon Aristoteles, Politeia I, 2, wonach der Mensch nichts besseres ist als ein geselliges Tier), wäre es von dem Kutscher natürlich zu verlangen gewesen, die Pferde, anstatt sie ‚herrenlos' allein im Regen stehen zu lassen, wenn schon nicht aus Gründen des ‚ethischen Tierschutzes' (vgl. dazu OLG Frankfurt, WM 1984, 37), so doch wenigstens zur Beaufsichtigung (§ 833 S. 2 BGB) und um ausreichend auf sie einwirken zu können (§ 28 I 2 StVO), mit in die Postschänke hineinzunehmen. Das wäre angesichts der Kölner Verhältnisse im allgemeinen wie auch für Pferde, die den Namen einer Kölner Brauerei tragen, durchaus nichts Ungewöhnliches oder Unzumutbares gewesen. Hat doch schon einmal eine Dame, die allerdings den Namen eines Konkurrenzunternehmens der Bekl. trug, dafür gesorgt, daß 2 Pferde in einem Hause die Treppe hinauf getrappelt sind, um vom Dachboden aus einen besseren Überblick über die offenbar schon damals wenig übersichtlichen Kölner Verkehrsverhältnisse zu gewinnen (vgl. dazu Henßen-Wrede, Volk am ewigen Strom, 2. Bd., Sang und Sage am Rhein, Essen, 1935, Nr. 62 ‚Richmodis von der Aducht'). So weit hätte der Kutscher der Bekl. die Pferde nicht einmal laufen lassen müssen. Es hätte genügt, wenn er die Pferde mit an die Theke genommen hätte, wo sie sich als echte Kölsche Brauereipferde sicherlich wohler gefühlt hätten als draußen im Regen. Auch die Wirtin hätte sicher nichts dagegen gehabt. Denn die Rechtsregel ‚Der Gast geht solange zur Theke, bis er bricht', hat bis jetzt, soweit ersichtlich, in der Rechtsprechung auf Pferde noch keine Anwendung gefunden.

Unter diesen Umständen konnte es offenbleiben, ob der Kutscher der Bekl. in der Postschänke tatsächlich ‚eine Tasse Kaffee' getrunken hat, ‚weil es so kalt war' und ob er dadurch arbeitsrechtlich gegen seinen Auftrag verstoßen hat, in jeder Lage für die Bekl. Reklame zu machen und den Umsatz zu fördern. Die Werbe-Slogans der Bekl. lauten eben, soweit das Gericht sie aufmerksam verfolgt hat, gerade nicht:

Malzbier ist besser als Schäksbier.

Zwischen Leber und Milz paßt immer noch ein Pilz

oder gar: Ich trinke Jägermeister. Weshalb? Mir fehlt der Scheibenkleister!

Der Werbespruch der Bekl. zielt vielmehr schon vom Wortlaut her imperativ darauf ab, daß ein Mensch namens ‚Bester' ihr Gebräu trinken soll. In diesem Zusammenhang hat das Gericht es allerdings noch nie recht verstanden, warum die Bekl. ihre Werbung auf den Familiennamen ‚Bester' beschränkt, von dem im 1104 Seiten umfassenden Telefonbuch für Köln nur 4 Männer, aber keine einzige Frau verzeichnet sind (vgl. Telefonbuch 11 der DBP, 1984, S. 93, 2. Spalte von rechts). Insgesamt jedenfalls könnte die Bekl. mit einer gewissen Berechtigung ihrem Kutscher entgegenhalten, daß ‚dasjenige Bier, das nicht getrunken wird, seinen Beruf verfehlt' (Abgeordneter Alexander Meyer am 21.1.1880 bei der Beratung des Gesetzentwurfs betreffend die Steuer vom Vertriebe geistiger Getränke). Die von der Bekl. vertriebene Getränkeart vermag, insbesondere zur Winterszeit, wie das Gericht aufgrund eigener Sachkunde feststellen konnte, ohne daß die Hinzuziehung eines Sachverständigen für Alkoholfragen notwendig gewesen wäre, durchaus auch anstelle von Kaffee eine gewisse wärmende Wirkung zu entfalten, wobei allerdings rechtlich ein mäßiger Gebrauch anzuraten ist. Die alte Verkehrsregel nämlich ‚Wenn die Kutscher besoffen sind, laufen die Pferde am besten' (vgl. Simrock, Nr. 7861 a), kann heute rechtlich nicht mehr uneingeschränkt Gültigkeit beanspruchen.

Auch wenn es für Kutscher noch keine ausreichenden wissenschaftlichen Unterlagen für die Festlegung von Promillegrenzwerten gibt (Jagusch-Hentschel, § 316 StGB Rdnr. 18), können diese bestraft werden (wenn auch nicht ihres Führerscheins verlustig gehen), wenn sie nachweislich alkoholbedingt fahruntüchtig ein Pferdefuhrwerk führen. Zum Führen eines Pferdefuhrwerkes gehört dabei im Rechtssinne nach herrschender Meinung ‚die Ausübung der für die Fortbewegung wesentlichen Verrichtungen, wie Zügelführung und Betätigung der Bremsen, aber auch die Benutzung der Peitsche und die typischen Zurufe zur Einwirkung auf die Pferde' (Hentschel-Born, Trunkenheit im Straßenverkehr, 3. Aufl. (1984), Rdnr. 321; gemeint sind offenbar ‚Hüh' und ‚Hott'). Wenn man dem Gebräu der eigenen Brauerei diensteifrig zugesprochen hat, könnte es daher möglicherweise geraten sein nach dem Motto ‚Das Pferd ist klüger als sein Reiter' (Simrock, Nr. 7868), den Zügel völlig schleifen zu lassen, wenn man es nicht von vornherein vorzieht, hinten auf den Wagen zu kriechen. Denn: ‚Wer kriecht, kann nicht stolpern' (alte Lebensweisheit).

Allerdings muß man sich dann ‚gegen Herabfallen und vermeidbares Lärmen besonders sichern' (§ 22 StVO).

Auch die Rechtsposition des Beikutschers bietet in dieser Lage einige Vorteile. Wer nämlich an den oben erwähnten typischen Zurufen sich lediglich beteiligt, um die Pferde anzutreiben, soll noch nicht an

III. Humor bei Gericht 151

der verantwortlichen Lenkung des Fuhrwerkes teilnehmen (so Hentschel-Born, Rdnr. 321 m. Hinw. auf OLG Hamm, VRS 19, 367). Eine allgemein verbindliche Bier-Kutsch-Regel läßt sich jedoch nicht aufstellen. Deshalb weiß man auch von vornherein nie so genau, wie die Gerichte entscheiden. Eher wäre ganz allgemein auch für Kutscher ein komplettes Jurastudium der Trunkenheit im Straßenverkehr zu empfehlen, bevor sie sich in den juristischen Fallstricken des eigenen Zügels verfangen. Denn: ‚Wer zwei Linke Hände hat, sollte die Rechte studieren' (Sponti-Spruch).

[...] Der vorliegende Fall beweist auch, daß die Pferde der Bekl. trotz ihrer äußerlich robusten Statur innerlich nicht einer gewissen Sanftmut im Verkehr entbehren. Sie sind nämlich mit dem Auto der Kl. einigermaßen zartfüßig umgegangen. Das Ergebnis ihrer Beinarbeit ist jedenfalls nach den Erfahrungen des Gerichts relativ preisgünstig ausgefallen. [...]

Die Bekl. möge also die Blötsche (= Eindellungen) am Fahrzeug der Kl. bald möglichst bezahlen. Weil die Post heute ja bekanntlich nicht mehr so schnell ist wie früher, hätte es durchaus seine Vorzüge, wenn das Geld mit Hilfe der Bierkutsche der Bekl. zur Kl. transportiert würde. Rein vorsorglich wäre jedoch dabei zu empfehlen, daß diesmal der zweite Kutscher mitfährt, weil das rechte Pferd das Auto der Kl. möglicherweise wiedererkennt.

Ob auf dem Fuhrwerk dabei diesmal ausnahmsweise ein volles Fäßchen mitgeführt wird, sozusagen als Schmerzensgeld für die Beulen, bleibt allerdings dem freien Ermessen der Bekl. überlassen. Mit einer entsprechenden Verurteilung würde das Gericht seine Befugnisse überschreiten, weil die Kl. keinen entsprechenden Antrag gestellt hat (vgl. dazu § 308 ZPO). Desgleichen kann das Gericht die Frage nicht entscheiden, ob die Bekl. die Schadensersatzsumme als Werbungskosten von der Steuer absetzen kann. Zusammenfassend ließe sich sagen:

‚Es war ein Mond nach Sylvester, | da stapften die Pferde vom Sester | verwirrt durch des Kutschers Menkenke | im Süden von Schänke zu Schänke: | Der trank nämlich Kaffee statt Sester. | Der Regen ward zwischendurch fester, | die Pferdehaut folglich durchnäßter, | weshalb dann ein Pferd mit der Pfoten | ein Auto, das dastand getroten. | Wer ruft da: Tritt fester mein Bester!?'

Um das Urteil auch formaljuristisch abzurunden, sei darauf hingewiesen, daß die Nebenentscheidungen auf den § 291 BGB, §§ 91 und 709 ZPO beruhen (falls dies noch jemand ernsthaft interessiert)."

(b) Spaßverbot?

Das Urteil des Amtsgerichts besteht überwiegend aus „Humbug" und „Nonsense"[225] und provoziert die Frage: Darf das das? Die Antwort ist: schwierig. Es kommt darauf an, ob man sie als Rechtsfrage oder als Geschmacksfrage stellt.

(aa) Als Rechtsfrage

Die Entscheidung ist jedenfalls inhaltlich vertretbar[226] und förmlich genug, um nicht nichtig oder gar ein Nichturteil zu sein.[227] Aber sie ist eben auch penetrant albern und wäre, wie Walter ausgerechnet hat, in ernst 95% kürzer ausgefallen.[228] Macht sie das irregulär? Nur, wenn die Urteilsgründe entweder ersichtlich nicht ernst gemeint sind oder so sehr „zu weitschweifig, zu wenig auf den Punkt gebracht, zu sehr mit weit abliegenden Lesefrüchten garniert und mit gelegentlich sogar albernen Vergleichen belastet"[229] sind, dass sie, weil nicht – wie vom Gesetz gefordert[230] – auf das Wesentliche beschränkt, als prozessrechtswidrig anzusehen sind. Walter meint, beides sei hier der Fall.

---

[225] *Walter*, Kleine Stilkunde für Juristen, S. 184.

[226] *Walter*, Kleine Stilkunde für Juristen, S. 183 f. kritisiert aber, dass die auf einer Mindermeinung zu einer Auslegung von § 833 Satz 1 BGB beruhende Entscheidung die h.M. unerwähnt lässt. Das Urteil ist daher nicht gut gelungen, vgl. *Oswald*, Wann ist ein Zivilurteil „gelungen"?, NJW 2020, 3701 Rn. 24.

[227] Das Nichturteil zeichnet sich dadurch aus, „dass von einem ‚Urteil' nicht die Rede sein kann", BeckOK-VwGO/*Lindner*, 62. Ed. (7/2022), § 107 Rn. 15; näher zur Abgrenzung vom nichtigen zum Nichturteil BeckOK-ZPO/*Elzer*, 45. Ed. (7/2022), § 318 Rn. 14; MüKo-StPO/*Kudlich*, 2016, Einleitung Rn. 340; zu den „Rechtswirkungen wirkungsloser Urteile" Musielak/Voit/*Musielak*, ZPO, 18. Aufl. 2021, § 300 Rn. 7.

[228] *Walter*, Kleine Stilkunde für Juristen, S. 183.

[229] Vgl. *Sendler*, NJW 1995, 847, 848.

[230] § 313 Abs. 3 ZPO.

III. Humor bei Gericht 153

Aber er irrt. Denn das Urteil ist, erstens, im Grunde ernst gemeint. Grober Witz und analytische Argumentation sind nicht per se verfeindet[231] und die richterliche Entscheidungsfreiheit ist weit. Menken ist der Ausgang des Prozesses auch nicht etwa egal, er ist vielmehr um eine richtige Lösung bemüht. Der anlässlich dessen verbreitete „volkstümliche Humor"[232] ist erkennbar ein unorthodoxes didaktisches Mittel, um den nichtjuristischen Bürgern, in dessen Namen er spricht, den Blick auf das Recht schmackhaft zu machen. Ob das tatsächlich gelingt, ist nicht klar. Aber das ist zumindest ein seriöses Anliegen. Mit anderen Worten: Der Richter nimmt die Angelegenheit auf seine eigene Weise ernst (genug).[233]

Auch Menkens Weitschweifigkeit ist, zweitens, kein rechtlicher Mangel. Zwar können Urteilsgründe rechtswidrig sein, wenn sie den Leser „mit einer Fülle überflüssiger für die Entscheidung belangloser Einzelheiten" zuspammen.[234] Das gilt aber nur, wenn die Leserschaft infolgedessen gar nicht mehr versteht, worauf das Gericht überhaupt hinauswill – hier gilt es also nicht. Die „*Menken*schen Döntjes" (Walter) mögen als lästiger Unfug erscheinen, aber wer sich etwas Mühe gibt, versteht trotzdem, was der Richter im Kern zum Streit zu sagen hat und warum er ihn so entscheidet. Mehr kann man nicht verlangen (findet auch der Bundesgerichtshof).[235]

Alles andere wäre auch für eine Vielzahl „seriöser" Urteile viel zu gefährlich. Diese sind nicht selten geprägt von ödester Weitschweifigkeit, end- und sinnlosen Wiederholungen, „Zitier-

---

[231] Ausf. *Baronett*, Why Did the Logician Cross the Road? Finding Humor in Logical Reasoning, 2021.
[232] So *Gerhardt*, Menschen vor Gericht und an anderen unwirtlichen Orten, 1994, S. 23; abw. *Sendler*, NJW 1995, 847, 848: bloß „tümelnder" Humor.
[233] So i. E. auch *Steinberg/Rüping*, JZ 2012, 182, 186.
[234] So BGH, NStZ 2020, 102 f. (in Bezug auf eine mehrhundertseitige „collageartig anmutende Sachverhaltsdarstellung").
[235] Vgl. BGH, BeckRS 2021, 22559 Rn. 31 (NSU-Urteil): Der „sachlich nicht gebotene und der Lesbarkeit abträgliche außergewöhnliche Umfang der Urteilsgründe […] macht die Entscheidung […] nicht rechtsfehlerhaft".

orgien"[236] und bisweilen blanker Unverständlichkeit. Jedenfalls kann man kaum behaupten, der Menken-Stil stelle eine größere Bedrohung für die Akzeptanz richterlicher Sprüche durch die Bevölkerung dar, als wenn – nur als Beispiele – in vollem Ernst der Bundesgerichtshof sich auf über 14 Urteilsseiten über die denkbaren Methoden zur Wertberechnung und den Sinn und Zweck eines alten Kastanienbaums auslässt,[237] das Landesarbeitsgericht Hamm einem Urteil zur besseren Orientierung für den Leser einen „Leitsatz" mit mehr als 400 Wörtern am Stück voranstellt[238] oder das Landesarbeitsgericht Rheinland-Pfalz die

---

[236] *Stein*, Aufbau und Inhalt der Entscheidungsgründe im Zivilurteil, JuS 2014, 320, 322.

[237] BGH, NJW 1975, 2061 (Auszug); der „erschöpfte Leser" *Franzki*, Der Bundesgerichtshof und die alte Kastanie, DRiZ 1976, 113, 114 fragt sich, ob es „unter den Mitgliedern des Senats wirklich keinen [gab], der dem schreibwütigen Berichterstatter beizeiten den Griffel aus der Hand nahm, auf daß er nicht dem Tischler gleiche, der die Schränke auch noch von hinten poliert."

[238] Vgl. LAG Hamm, ZTR 2001, 133 f. Ls. 1: „Hat ein öffentlicher Arbeitgeber, der selbst hinsichtlich der Bestimmungen des BAT sowie der den BAT ergänzenden Tarifverträge gemäß § 3 Abs. 1 TVG tarifgebunden ist und der mit allen seinen Angestellten unabhängig davon, ob diese Angestellten ihrerseits Mitglied einer der Gewerkschaften, die auf Gewerkschaftsseite den BAT sowie die den BAT ergänzenden Tarifverträge abgeschlossen haben, gewesen oder geworden sind, schon im jeweiligen schriftlichen Einstellungsarbeitsvertrag die volle Geltung des BAT sowie der den BAT ergänzenden Tarifverträge vereinbart hat, aufgrund einer Rationalisierungsmaßnahme durch ihn im Sinne des § 1 Tarifvertrag über den Rationalisierungsschutz für Angestellte (TV RatAng) mit insgesamt 191 Angestellten schriftliche Auflösungsverträge abgeschossen und hierbei mit jedem dieser insgesamt 191 Angestellten im jeweiligen schriftlichen Auflösungsvertrag wortreich vereinbart, daß er zwar jedem Angestellten eine Abfindung nach Maßgabe des § 7 Abs. 1 TV RatAng zahlt, daß er aber hierbei auf diese Abfindung nach § 7 Abs. 1 TV RatAng das dem jeweiligen Angestellten seitens des Arbeitsamtes erbrachte Arbeitslosengeld in voller Höhe anrechnet, ist diese seitens des öffentlichen Arbeitgebers mit allen insgesamt 191 Angestellten bezüglich der vollen Anrechnung des Arbeitslosengeldes auf die Abfindung gemäß § 7 Abs. 1 TV RatAng getroffene Vereinbarung wegen Verstoßes gegen § 10 Abs. 1 TV RatAng, wonach nach dem Urteil des Bundesarbeitsgerichts vom 20.02.1997 – 6 AZR 760/95 = AP Nr. 2 zu § 7 TV RatAng das Arbeitslosengeld auf die Abfindung nach

III. Humor bei Gericht 155

Prozessparteien mit der wirren Belehrung quält, dass „an sich nicht erstattbare Kosten des arbeitsgerichtlichen Verfahrens erster Instanz insoweit erstattbar [sind], als durch sie erstattbare Kosten erspart bleiben."[239] Lange Rede, kurzer Sinn: In *rechtlicher* Hinsicht ist die Brauereipferd-Entscheidung nicht zu beanstanden.

(bb) Als Geschmacksfrage

Urteilsbegründungen nach Art der Brauereigaul-Entscheidung sind im Prinzip wie Oberarmtätowierungen mit einem von roten Blumen umrankten Totenkopf: „Einige Menschen finden es grauenhaft, andere großartig."[240] Und wiederum andere finden es eher mittelmäßig.[241] Jedenfalls handelt es sich um eine Geschmacksfrage. Ob lustig oder lachhaft muss letztlich jede(r) für sich selbst entscheiden.

---

§ 7 Abs. 1 TV RatAng gerade nicht angerechnet werden darf, nur gegenüber denjenigen der insgesamt 191 Angestellten, die zumindest zum Zeitpunkt des jeweiligen Abschlusses des schriftlichen Auflösungsvertrages Mitglied einer der Gewerkschaften, die auf Gewerkschaftsseite den BAT sowie die den BAT ergänzenden Tarifverträge, wozu u. a. auch der TV RatAng zählt, abgeschlossen haben, gewesen sind, gemäß § 134 BGB i. V. m. § 4 Absätze 1 Satz [?] sowie 3 TVG nichtig, da nämlich einerseits der TV RatAng nie nach § 5 Abs. 1 TVG für allgemeinverbindlich erklärt worden ist und da andererseits in den §§ 7 Abs. 1, 10 Abs. 1 TV RatAng keine ‚betrieblichen Fragen' im Sinne der §§ 1 Abs. 1, 3 Abs. 2, 4 Abs. 1 Satz 2 TVG, vielmehr ausschließlich der Inhalt von Arbeitsverhältnissen im Sinne der § 1 Abs. 1, 4 Abs. 1 Satz 1 TVG geordnet werden, weswegen dann aber auch die Regelungen in den §§ 7 Abs. 1, 10 Abs. 1 TV RatAng auf ein Arbeitsverhältnis nur dann nach § 4 Abs. 1 Satz 1 TVG gesetzlich zwingend Anwendung finden, wenn gleichzeitig sowohl der Arbeitgeber als auch der Angestellte jeweils gemäß § 3 Abs. 1 TVG tarifgebunden sind."

[239] LAG Rheinland-Pfalz, AnwBl 1988, 299. Treffend *Bauer*, Recht kurios, S. 129: „Kostenwirrwarr".

[240] LG Flensburg, NJOZ 2014, 899 (Zitat grammatikalisch leicht verändert).

[241] Exemplarisch *Walter*, Kleine Stilkunde für Juristen, S. 183 (zum Sesterpääd): „büttenrednerisch-halbwitzig".

Für Unschlüssige gibt es dazu ein interessantes Geschmacksexperiment aus den USA: Im Jahr 2007 hat das Bezirksberufungsgericht von Florida zu Vergleichszwecken dasselbe Pferde-Urteil mit zwei Begründungen versehen: einer bierernst-seriösen und einer kreativ-humoristischen.[242] In der Sache ging es um Galgenhumor (*Distorted Humor*) und Spaßverderber (*Funny Cide*), also um Rennpferde. Letzterer stammt von Ersterem ab und war nur ganz knapp am seltenen Kunststück gescheitert, sich nach dem Gewinn des Kentucky Derby und des Preakness Stakes beim Belmont Stakes die Dreifache Krone des Pferderennsports aufzusetzen. Daraufhin verklagten seine Eigentümer die Zeitung Miami Herald. Diese hatte nämlich im Vorfeld des Rennens haltlose Mogel-Gerüchte über Funny Cides Jockey verbreitet, woraufhin – so die Kläger – der Jockey das Pferd stressbedingt überritten habe. Die drei Richter waren sich jedoch einig: Es gab keinen Beweis für den ursächlichen Zusammenhang zwischen Zeitungsartikel und Funny Cides Niederlage beim Belmont-Rennen, also „Klage abgewiesen!". Die Richtermehrheit begründete das typisch juristisch-nüchtern. Richter Farmer hielt das für langweiliges Spießertum und verfasste ein stilistisch abweichendes Sondervotum. Im dazugehörigen „Vorwort" schreibt er:

> „Die meisten Urteilsgründe sind langweilig, ermüdend [...] und viel zu lang. [...] Einfachheit, Ton, Stil, Stimme, Persönlichkeit, Leichtigkeit – all das wird gemieden. [...] Vor einigen Monaten habe ich beschlossen, dass der Stil einiger Urteilsbegründungen auf unkonventionelle Weise geändert werden könnte – und sollte –, um für alle Leser zugänglich zu sein. Ich würde versuchen, einige Begründungen in einem Stil und Tonfall zu verfassen, der die juristische Argumentation für diejenigen, die kein Jura-Studium absolviert haben, verständlicher macht. Dann kam dieser Fall. [...] Ich wollte es versuchen. Aber wie sich herausstellte, fanden die beiden anderen Richter die Idee nicht gut. Sie hatten Bedenken. [...] Deshalb gebe ich diese Erklärung für meine Urteilsbegründung ab und lege meine Version neben die der anderen. Die Leser können eine konventionell verfasste Begründung mit einem unkonventionellen Stil vergleichen."

---

[242] Funny Cide Ventures, LLC v. Miami Herald Publishing Co., 955 So.2d 1241 (Fla. Dist. Ct. App, May 16, 2007), bit.ly/3eol9E7.

III. Humor bei Gericht 157

Der dann folgende Urteilstext von Richter Farmer ist nur schwer zu beschreiben. Es handelt sich um eine Art stimmungsvolle Novelle,[243] deren zentrales Motiv an dem Song „Fugue for Tinhorns" aus dem 1950er Broadway-Musical Guys and Dolls (dt. Titel: Schwere Jungs – leichte Mädchen) orientiert ist. Egal, ob man sie nun liebt oder ob man sie hasst – Richter Farmers Urteilsbegründung ist in jedem Fall lesenswert.

(c) Sportreportage

Konsequenzen für Richter Menken hatte die Sesterpääd-Entscheidung keine (abgesehen von einer Nebenkarriere als TV-Richter-Pionier).[244] Auch später sind noch mehrfach die Brauereigäule mit ihm durchgegangen. 1993 versuchte er sich in dem Genre der sportreportageartigen Urteilsbegründung.[245] Dem Schadensersatzprozess nach einem Verkehrsunfall zwischen einem Auto- und einem Radfahrer lag der Fall eines „verzweisamten Zeichens 205" zugrunde; das heißt die Fahrer hätten unlogischerweise gegenseitig die Vorfahrt des jeweils anderen achten müssen, waren aber stattdessen beide gleichzeitig losgefahren. Die Konstellation ist offenbar äußerst selten: „Jedenfalls", schreibt Menken, „habe ich trotz eifrigen Suchens keinen Präzedenzfall gefunden, den ich zur Arbeitserleichterung hätte abschreiben können." Seine eigene Begründung orientiert sich dann an einer Fußballreportage:

„Ein Verkehrsunfallprozess wird nach denselben Regeln gespielt wie ein Fußballspiel. Sein Ausgang hängt nicht von der zufälligen Anzahl der Zeugen ab, die eine Partei zu Unfallzwecken mit sich fahren läßt, sondern von der Anzahl der Frei- wie Eigentore, die die Unfallbeteiligten schießen. Ob ein Tor gefallen ist oder nicht, entscheidet der Schiedsrichter, der im Zweifel die maßgebende Flensburger Punkte-Tabelle anzuwenden hat."

---

[243] Garniert mit einigen verblüffenden Fußnoten.
[244] Menken trat als TV-Richter bei der ZDF-Gerichtsshow „Streit um drei" auf, s. bit.ly/3RgMMxt.
[245] AG Köln, MDR 1994, 354.

2. Kap.: Jura-Comedy

In Anwendung dieser Regeln ist die Sache dann am Ende Unentschieden ausgegangen (Haftung im Verhältnis 50/50), und zwar nach folgendem Spielgeschehen:

„Die buchstabengetreue Auslegung des wirklichen Willens dieses verwirrenden Schilderwaldes führt insgesamt zu dem Ergebnis, daß sich beide Parteien zivilrechtlich einer mutuellen, dupliziert-reflexiven, fiktiven Pseudo-Vorfahrtverletzung schuldig gemacht haben. Es liegt auch klar auf der Hand, daß eine duplizierte Vorfahrtverletzung doppelt so schwer wiegt wie eine simple. Nach der maßgebenden Flensburger Punkte-Tabelle steht es daher am Ende der 1. Halbzeit der Fallbearbeitung zunächst 6 zu 6 und damit unentschieden (Nr. 12 des Bußgeldkatalogs analog).

Der Beklagte beruft sich während der 2. Halbzeit insbesondere auf die Betriebsgefahr des Fahrzeugs des Klägers. Ihm ist insoweit zuzugeben, daß Kraftfahrzeuge […] von Gesetzes wegen mit einer Betriebsgefahr ausgestattet sind, die einem Fahrrad leider völlig fehlt. Insofern vertreten jedoch […] namhafte Verkehrsexperten wie höchste Richter zunehmend die Auffassung, daß die Radfahrer dieses rechtliche Defizit durch ‚Disziplinlosigkeit' (BGH VRS 62, 93) und Waghalsigkeit wettzumachen versuchen, indem sie z.B. bei Rot über die Ampel Kamikaze fahren, in Einbahnstraßen wie auf Radwegen den Geisterfahrer spielen und in rasanter Fahrt Bürgersteige unsicher machen, um Omas mit Oberschenkelhalsbrüchen zu versorgen oder ansonsten plattzufahren […]. Ob diese rechtliche Beurteilung der Radfahrer zutreffend ist, bedarf hier jedoch keiner abschließenden Beurteilung. Eine genauere Abwägung der beiderseitigen fahrerisch betriebenen Gefährlichkeit führt nämlich in der 2. Halbzeit zu dem End-Ergebnis, daß es nach Auszählung der weiteren Tore bei dem Unentschieden bleiben muß. […]

Das Hineinfahren in eine Kreuzung mit unangepaßter Geschwindigkeit entspricht nach der Flensburger Tabelle drei Eigentoren (Nr. 3 des Bußgeldkatalogs). Wenn demgegenüber die restliche Betriebsgefährlichkeit des Autos mit zwei Toren zugunsten des Beklagten [also des Fahrradfahrers] bewertet wird, dann wäre das eigentlich genug, so daß es schließlich 9 zu 8 für den Kläger stünde.

Der Kläger, der nur die Hälfte seines Schadens einklagt, hat sich aber von vornherein mit einem Unentschieden zufrieden gegeben. Deshalb kann dem Beklagten vom Schiedsrichter großzügigerweise wegen Fouls im Kreuzungsraum noch ein Elfmeter zugebilligt werden. Damit steht es schließlich 9 zu 9, und das Spiel hat mit einem glatten Unentschieden geendet. Mehr wäre hier nur drin gewesen, wenn

III. Humor bei Gericht 159

beide – wie bei einer kaputten Ampelanlage – durch Zeichen 301 [= einfache Vorfahrt] oder 306 StVO [= Vorfahrtstraße] die rechtlich richtige Vorfahrt gehabt hätten. Dann hätten sie beide in je einem Auswärtsspiel gegen die Behörden-Mannschaft der Stadt Köln antreten können und jeweils 2 Punkte nach Hause geholt.[246]

Deshalb mögen die Parteien froh sein, daß der Unfall relativ glimpflich abgelaufen ist und daß an der Kreuzung nicht für beide Fahrtrichtungen Stop-Zeichen (206 StVO) aufgestellt waren. Dann müßten sie nämlich beide bei der gebotenen strengen Beobachtung der Rechtslage und des unbedingten Haltegebots heute nach über einem Jahr immer noch dort stehen und kämen nie mehr nach Hause."

Eine vergleichbare Urteilsbegründung hat es seither in Deutschland – soweit ersichtlich – nicht mehr gegeben. Während der Sportreportagen-Urteilsstil hierzulande also weiterhin ein absolutes Nischendasein fristet, hat sich dieser anderenorts inzwischen zu einem festen Genre etablieren können.[247]

(2) Rheiner Straßenverkehrs-Rechtsprechung

Diese Geschichte über richterliche Hartnäckigkeit und Galgenhumor bedarf einführender Erläuterungen.

---

[246] Anm. *T. Z.*: Die 3-Punkte-Regel gilt im deutschen Fußball erst seit der Saison 1995/96.

[247] Unübertroffen ist eine Entscheidung des Berufungsgerichts von Ohio vom 20.12.2002, in der neben zahlreichen Prozessparteien das Stadion des Baseball-Clubs Cincinnati Reds eine prominente Rolle spielt (City of Cincinnati ex rel. Ritter v. Cincinnati Reds, 782 N.E.2d 1225 [Ohio Ct. App. 2002], bit.ly/3KPJe2s). Die Urteilsbegründung von Richter Painter ist in kunstvoller Weise in die Regeln und die (unübersetzbare) Sprache der Baseball-Kultur eingebettet. Hier kann nur die Schlusszusammenfassung wiedergegeben werden: „Dementsprechend heben wir das Urteil des Erstgerichts zugunsten [des Klägers] Ritter auf (1. Out). Wir fällen ein Urteil für die Reds (2. Out) und für Hamilton County (3. Out). Die Stadt Cincinnati wurde bereits in einem früheren Inning rausgeworfen, so dass dieser Fall jetzt endgültig abgepfiffen wird."

(a) Vorspiel

Erstens: „h. M." ist eigentlich kein Argument (ganz h. M.).[248] Allerdings ist „h. M." für die untergeordneten Amtsrichter doch ein Argument. Richter Funduk von der (kanadischen) Alberta Court of Queen's Bench bringt die Sache auf den Punkt:

„In jedem Rechtssystem, das ein Berufungsverfahren vorsieht, gibt es naturgemäß eine Hackordnung für die Richterschaft, die bestimmt, wo gerichtliche Entscheidungen auf der juristischen Stufenleiter stehen. [...] Die richterliche Hackordnung erlaubt es kleinen Knirpsen [*pecker*] nicht, sich über große Knirpse hinwegzusetzen. Es ist genau andersherum."[249]

Wollen Unterrichter von der h. M. abweichen, müssen sie sich deshalb zumindest beträchtliche Mühe geben.[250]

---

[248] S. nur *Horn*, Die Mehr- oder Mindermeinung, JZ 1983, 719; *Pilniok*, „h. M." ist kein Argument, JuS 2009, 394; abw. *Djeffal*, Die h. M. als Argument, ZJS 2013, 463. Wie man die h. M. feststellt, ist im Übrigen str. (dazu *Wessels/Hettinger*, Strafrecht Besonderer Teil 1, 34. Aufl. 2010, S. V).

[249] South Side Woodwork v. R.C. Contracting Ltd. (1989) A.J. No. 111, 95 A.R. 161, 166 f., bit.ly/3RkxNlV.

[250] Vgl. *Drosdeck*, Die herrschende Meinung, 1989, S. 95. Eine Einzelrichterentscheidung des LG Stuttgart zur Frage der Nichtigkeit sog. Ehegattenbürgschaften (LG Stuttgart, AG 1996, 561) sticht in diesem Bemühen so sehr hervor, dass sie in einer Fachzeitschrift nicht in der Rubrik Rechtsprechung, sondern im Meinungsteil veröffentlicht steht; Auszug: „Die entsprechende Rechtsprechung des BGH ist für das Gericht obsolet. Beim BGH handelt es sich um einen von Parteibuch-Richtern der gegenwärtigen Bonner Koalition dominierten Tendenzbetrieb, der als verlängerter Arm der Reichen und Mächtigen allzu oft deren Interessen zielfördernd in seine Erwägungen einstellt und dabei nicht davor zurückschreckt, Grundrechte zu mißachten, wie kassierende Rechtsprechung des BVerfG belegt. Die Rechtsprechung des 9. Senats des OLG Stuttgart ist der des BGH konform, ja noch ‚bankenfreundlicher', sie ist von der (wohl CDU-)Vorsitzenden des Senats bestimmt, die der gesellschaftlichen Schicht der Optimaten angehört (Ehemann Arzt) und deren Rechtsansichten evident dem Muster ‚das gesellschaftliche Sein bestimmt das Rechtsbewußtsein' folgen. Solche RichterInnen haben für ‚kleine Leute' und deren, auch psychologische, Lebenswirklichkeiten kein Verständnis, sie sind abgehoben, akademisch sozialblind, in ihrem rechtlichen Denken tendieren sie von vornherein darwinistisch.

III. Humor bei Gericht 161

Zweitens: Es macht einen Riesenunterschied, ob etwas extra oder nur aus Versehen geschieht. Das führt zum Beispiel zur Zergliederung dieses Buchs in unfreiwilligen und absichtlichen Urteilshumor oder dazu, dass das tödliche Überfahren der eigenen Ehefrau entweder als Mord mit lebenslanger Haft oder als tragischer Unfall mit einem bloßen Tadel (§ 60 StGB) geahndet wird. Insbesondere das Strafgesetzbuch legt größten Wert auf das Vorsatz-Fahrlässigkeits-Gefälle. Nur an einer einzigen Stelle *nicht*: Bei der Trunkenheitsfahrt (ohne Unfall) ist es nach § 316 StGB für die Strafe gleichgültig, ob der besoffene Fahrer tatsächlich um seine Fahruntüchtigkeit wusste (= vorsätzliche Trunkenheitsfahrt) oder diese nur vage geahnt hat (= fahrlässige Trunkenheitsfahrt). Als Konsequenz geben sich die Gerichte hier überhaupt keine Mühe: Die Ausrede „Betrunken? Ich? Habe ich gar nicht gemerkt ..." wird jedem durchgehen gelassen, denn im Ergebnis kommt es darauf ja nicht an.

(b) Erster Akt

Pragmatische Arbeitsersparnis ist allerdings nichts, wofür sich ein aufrichtiger Strafrichter am Amtsgericht Rheine erwärmen konnte.[251] Aus „Frust und Groll"[252] über die Faulheit der Kollegen argumentierte der „Dorfrichter" in einer furiosen Urteilsbegründung[253] dagegen an. In der Sache ging es um eine Trunkenheitsfahrt anlässlich einer nächtlichen Besprechung von Eheproblemen:

„Während nun die Schwägerin ihr Herz ausschüttete, die Angeklagte zuhörte und Rat erteilte, meinte man, zur Streßlinderung sei Sekt das angemessene Getränk. Beide Damen tranken also nahezu die ganze

,Banken' gehören für sie zur Nomenklatura, ehrenwerte Institutionen, denen man nicht sittenwidriges Handeln zuordnen kann, ohne das bestehende Ordnungsgefüge zu tangieren."
[251] Mutmaßlich handelt es sich um den Rheiner Amtsrichter Franz Kappelhoff, vgl. den Einsender der Entscheidung AG Rheine, NJW 1995, 894.
[252] So *Sendler*, NJW 1995, 847, 849.
[253] AG Rheine, DRiZ 1994, 101.

Nacht hindurch, schliefen zwischenzeitlich ein, um sodann, weiter beratschlagend, die Alkoholaufnahme fortzusetzen. Kurz vor 10.00 Uhr entschloß sich die Angeklagte, [...] mit dem Pkw nach Hause zu fahren."

Polizeikontrolle; Blutprobe: 1,8 Promille; das Amtsgericht verurteilte wegen vorsätzlicher Trunkenheit im Straßenverkehr, denn:

„Die Angeklagte handelte vorsätzlich [...]. Nun hat die Verteidigung geltend gemacht, die Angeklagte habe sich bei Fahrtantritt noch fahrtüchtig gefühlt und sei deshalb bedenkenlos gefahren, weshalb sie nur wegen fahrlässiger Begehungsweise bestraft werden dürfte.

Die Möglichkeit, in diesem Fall Fahrlässigkeit anzunehmen, eröffnet sich nur über die strafrechtliche Regelung des Irrtums (§§ 16, 17 StGB), wobei aber zu fragen wäre, worüber sich die Angeklagte denn wohl geirrt haben könnte. Sicherlich nicht darüber, daß es verboten ist, betrunken Auto zu fahren, auch nicht darüber, daß [...] Alkohol berauschende und zur Fahruntüchtigkeit führende Wirkung und sehr viel Alkohol sehr berauschende Wirkung hat. [...]

Nun hat die Verteidigung weiter auf die Rechtsprechung einiger Obergerichte verwiesen, die hervorgehoben haben, allein aus der Menge des gemessenen Alkohols sei ein Schluß auf vorsätzliche Begehungsweise unzulässig [...]. Das Gericht vermag sich dieser Ansicht jedoch nicht anzuschließen, weil sie fehlerhaft ist. Nun schickt es sich an sich für einen Dorfrichter nicht, die höhere juristische Weisheit deutscher Rechtsmittelgerichte in Zweifel zu ziehen, vielmehr dürfte von ihm verlangt werden, wie ein Theologe gegenüber dem Lehramt der katholischen Kirche in denkendem Gehorsam nachzuvollziehen, was andere für ihn vorgedacht haben."

Dann kommt jedoch das mit großer Mühe begründete ABER:

„Die Annahme, ein von dem Arzt als ‚stark unter Alkoholeinfluss stehend' beschriebener Kraftfahrer, der diesen Zustand dadurch erreicht hat, daß er die ganze Nacht größerer Mengen Sekt in sich hineingeschüttet und deshalb eine Blutalkoholkonzentration von 1,8 Promille erreicht hat, habe [...] nicht erkannt, so stark angetrunken zu sein, daß sich seine Teilnahme am motorisierten Verkehr verbiete, ist eine intellektuelle Zumutung und offenbart ein so hohes Maß an Lebensfremdheit, das von dem in der täglichen Praxis stehenden Strafrichter nicht mehr nachvollzogen werden kann und sich für ihn nur erschließt, wenn die Weisheit Wilhelm Buschs zu Hilfe

III. Humor bei Gericht

genommen wird: ‚Sie haben alles hinter sich und sind gottlob recht tugendlich.'

Um nicht seine Erkenntnisse aus der täglichen Arbeit zu verabsolutieren, hat das Gericht daher in den letzten Jahren durch Befragungsaktionen in seinem juristisch unverbildeten Bekanntenkreis die Erkenntnis bestätigt erhalten, daß schlechterdings für unmöglich gehalten wird, daß jemand, der sich, nachdem er sich ca. eine Flasche Wein (0,75 l), oder neun Glas Bier (0,2 l) oder neun Schnäpse (0,02 l) eingefüllt habe, sich über seinen Zustand Illusionen hingeben könne. Diese Befragungen ließen sich unschwer durch ein praktisches Experiment verifizieren: Man begebe sich zu etwas vorgerückter Stunde auf ein deutsches Schützenfest und befrage die – vorwiegend – männlichen Zecher. Man wird die subjektiven Einschätzungen mit deutlichem Stolz als zwischen ‚gut zufrieden' oder ‚strumpelduhn' bis zu ‚scheißendick' mitgeteilt bekommen, und der Augenschein belegt, daß diese Darstellungen der Wahrheit entsprechen. Befragt man nun dieselben Trinker, ob sie sich noch für fahrtüchtig halten, so wird die Mehrheit antworten, dazu selbstverständlich in der Lage zu sein, da sie gar nicht so ‚besoffen' sein könnten, diese Fähigkeit einzubüßen.

Aber auch die Gegenprobe ist zulässig: Man befrage deutsche Autofahrer danach, wieviel sie meinen trinken zu dürfen, ohne mit dem Gesetz in Konflikt zu geraten, und man wird mit überwältigender Mehrheit die richtigen Antworten (ca. drei bis vier Glas Pils 0,2 l, zwei Glas Wein 0,2 l oder 3–4 Schnäpse 0,02 l) erhalten. [...]

Daraus folgt, daß man sich bei Alkoholfahrten [...] nun keinesfalls im Rechtssinne geirrt hat, was zur Fahrlässigkeit führen würde, sondern [...] kritiklos geworden ist und sich in einer alkoholischen Euphorie besonders leistungsfähig fühlt. Das Gericht bedarf zu solchen Erkenntnissen aber nicht der Ergebnisse medizinischer und psychiatrischer Wissenschaften, sondern zum einen die Erinnerung an seine Studentenzeit und zum anderen die kritische Selbstbeobachtung bei einem guten Essen, das mit dem Konsum französischer Rotweine einhergeht. [...]

Die fehlende Kritikfähigkeit aufgrund durch Alkoholgenuß entstandener Euphorisierung führt nicht zu einer Verkennung des Trunkenheitsgrades, sondern zu einer Senkung der Hemmschwelle, zu einer nur trunkenheitsbedingten Überschätzung der Leistungsfähigkeit: obwohl der Betrunkene (in etwa) weiß, was er getrunken hat, obwohl er an sich (wie alle Außenstehenden auch) alle Symptome der Trunkenheit kennt, setzt er sich über alle Bedenken und richtigen Erkenntnisse hinweg und fährt [...]

Für die [obergerichtliche] Rechtsprechung muß es aber Gründe geben, sonst wäre nicht erklärlich, warum das, was jeder (!) weiß, von der Rechtsprechung anders beurteilt wird. Die erste und ganz wesentliche Ursache liegt darin, daß ein großer Teil der wegen Trunkenheitsfahrt angeklagten und mit einem Rechtsbeistand bei Gericht Erscheinenden rechtsschutzversichert ist und daher wegen der Kostenübernahme durch die Versicherung ein elementares Interesse daran hat, ‚nur' wegen Fahrlässigkeit verurteilt zu werden.[254] [...]

Es gibt aber einen weiteren, viel bedenklicheren Grund für diese Haltung: Ein nicht unerheblicher Teil der Trunkenheitsfahrer ist [...] gut oder befriedigend sozialisiert oder meint dies zumindest. Diesen Kreisen fällt es ungeheuer schwer, einzugestehen, vorsätzlich etwas getan zu haben, was an sich für verwerflich gehalten werden sollte. [...]

Damit setzt sich aber im forensischen Bereich nur fort, was allenthalben in der Gesellschaft festzustellen ist: eine tiefgreifende Unehrlichkeit, die es erlaubt, unkritisch sich weiterzuverhalten, wie es sich eingebürgert hat. So wird vor Gericht aus einer Melange aus der durch die prozessuale Position des Verteidigers entstehenden habituellen und dem Erschrecken über sich selbst erzeugten virtuellen Unehrlichkeit der Angeklagten und der mangelnden Bereitschaft der Gerichte, die Dinge beim Namen zu nennen, ein Ergebnis erreicht, das dem gesunden Menschenverstand Hohn spricht."

Als Reaktion auf dieses ausführlich und rational begründete Urteil sprach das für die Berufung zuständige Landgericht Münster – ausgerechnet an einem 11.11.! – „dem gesunden Menschenverstand Hohn" und änderte die amtsgerichtliche Entscheidung dahingehend ab, dass nur Fahrlässigkeit angenommen wurde.[255]

---

[254] Anm. T. Z.: Nach §§ 81 Abs. 1, 103 VVG muss die Versicherung nicht zahlen, wenn der Versicherungsnehmer vorsätzlich den Versicherungsfall herbeiführt.
[255] Vgl. LG Münster, Urt. v. 11.11.1993 – 5 Ns 21 Js 782/93, in: Anm. der Schriftleitung, NJW 1995, 894, 899.

(c) Zweiter Akt

Der hartnäckige Rheiner Amtsrichter lässt sich nicht entmutigen. Im Gegenteil: Der nächste Anlauf, wieder geht es um einen Autofahrer mit 1,8 Promille, ist 40.000 Zeichen lang (= sechs NJW-Seiten).[256] Die erste Hälfte besteht aus einer kunstvollen „tour d'horizon durch die Welt des Rausches in Siebenmeilenstiefeln", mit der das Ziel verfolgt wird, zu beweisen, „daß der Mensch die Wirkungen des Alkoholgenusses kennt und warum der Mensch trinkt und welchen Zustand er dadurch erreichen will". Die Rheiner „Kulturgeschichte des Rausches" eröffnet mit dem ethnologischen Befund,

„daß der Mensch, nachdem er die ärgsten Widrigkeiten des Lebens bewältigt und die nackte Notdurft befriedigt hat, der Tristesse des Alltagslebens dadurch zu entfliehen gesucht hat, daß er sich mehr oder minder starke Rauschzustände ermöglicht hat, und, nachdem er diese Erfahrungen einmal gemacht hatte, danach strebte, diese – vorsätzlich – zu wiederholen."

Erste Station der Reise ist dann das Alte Testament:

„So verwundert es nicht, daß Noah (1. Mose 9, 20 f.), kaum daß er die […] Sintflut hinter sich hatte, ,Ackermann wurde und Weinberge pflanzte', sein Produkt genoß und sich sinnlos betrank, mit wenig schicklichen Folgen, die hier der Erörterung nicht bedürfen."

Über das Neue Testament („Hochzeit zu Kana") geht es dann zur klassischen griechischen Literatur („am Hofe des Odysseus [wurde], wenn auch hauptsächlich in seiner Abwesenheit, – man muß es schon sagen – so derbe ,gesoffen', daß man sich wundern muß, daß Generationen von Pennälern solche Texte überhaupt übersetzen durften."), weiter zum „Leben am Hofe Neros" im alten Rom. Es folgen Zitaten aus der Carmina Burana („Es säuft die Herrin, säuft der Herr, | es säuft der Ritter, säuft der Pfaffe,… | Es säuft die Ahne, säuft die Mutter, | saufet diese, saufet dieser, | saufen hundert, saufen tausend.") und Exkurse u. a. zu den „Spuckbecken" der Studentenverbindungen, bevor auch noch Shakespeare, Goethe, Schiller, Mark Twain, Hermann

---

[256] AG Rheine, NJW 1995, 894.

Hesse, Giuseppe Verdi, Mozart, Wilhelm Busch und das Bundesverfassungsgericht zu Wort kommen.

Im zweiten Teil begründet das Amtsgericht noch einmal sehr ausführlich seine juristischen Thesen Nummer eins („Wer trinkt, um einen bestimmten Zustand zu erreichen, der irrt sich nicht, wenn er sein Ziel erreicht hat.") und zwei („Wer nicht trinkt, um einen bestimmten Zustand zu erreichen, weiß doch gleichwohl, daß er diesen Zustand – notwendig – erreichen muß, wenn er bestimmte Mengen konsumiert hat, ohne daß es darauf ankommt, daß er die Trinkmenge exakt erinnert"). Am Ende wird der Täter wegen vorsätzlicher Trunkenheitsfahrt verurteilt. Mit dem Hinweis, es sei ihm bislang „in keinem Fall seiner Praxis gelungen, von seiner Berufungskammer nicht in Fahrlässigkeit abgeändert zu werden", legt der Richter schließlich das weiter Schicksal in deren Hände.

(d) Schlussakt

Fünf Monate später fällt das Landgericht Münster das Berufungsurteil: Die Verurteilung wegen vorsätzlicher Trunkenheitsfahrt wird – *nicht* aufgehoben.[257]

(3) Fake-Humor

Gerüchten zufolge sind „durch unrichtige Veröffentlichung von Urteilsgründen" schon herrschende Meinungen begründet worden.[258] Diese Gefahr war bei der nachfolgend geschilderten Entscheidung des Amtsgerichts Offenbach eher abstrakt. Gleichwohl ist die Angelegenheit berichtenswert komisch. 2005 war in der Neuen Juristischen Online-Zeitschrift (NJOZ) unter der Überschrift „Beißende Rauhaardackel keine terroristische ‚Dackel'-Vereinigung" ein Offenbacher Urteil vom 22.5.2002 mit dem

---

[257] Vgl. LG Münster, Urt. v. 29.9.1994 – 5 Ns 47 Js 662/93 (71/94), in: Anm. der Schriftleitung, NJW 1995, 894, 899.
[258] Vgl. *Schulze-Osterloh*, Begründung einer herrschenden Meinung durch unrichtige Veröffentlichung von Urteilsgründen, JZ 1984, 276.

III. Humor bei Gericht 167

Aktenzeichen 39 C 6315/96 und folgendem Sachverhalt abgedruckt:[259]

„Der Kl. begehrt von der Bekl. Schadenersatz und Schmerzensgeld. Hierzu trägt er vor, von den drei Rauhhaardackeln [sic!] der Bekl. gebissen worden zu sein. Die Bekl. wendet ein, eine Tierhalterhaftung scheide aus, weil der Kl. einen der Dackel zuvor getreten habe, so dass sich die anderen Tiere, die Tochter und Enkelin der getretenen Tiermutter seien, im Wege der ‚Nothilfe' veranlasst gesehen hätten, ihrer Dackelverwandten zu helfen."

Anschließend zitiert die NJOZ einen in dem Verfahren ergangenen kuriosen Hinweisbeschluss vom 22.4.2002 über „dieses absolut ätzende Horrorverfahren",[260] ehe sie die rundum groteske Urteilsbegründung mitteilt:

„Die Bekl. haftet als Tierhalterin gem. § 833 BGB auf Schmerzensgeld […] Das Gericht lässt es hier ausdrücklich offen, ob die drei Rauhhaardackel [sic!] möglicherweise als Mittäter entsprechend § 830 BGB, § 25 II StGB gemäß vorgefasstem Beißentschluss gemeinschaftlich gehandelt haben, dies ist jedenfalls nicht streitentscheidend. So scheidet jeweils eine terroristische ‚Dackel'-Vereinigung gem. § 129a StGB aus, weil keine der genannten Katalogstraftaten verwirklicht ist. Andererseits ist nicht zu verkennen, dass die Dackel insgesamt eine Großfamilie bilden, immerhin handelt es sich um Mutter, Tochter und Enkelin, es besteht also durchaus eine enge verwandtschaftliche Beziehung, der Solidarisierungseffekt ist groß. Das Gericht vermochte aber nicht mit hinreichender Sicherheit festzustellen, dass Dackeltochter und Dackelenkelin im Wege der Dackel-‚Nothilfe' ihrer angeblich angegriffenen Dackelmutter bzw. -oma zu Hilfe kommen wollten, um diese vor den […] Tritten des Kl. mit beschuhtem Fuß zu schützen. Insoweit konnte auch kein […] Verteidigungswille bei den beiden jüngeren Dackeln festgestellt werden. Auch für Sippenhaftgedanken bzw. Blutrache haben sich keine genügenden Anhaltspunkte ergeben. […]

Durch das erfolgte Beißen des Kl. durch Dackel hat sich die typische Tiergefahr realisiert. […] [D]ies rechtfertigt jedenfalls kein höheres Schmerzensgeld als 500 DM im Hinblick auf § 847 BGB unter Abwägung sämtlicher Umstände.

---

[259] AG Offenbach, NJOZ 2005, 185.
[260] Näher zu diesem Beschluss siehe S. 96.

Ergänzend wird wegen dieses spektakulären, für die deutsche Rechtsentwicklung bedeutenden Rechtsstreits, auf die Darstellung in der Offenbach-Post vom 13.2.1997 Bezug genommen."

Der Witz besteht darin, dass das Gericht völlig abstruse Rechtsfragen prüft, die niemand ernsthaft gestellt hat. Dahinter, so schließt der Leser, steckt eine Retourkutsche: Wenn eine Bagatellsache durch querulatorische Parteien zu einem ätzenden Horrorverfahren mutiert, gibt's zur Belohnung eben ein Terror-Urteil.

Leider ist die Sache aber etwas zu witzig, um wahr zu sein: Ausweislich des Aktenzeichens war die Klage bereits 1996 erhoben und im Folgejahr in der Lokalzeitung aufgetaucht. Am Amtsgericht dauert aber selbst ein Horrorverfahren keine sechs Jahre. Zudem wäre es eine sehr spezielle Art von Richterhumor, fünf Monate nach der Euro-Einführung zur Zahlung von DM zu verurteilen. Die Sache ist kurios-mysteriös. Was steckt dahinter?

Der Offenbacher Amtsrichter Norbert Habermann – ein Jurist mit Sinn für Humor und Freude am Unkonventionellen[261] – ist Autor sowohl des Hinweisbeschlusses zum „Horrorverfahren" vom 22.4.2002 als auch des Urteils zur terroristischen Dackelvereinigung mit dem Aktenzeichen 39 C 6315/96, ergangen am 12.2.1997.[262] Beide Judikate sind damit im Prinzip echt. Bloß haben diese nichts miteinander zu tun. Offenbar waren diese einem relotiusisch veranlagten Spaßvogel in der NJOZ-Redaktion aber noch nicht witzig genug – und die Entscheidungen wurden zur Publikumserheiterung miteinander vermischt.

---

[261] Vgl. Staudinger/*Habermann*, BGB, Buch 1, Neubearbeitung 2004, § 12 BGB Rn. 2 a. E., 28.
[262] Die Informationen beruhen auf einer E-Mail von Habermann an den Verf. vom 22.10.2019.

e) Abrechnung

Zum Schluss wird abgerechnet. Faustformel: Der Verlierer muss zahlen (und zwar in Geld)[263]. Urteile enden daher stets mit einer Kostenentscheidung. Für Richter ist dies die letzte Chance, noch einen Witz in ihre Entscheidung einzubauen. Das ist allerdings nicht so leicht, denn bei der Kostenentscheidung gibt es eigentlich nur Mathematik und nichts zum Argumentieren. Es bleibt daher wenig mehr als die Möglichkeit formellen Witzes, das heißt über die Reimform; Straf-,[264] Arbeits-[265] und Zivilrecht[266] bieten dafür Beispiele zuhauf. Im auch insoweit besonders gut gelungenen Fehlurteil zum Oldenburger Schweinemast-Prozess[267] (dazu S. 117 ff.) findet sich an dieser Stelle überdies noch eine lebenskluge Garnierung:

„Weil keine hat gewonn' von beiden | drum haben – das ist einzusehn – | sie beide auch gleich stark zu leiden | und für die Kosten einzustehn. | An das Gericht zahl jeder zwar | die Hälfte nur von den Gebühren | doch seinem Anwalt – das ist zu spüren – | zahlt jeder selbst das volle Honorar (§ 92 ZPO).

So wurde aus dem Ferkelchen | für ach nur hundert Märkelchen | – so billig sollt es sein – | ein furchtbar teures Schwein!

---

[263] Die früher übliche Begleichung der Gerichtskosten in Alkohol (Bsp. nach *Knapp*, ZStW 22 [1902], 1, 21: „Urteilsverlesung: fünf Maß Bier") gilt heutzutage als Korruption.

[264] AG Höxter, NJW 1996, 1162: „Und schließlich muß er, da hilft kein Klagen, | die ganzen Verfahrenskosten tragen, | weil er verurteilt, das ist eben so, | § 4-6-5 StPO."

[265] ArbG Detmold, NJW 2008, 782, 783: „Die Kosten, dies bleibt noch zu sagen; | sind von der Klägerin zu tragen (vgl. § 91 ZPO). | Der Streitwert war nach den Gesetzen (vgl. § 61 I ArbGG, § 3 ZPO, § 23 III RVG) | – wie hier geschehen – festzusetzen."

[266] AG Northeim, NJW 1996, 1144, 1145: „Doch tat ihm dieses gar nichts nützen, | er bleibt jetzt auf dem Schaden sitzen | und muß, das bleibt auch ohne Fragen, | für den Fall die Kosten tragen (§ 91 ZPO). | Der Kosten wegen, wie sich's frommt, | vorläufig die Vollstreckung kommt, | wenn der Bekl[agte] seine Kosten | zusammenstellt als offne Posten. | Auch wenn's den Kl[äger] nicht ergötzt, | geschrieben steht dies im Gesetz (§ 708 Nr. 11 ZPO)."

[267] AG Oldenburg, SchlHA 1987, 115, 116.

Und die Moral von der Geschicht: | Um Kleinigkeiten streit' man nicht, | zieh' jedenfalls nicht vor Gericht! | Das gilt nicht nur in diesem Fall, | das gilt beinahe überall. | Sonst kann Gerechtigkeit auf Erden | ganz unerfreulich teuer werden!"

Alle gereimten Kostenentscheidungen sind allerdings lediglich Anhängsel von kompletten Gedichtsurteilen. Das Kunststückchen, eine humoristische Kostenentscheidung ganz in den Mittelpunkt des Urteils zu stellen, ist bislang nur einem gelungen – natürlich dem originellen Amtsrichter Menken.[268] Sein Ansatz ist unkonventionell: Anstatt die Kostentscheidung als Appendix der eigentlichen Entscheidung zu begreifen, richtet er umgekehrt die Hauptsacheentscheidung an der Kostenfolge aus. Es geht dabei um die (bereits auf S. 131 ff. thematisierte) gerichtliche Schätzung der Wertminderung eines Unfallautos, nachdem die Gutachter der Prozessparteien den Minderwert auf 250 bzw. 500 DM beziffert hatten.

„Berufs-Juristen sind ebensowenig im Stande, sich auf eine praktikable pauschalierte Minderwert-Ermittlung zu einigen, wie die Solidargemeinschaft der Versicherer. Deshalb stehen hier nur die mathematischen Methoden zur Verfügung, ein Mittel zu ziehen. Diese genießen auch vor jeder Schätzung, deren Grundlagen nicht angegeben sind und die deshalb nichts anderes ist als Raterei, den Vorzug größerer Exaktheit.

Bleibt nur noch zu entscheiden, ob das harmonische, geometrische oder arithmetische Mittel gezogen werden muß.

Das harmonische Mittel besteht aus dem doppelten Produkt zweier Werte geteilt durch ihre Summe und ergibt hier 333,333333333 DM.

Das geometrische Mittel besteht aus der Wurzel des Produktes der beiden Zahlen und ergibt hier 250 x Wurzel aus 2, das sind ungefähr, aber leider nicht exakt 353,55339050 DM.

Das arithmetische Mittel hingegen besteht aus der Hälfte der Summe beider Zahlen und macht hier präzise 375,00 DM aus.

Für die Rechtsfindung muß das geometrische Mittel schon deshalb ausscheiden, weil dann eine unmögliche, weil nicht vollstreckbare Entscheidung herauskäme, wie leicht nachzurechnen ist. 250,00 DM x

---

[268] AG Köln, DAR 1991, 279, 280 (gekürzte Wiedergabe; Langfassung unter bit.ly/3TSPlrh).

III. Humor bei Gericht 171

Wurzel aus 2 minus gezahlter 250,00 DM ergäben als zuzusprechenden Klageanspruch nach Adam Riese noch 250 x (Wurzel aus 2 minus 1) DM. Die Kostenentscheidung müßte dann lauten: Die Kosten des Rechtsstreites tragen die Beklagte zu 100 x (Wurzel aus 2 minus 1)% und der Kläger zu 100 x (2 minus Wurzel aus 2)%. Damit wären aber die Bürovorsteher der Rechtsanwälte völlig überfordert.

Würde man hingegen das harmonische Mittel anwenden, dann bekäme der Kläger 333,33 DM minus 250,00 DM = 83,33 DM und die Kostenentscheidung würde lauten:

Die Kosten des Rechtsstreites tragen der Kläger zu ⅔ und die Beklagte zu ⅓. Das sieht schon besser aus. Eine solche Entscheidung hätte aber den ersichtlichen Nachteil, daß die unterschiedliche Gewichtung der beiden Gutachten nicht im geringsten ausgeglichen würde, weil der Kläger doppelt so viel an Kosten zu tragen hätte wie die Beklagte, obwohl sein Gutachter ihm doppelt soviel Minderwert zugebilligt hat, wie der der Beklagten.

Es bleibt daher nichts anderes übrig, als das arithmetische Mittel zu ziehen, das hier ersichtlich den Vorzug der größten Genauigkeit und Gerechtigkeit für sich hat.

Damit ist hier ein konkreter Minderwert von (500 + 250 =) 750,00 DM geteilt durch 2 = 375,00 DM nachgewiesen. Darauf sind bereits 250,00 DM gezahlt, so daß zugunsten des Klägers noch 125,00 DM verbleiben.

Dieses Ergebnis entspricht auch der ethischen Forderung des Aristoteles:

‚Der tugendhafte Mensch wählt die Mitte und entfernt sich von den beiden Extremen, dem Zuviel und dem Zuwenig' (Ethik 6,1).

Wie man an der Kostenentscheidung ablesen kann und wie sich durch die Kostenberechnung noch erweisen wird, ist dieses Ergebnis auch höchst gerecht (‚summum jus', cicero, de officiis I, 10,33; ebenso Terenz in Heautontimorumenos IV 5,48: ‚jus summum saepe summa est malitia'). Denn jede Partei hat als gerechten Lohn weniger gewonnen als zerronnen. Ohne Berücksichtigung der Fotokopien, die ja bekanntlich das Hobby mancher Rechtspfleger sind, stehen der gewonnenen 125,00 DM, 130,38 DM gegenüber, die jede Partei als des Wettkampfes Lohn zu tragen hat.

In diesem Zusammenhang freut das Gericht, maliziös wie es nun einmal ist, sich diebisch, wenn nicht diabolisch auf den 1. April, den denkwürdigen Tag, an dem das Rechtspflege-Vereinfachungsgesetz vom 17.12.1990 in Kraft getreten werden wird (BGBl. I, 2847).

Das Gesetz ist keineswegs ein Aprilscherz. Es wird nämlich alle entlasten:

- Die Justizpolitiker von dem Vorwurf, nichts zur Entlastung der Justiz getan zu haben,
- die Landrichter durch Anhebung des Streitwertes von 5.000,00 DM auf 6.000,00 DM und
- die Amtsrichter, indem sie – wie schon immer – die Hauptlast der Prozesse alleine zu tragen haben.

Deshalb wird das Gericht von der ihm gebotenen Möglichkeit des § 495a ZPO neuer Fassung, kurzen Prozeß zu machen, künftig weidlich Gebrauch machen müssen, wenn auch wegen der gebotenen richterlichen Neutralität naturgemäß noch nicht feststeht, welchen. Gleichwohl seien die Rechtsschutzversicherer, wie die Haftpflichtversicherer nebst deren jeweiligen Anwälten in meinem Sprengel zur Vermeidung künftiger Überraschungsentscheidungen fürsorglich schon jetzt im Sinne von § 278 Abs. 3 ZPO vorgewarnt (vgl. dazu insgesamt: ‚Judex non calculat'; auf deutsch: ‚ein Richter zählt nichts' oder: ‚Quisqileas non curat praetor'; auf besonderen Antrag kann auch für den 2. Satz eine Übersetzung geliefert werden, wobei allerdings vorsichtshalber darauf hinzuweisen ist, daß Quisqiliae nach Georges lateinisch-deutschem Wörterbuch, Hannover plus Leipzig, 1902, Spalte 2.149 in des Wortes ursprünglichster Bedeutung nichts anderes sind als ‚Auswurf'. Auf kölsch würde man ‚Dreß' sagen. Vergleiche dazu auch August, den Starken: ‚Kinder, macht euren Mist alleene'). Weil das Gericht künftig bei Prozessen dieser Güte sein Verfahren ‚nach billigem Ermessen' bestimmen kann, bestehen keine rechtlichen Bedenken, wenn die Prozeßbevollmächtigten ab 1. April ein Exemplar dieses Urteiles in der ersten mündlichen Verhandlung als Simile präsentieren, um die Prozedur zu vereinfachen. Noch einfacher wäre es natürlich, wenn solche Prozesse künftig gar nicht erst mehr statt fänden, weil die Parteien sich nach dem Grundsatz Halbe-Halbe außergerichtlich geeinigt haben. Der Casus beweist natürlich zum wiederholten Male die verschiedenen Rollen, die den an der Urteilsfindung beteiligten Personen durch das Gesetz zugewiesen sind:

Der Zeuge hat zwar keine Sachkunde, hat aber etwas gesehen. Der Sachverständige hat zwar nichts gesehen, hat aber Sachkunde. Der Richter hingegen macht bloß das Urteil.

Die Nebenentscheidungen beruhen auf verschiedenen Vorschriften, die überwiegend der ZPO entnommen sind."

7. Rechtsmittel für Spaßverderber?

Bei manchen Menschen steht Lachen eher auf der *Not to do*-Liste. Die Frage „Verstehen Sie Spaß?" wird von solchen Leuten meist konkludent beantwortet, etwa durch eine Klage gegen die Produzentin der gleichnamigen ARD-Sendung.[269] Dagegen gibt es nichts einzuwenden; nach einem inoffiziellen Zusatzartikel des Rheinischen Grundgesetzes ist „jede Jeck anders".[270] Wer sich nun (zum Beispiel für einen Freund) fragt, was man als Opfer von Humor in Gerichtsentscheidungen gegen diesen unternehmen kann, muss Folgendes wissen:

Selbst derber Urteilshumor ist kein Revisionsgrund (→ S. 152 ff.). Beleidigungen einer Prozesspartei durch das Gericht sind praktisch nie angreifbar (→ S. 121). Die von Steinberg/Rüping empfohlene Dienstaufsichtsbeschwerde nach § 26 Absatz 2 Deutsches Richtergesetz[271] hat den Nachteil, dass sie „in derartigen Fällen [...] so gut wie immer aussichtslos" ist.[272]

Fazit: Widerstand zwecklos.

---

[269] Vgl. OLG München, ZUM-RD 1998, 218 (Schadensersatzklage erfolglos).
[270] Näher *Manhold*, Jede Jeck es anders, General-Anzeiger v. 2.3.2019. Die im Kölsche Grundgesetz (dazu *Steimel*, Das Kölsche Grundgesetz – Jecker Begleiter durch Zeit und Geschichte(n), 2014) enthaltenen Normen werden überwiegend als leges speciales zum Bönnsch-geprägten Rheinischen Grundgesetz (dazu S. 74 Fn. 175) betrachtet.
[271] *Steinberg/Rüping*, JZ 2012, 182, 187.
[272] *Schneider*, NJW 2000, 708.

Markus Thiel

Das Fest im Recht

Feste bilden ein wichtiges Element des menschlichen Lebens und haben dabei facettenreiche Funktionen: Sie gliedern an religiösen Feiertagen den Jahreskreis, dienen als Initiations- und Übergangsriten oder als Rahmen anderer ritueller Handlungen, haben gemeinschaftsstiftende Wirkung, zielen auf gesellschaftliche Repräsentation und bieten Gelegenheit zu gemeinsamer Ausgelassenheit und Zerstreuung. In vielfältiger Hinsicht werden Feste vom Recht gesteuert oder haben rechtliche Auseinandersetzungen zur Folge. Der Band stellt ausgewählte, häufig amüsante Fallbeispiele vor, bei denen Recht und Fest aufeinandertreffen. Er ist in zwei Teile gegliedert und beschäftigt sich zunächst in seinem ersten Teil mit den Festen auf dem Lebensweg, namentlich mit der Geburt und dem Geburtstag, mit Partys, mit Ereignissen rund um die Hochzeit und mit der Bestattung. Der zweite Teil behandelt Feste im Jahreskreis, insbesondere Weihnachten, Silvester, Karneval, Karfreitag und Ostern sowie das Oktoberfest.

112 Seiten, 2018
ISBN 978-3-428-15654-2, € 14,90
Titel auch als E-Book erhältlich.

www.duncker-humblot.de

Damien Ehrhardt / Hélène Fleury /
Soraya Nour Sckell (Hrsg.)

Les émotions créatives

L'importance du rôle des émotions dans la connaissance conduit à voir en elles bien davantage qu'un facteur perturbateur. Leur pertinence cognitive, de plus en plus reconnue par les sciences (naturelles, sociales, humaines...), consacre l'importance d'un tournant émotionnel (*emotional turn*). Les émotions constituent aussi de puissants moteurs de créativité et d'innovation, cruciaux dans la construction des formations socioculturelles. Les textes rassemblés dans le présent volume, dans une perspective résolument interdisciplinaire, traitent d'émotions puissamment agissantes dans l'existence, à la convergence des échelles individuelle et collective. Les deux premières parties s'interrogent sur la spécificité des émotions humainement vécues dans leurs interactions expérimentées via le corps et la raison. Les deux dernières parties abordent les émotions à une plus large échelle: celle des champs culturel et politique.

Beiträge zur Politischen Wissenschaft, Band 199
1 Abb., 225 Seiten, 2022
ISBN 978-3-428-18501-6, € 74,90
Titel auch als E-Book erhältlich.

www.duncker-humblot.de